Kodex 4 · 2014

Kodex

Jahrbuch der Internationalen
Buchwissenschaftlichen Gesellschaft

Herausgegeben von
Christine Haug und Vincent Kaufmann

4 · 2014

Das Plagiat

Harrassowitz Verlag · Wiesbaden

Manuskriptangebote bitte an:
Prof. Dr. Christine Haug, christine.haug@germanistik.uni-muenchen.de
Prof. Dr. Vincent Kaufmann, vincent.kaufmann@unisg.ch

Redaktion: Dr. Slávka Rude-Porubská, slavka.rude-porubska@buchwiss.de
Redaktion Englisch: Dr. des. Diana Mantel

Kodex. Jahrbuch der Internationalen Buchwissenschaftlichen Gesellschaft (IBG)
erscheint mit freundlicher Unterstützung der Waldemar-Bonsels-Stiftung.

Bibliografische Information der Deutschen Nationalbibliothek
Die Deutsche Nationalbibliothek verzeichnet diese Publikation in der Deutschen
Nationalbibliografie; detaillierte bibliografische Daten sind im Internet
über http://dnb.dnb.de abrufbar.

Bibliographic information published by the Deutsche Nationalbibliothek
The Deutsche Nationalbibliothek lists this publication in the Deutsche
Nationalbibaliografie; detailed bibliographical data are available on the internet
at http://dnb.dnb.de.

Informationen zum Verlagsprogramm finden Sie unter
http://www.harrassowitz-verlag.de

© Otto Harrassowitz GmbH & Co. KG, Wiesbaden 2014
Das Werk einschließlich aller seiner Teile ist urheberrechtlich geschützt.
Jede Verwertung außerhalb der engen Grenzen des Urheberrechtsgesetzes ist ohne
Zustimmung des Verlages unzulässig und strafbar. Das gilt insbesondere
für Vervielfältigungen jeder Art, Übersetzungen, Mikroverfilmungen und
für die Einspeicherung in elektronische Systeme.
Gedruckt auf alterungsbeständigem Papier.
Druck und Verarbeitung: Memminger MedienCentrum AG
Printed in Germany
ISSN 2193-4983
ISBN 978-3-447-10171-4

Inhalt

Vorwort VII

CHRISTINE HAUG/VINCENT KAUFMANN im Gespräch mit ANNETTE SCHAVAN
Das Plagiat als Symptom einer vermeintlichen Sicherheit
Oder: Was ist mit unserer Wissenschaftskultur los? 1

PHILIPP THEISOHN
Reconter/Wiedererzählen. Oder: Was ist eine Fabel? 11

CHRISTINE HAUG
»Der wichtigste Streit welcher Deutschland vor der Revolution bewegte« –
die Kontroverse zwischen Charlotte Birch-Pfeiffer
und Berthold Auerbach über die Rechtmäßigkeit dramatischer Bearbeitungen
von Romanen und Novellen 27

DAVID OELS
Die literarische Fälschung als kleine böse Schwester des Plagiats 51

VINCENT KAUFMANN
»Das Plagiat ist notwendig. Der Fortschritt impliziert es.« 71

STEFANIE LEUENBERGER
»Für eine neue Literaturgeschichte«?
Zum ›plagiat par anticipation‹ bei *Oulipo* und Pierre Bayard 83

WOLFGANG ULLRICH
Originalitätsdämmerung? Der Kult ums Neue und sein mögliches Ende 97

DOMINIK LANDWEHR
Zur Kulturgeschichte der Fotokopie. Die Kopie als große Schwester des Plagiats
Oder: Vom langsamen Verblassen der Bilder 111

KONSTANTIN WEGNER
Das Plagiat im Lichte des Urheberrechts 127

WERNER STAUFFACHER
Das Plagiat – Usurpation fremder Urheberschaft oder freie Benutzung? 143

Abbildungsverzeichnis 155

Autorenverzeichnis 157

Vorwort

Gehören Autorschaft und Literatur seit unserem Eintritt in das digitale Zeitalter grundsätzlich der Vergangenheit an? Gibt es – in einer durch und durch vernetzten Textwelt, in der jeder Satz schon einmal geschrieben und jedes Wort schon einmal gesagt worden ist – noch Platz für ein aus sich selbst schöpfendes Subjekt? Was geschieht, wenn an die Stelle der Einbildungskraft der ›Zugang‹ tritt, also die in Sekunden herzustellende Verfügbarkeit aller Werke, aus deren Bruchstücken ein neues, ein anderes Schreiben jenseits von ›Literatur‹ entwickelt wird, und zwar durch Entwendung, durch Zweitverwertung durch das Prinzip ›Cut and Paste‹? Leben wir nun in der von Kenneth Goldsmith ausgerufenen Zeit des *Uncreative Writing*, und damit in der Zeit des Plagiats?[1] Sind wir, wie es Jeremy Rifkins 2000 erschienenes Buch *The Age of Access* diagnostiziert, am Ende des Eigentums im Allgemeinen und des geistigen Eigentums im Besonderen angekommen?[2]

Die Thematik Plagiat und geistiges Eigentum ist auch für die Zusammenführung der Problematik von Autorschaft mit dem ökonomischen und juristischen Gesellschaftsfeld von Bedeutung. Wo genau verlaufen die Konfliktlinien zwischen Autorschaft, Recht und Wirtschaftsinteressen? Handelt es sich überhaupt um echte Konflikte – und wie neu sind sie? Gerade das Übergreifen von konzeptionellen Debatten in scheinbar ›außerliterarische‹ Sphären macht das Plagiat zu einem gesellschaftsübergreifenden Thema, das nicht nur Autoren, Verleger, Juristen, Wissenschaftler und Journalisten intensiv beschäftigt, sondern das uns alle über den grundsätzlichen Stellenwert von geistigem Eigentum und geistiger Aneignung nachzudenken und miteinander ins Gespräch kommen lässt. Und genau das war das Ziel der 14. Jahrestagung der *Internationalen Buchwissenschaftlichen Gesellschaft* (IBG) im Jahr 2013 in St. Gallen, die Schriftsteller, Blogger und andere Vertreter der ›digitalen Generation‹, Buch-, Literatur- und Kunstwissenschaftler sowie Juristen und Historiker zu einem Austausch über das vielschichtige Phänomen des Plagiats einlud.

Die hier vorgelegten Beiträge sind einerseits das Ergebnis der genannten IBG-Jahrestagung, die am 7. und 8. November 2013 in St. Gallen stattfand[3], andererseits eines von Studierenden der Buchwissenschaft an der *Ludwig-Maximilians-Universität* in München organisierten Arbeitsgesprächs, das unter dem Titel *Echt oder falsch/legal oder illegal – zwischen Reproduktion, Fälschung und Plagiat* am 17. und 18. Januar 2014 ausgerichtet wurde. Gerade vor dem Hintergrund der innerhalb der LMU geführten Debatte über die Berufung von Annette Schavan in den Hochschulrat zeigten sich die Studierenden – mit Blick auf das eigene wissenschaftliche Arbeiten im Studium – stark verunsichert, was denn als wissenschaftliches Plagiat gelte.[4] Die

1 Vgl. Kenneth Goldsmith: Uncreative Writing. Managing Language in the Digital Age. New York: Columbia University Press 2011.
2 Vgl. Jeremy Riffkins: The Age of Acces. New York: Tarcher/Putnam 2000.
3 Die Jahrestagung der IBG wurde flankiert von zwei universitätsübergreifenden Lehrveranstaltungen zum Thema ›Das Plagiat. Ein multidisziplinäres Phänomen‹ am MCM Institut der *Universität St. Gallen* und in der Buchwissenschaft an der *Ludwig-Maximilians-Universität* in München.
4 Mit etwa 80 Studierenden verschiedener Fakultäten der LMU München war das Arbeitsgespräch sehr gut

eineinhalbtägige intensive Auseinandersetzung der Studierenden und der eingeladenen Experten mit dem wissenschaftlichen Plagiat offenbarte sehr schnell, dass der Versuch, sich diesem komplexen Feld ernsthaft anzunähern, eine besondere Herausforderung darstellt. Im Laufe der Diskussionen entfalteten sich vielschichtige und differente Diskurse und Machtfelder, die eine unselige Allianz eingehen. Gerade im Kontext der internetbasierten Plagiatsjagd der letzten Jahre, die in der Aberkennung des Doktortitels von Annette Schavan gipfelte, drängte sich Frage nach der Verantwortung der Philologien auf, den eigentlichen Vertretern von Textwissenschaft, die das Feld des wissenschaftlichen Plagiats den Medien, Juristen und Technokraten überlassen haben, und dies mit absehbaren Folgen: Das Aufspüren von Plagiaten über spezielle Softwareprogramme, das nach rein quantitativen Kriterien erfolgt, führt zu nicht belastbaren Ergebnissen. Die bloße Ermittlung von Wort- und Formulierungsähnlichkeiten in Texten suggeriert zwar, dass Plagiate objektivierbar seien; ein derartiges Vorgehen stellt aber schwerlich ein philologisch seriöses Instrumentarium für die Identifikation von Plagiaten dar, und dies schon gar nicht, wenn diese Verfahren auf Texte aus den 1970er oder 1980er Jahren Anwendung finden. Die unzulässige Vermischung von wissenschaftlichen, medialen, politischen, ökonomischen und technokratischen Diskursen warf die Frage auf, ob das Plagiat ein Symptom für die Krise in den Geistes- und Sozialwissenschaften, in unserer gegenwärtigen Wissenschaftskultur sei. Diese Frage wollten die Herausgeber von *Kodex. Jahrbuch der Internationalen Buchwissenschaftlichen Gesellschaft* (IBG) mit einer Fachkollegin diskutieren, die einerseits als ehemalige Bundesministerin für Bildung und Forschung das Hochschulsystem und den Wissenschaftsbetrieb in Deutschland kennt, andererseits selbst Opfer dieser unzulässigen Vermischung von Diskursen und Machtfeldern, die eine scheinbare Sicherheit vermittelt, was denn ein Plagiat sei, geworden ist.

Das Gespräch mit Annette Schavan fand im Juni 2014 statt und wird hier als Eröffnungsbeitrag abgedruckt. Es möchte ein Baustein sein für eine fundierte Auseinandersetzung mit dem Phänomen des Plagiats, es möchte eine Debatte anregen, in der es um grundsätzliche Fragen geht: Was bedeutet die Art und Weise, wie die Debatte über das Plagiat geführt wird, für die Geisteswissenschaften? Warum lassen sich die Geisteswissenschaften zur Geisel nehmen und provozieren damit die Gefahr, dass das Vorurteil, so gehe es in den Geisteswissenschaften zu, manifest wird? Warum kam es zu keinem Aufschrei der Geisteswissenschaftler und zu einer öffentlichen Einforderung der Kompetenz im Umgang mit Texten? Und sicherlich noch wichtiger: Welche Wege lassen sich aufzeigen, um die Geistes- und Sozialwissenschaften aus dieser Situation wieder herauszuführen?

Christine Haug und Vincent Kaufmann München und St. Gallen, im Juli 2014

---

besucht; ein Indiz dafür, wie sehr das Thema den inneruniversitären Diskurs in dieser Phase prägte. An dieser Stelle sei den Studentinnen des LMU-Masterstudiengangs Buchwissenschaft: Buch- und Medienforschung Stefanie Geisberger, Veronika Martin und Anne Seifert herzlich für ihre Anregung gedankt, ein solches Arbeitsgespräch auszurichten sowie für ihre Bereitschaft, die Organisation und Einwerbung von Fördermitteln eigenverantwortlich zu übernehmen.

Das Plagiat als Symptom einer vermeintlichen Sicherheit
Oder: was ist mit unserer Wissenschaftskultur los?

Christine Haug und Vincent Kaufmann im Gespräch mit Annette Schavan[1]

A.S.: Wählen wir doch eingangs eine kurze Frage, die zugleich ins Zentrum führt: Was ist ein Plagiat?

C.H.: Der Begriff des Plagiats lässt sich kaum genau definieren, versuchen wir deshalb eine Annäherung. Eine Auseinandersetzung über das Plagiat kann nur multidisziplinär geführt werden, sie erfordert sorgfältige Differenzierungen, weil viele unterschiedliche Diskurse auf den Begriff Plagiat einwirken, u.a. Wissenschafts-, Medien- und Rechtsdiskurs. Zugleich unterliegt das Plagiat einem massiven Bedeutungs- und Wertungswandel. Historischer Ausgangspunkt des Plagiats ist die Erfindung des Buchdrucks im 15. Jahrhundert. Galt das handschriftliche Kopieren von Texten noch als eigenständige Leistung (denn es wurde mit jeder Abschrift ein Unikat hergestellt), war es mit Erfindung des Buchdrucks möglich geworden, in kurzer Zeit identische Kopien eines Textes herzustellen. Mit dieser Mechanisierung der Reproduktion erfuhr das Kopieren von Texten seinen ersten Bedeutungswandel. Nicht nur eine mediengeschichtliche Reflexion ist wichtig (so erlebte der Plagiatsdiskurs mit jedem Medienwandel neue Impulse), sondern auch die Einordnung des Plagiats vor dem Hintergrund der neuen Medien. Im digitalen Zeitalter gibt es keine Originale im eigentlichen Sinne mehr. Während im 20. Jahrhundert Avantgarden zum Plagiieren aufgerufen und das Plagiat zu einem wichtigen Element kreativer Aktivität erklärt haben, förderten die digitalen Medien eine negative Konnotation des Begriffs. In diesem Kontext wurde Plagiieren schließlich kriminalisiert.

V.K.: Hierzu gleich eine Ergänzung: Plagiat ist keine juristisch erkennbare Tatsache, das Plagiieren ist nicht strafbar. Plagiat ist stets das Ergebnis einer Interpretation, eines Diskurses in einem bestimmten Feld. So wurden zum Beispiel Plagiate im 17. und im 20. Jahrhundert mit völlig unterschiedlichen Verfahrensweisen identifiziert. Während heute bereits eine geringfügige Annäherung an eine bereits existierende Erzählung als verdächtig oder gar als geistiger Diebstahl gilt, übernahmen die Autoren der französischen Klassik im 17. Jahrhundert literarische Stoffe anderer, ohne diese Aneignung zu problematisieren. Festzuhalten ist, dass die wissenschaftliche Kultur historisch und institutionell bedingt ist und deshalb ein Plagiat im Jahr 2013 nicht in der gleichen Weise identifiziert wird wie im Jahr 1980, um hier einen direkten Bezug auf den

---

[1] Das Gespräch der beiden *Kodex*-Herausgeber Christine Haug (im Folgenden: CH) und Vincent Kaufmann (VK) mit Annette Schavan (AS) fand am 5. Juni 2014 in München statt.

Plagiatsvorwurf gegenüber Annette Schavan zu nehmen. Der Einsatz von spezieller Software beim Aufspüren von möglichen Plagiaten ist hochproblematisch, weil dieses Verfahren suggeriert, ein Plagiat sei objektivierbar. Und genau dieses ist ein Plagiat eben nicht. Deshalb führt die Anwendung von Plagiatssoftware auf einen Text von 1980 zu keinem belastbaren Ergebnis. Gleichwohl herrscht in der gegenwärtigen Debatte ein problematischer Konsens dahingehend, dass Plagiatssoftware, die eine rein quantitative Erhebung von ähnlichen Formulierungen und identischen Wörtern vornimmt, zu der Annahme führt, Plagiat sei objektivierbar.

C.H.: Noch ein Nachtrag zu der juristischen Einordnung: Plagiat ist kein justiziabler Begriff und stellt im Urheberrecht keinen Strafbestand dar. Die Frage, was ein Plagiat ist, könnte darüber beantwortet werden, was es definitiv nicht ist, nämlich objektivierbar und justiziabel.

V.K.: Aber selbst wenn Plagiat objektivierbar wäre, würde sich doch die Frage stellen, wie viel Übereinstimmung es denn bedarf, um von einem Plagiat zu sprechen. Genügen bereits 35 Prozent Textüberschneidung oder braucht es 50 Prozent und mehr? Ab wann gilt beispielsweise eine Dissertation als Plagiat und darf als solche nicht anerkannt werden? Es gibt keine Leitlinien, die die Ergebnisse der quantitativen Messbarkeit von Textüberschneidungen zum Plagiat erklären.

A.S.: Der gegenwärtig geführte Diskurs über das Plagiat wird nicht von den Philologien oder der Buchwissenschaft dominiert, sondern von Juristen. Die juristischen Verfahren suggerieren erstens, es sei völlig eindeutig, was ein Plagiat sei, und zweitens – mit dieser Aussage unmittelbar verbunden – wird damit gesagt, dass der wissenschaftliche Wert einer Arbeit (analog zum literarischen Wert im belletristischen Bereich) keine Rolle mehr spielt. Eine Rolle spielt nur mehr, was auf der Grundlage und aus der Perspektive eines nicht diskutierten Konsenses festgestellt und rein quantitativ festgemacht wurde. Des Plagiats ist man überführt, wenn eine spezielle Software eine nicht näher bestimmte Anzahl von ähnlichen oder identischen Wörtern in der fraglichen Untersuchung aufweist.

V.K.: Nicht nur an Wörtern, sondern auch an Formulierungen.

A.S.: Wie aber entsteht eine Situation, in der offenbar der Eindruck erweckt wird, eine Sache sei völlig klar, ein Plagiat lasse sich quantitativ festlegen, und zugleich stammt diese vermeintliche Klarheit und Sicherheit eben nicht aus dem Kreis von Philologen, die sich mit Textwissenschaft beschäftigen?

C.H.: Sie sprechen die Juristen an. Mit Blick auf die Juristen noch eine Einschränkung: Ein sauber arbeitender Jurist operiert nicht mit dem Begriff ›Plagiat‹, sondern prüft lediglich, ob a) eine Persönlichkeitsrechtsverletzung vorliegt oder b) jemandem ein wirtschaftlicher Schaden entstanden ist. In diesem Kontext stellt sich die Frage der Schöpfungshöhe. Ein Jurist sieht das sehr ausdifferenziert beziehungsweise sollte das so sehen.

Die Frage bleibt aber, wie ein nicht geklärter Kontext schließlich zur Norm werden kann. Welche Motive beeinflussen diesen Prozess? Will man – wie gegebenenfalls in Ihrem Fall – sich einer im Grunde politischen Auseinandersetzung verweigern? Vertreter der Philologien haben vielfach von einem Plagiat gesprochen, ohne Ihre Dissertation gelesen zu haben. In jedem Seminar würde man die Studierenden auffordern, akribisch genau zu arbeiten und differenziert zu urteilen. Zweifelsohne spielen die Medien eine wichtige Rolle bei der Manifestation von problematischen oder gar falschen Sachverhalten in der Öffentlichkeit. Wenn Juristen einen Text als Plagiat verurteilen, spricht eine scheinbare Autorität und warum soll der normale Zeitungsleser diese infrage stellen? Zudem kann der Öffentlichkeit eine gewisse Lust an der medialen Demontage einer öffentlichen Person, einer Politikerin, nicht abgesprochen werden, es handelt sich sicherlich auch um die Befriedigung primitiver voyeuristischer Bedürfnisse.

V.K.: Die prominente Rolle von Juristen in dieser Debatte habe ich bislang so nicht wahrgenommen. Doch in der Tat, sowohl Juristen als auch Softwareprogramme versuchen beide das Plagiat objektivierbar zu machen, was es jedoch nicht ist. Diesbezügliche juristische Behauptungen beziehungsweise Feststellungen und die Medien, hier insbesondere die digitalen Medien, sind offensichtlich Machtdemonstrationen. Wenn sich in dieser Debatte nicht die eigentlichen Spezialisten und Fachkollegen durchsetzen, offenbart sich eine neue Verteilung von Autoritäten innerhalb dieser Auseinandersetzung. Den Medien wird eine Macht zugesprochen, wonach diese beispielsweise eine Politikerin oder einen Politiker zum Rücktritt zwingen können. Analog hierzu ist vielleicht die Annahme, die neuen Technologien können – wie am Beispiel des ›Arabischen Frühlings‹ auszuführen wäre – sogar Revolutionen auslösen. Computerfreaks agieren auf der Basis neuer Technologien gegen mutmaßliche Plagiatoren und übernehmen den vorformulierten Konsens, ein Plagiat sei objektivierbar. Wären Plagiate aber das Thema von Philologien, von ausgewiesenen Textwissenschaftlern, hätten Juristen, Medien oder bloße Softwarenutzer dazu nichts zu sagen. Hier findet – durch die Technologie gesteuert – eine neue Verteilung von Autoritäten statt; das kann man sehr gut beobachten. Mit Rückgriff auf die falsche Annahme, Plagiate seien objektivierbar, werden Machtkämpfe ausgetragen. Jeder versucht sich zu profilieren, die einen gewinnen und setzen sich durch, die anderen verlieren.

C.H.: In diesem Zusammenhang muss die Anonymität als weiterer Aspekt in der Debatte angesprochen werden. Plagiatsjäger verbergen ihre Autorschaft und agieren im Schutz der Anonymität des Netzes. Die Anonymität steuert maßgeblich die Vehemenz der Debatte. Der anonyme Plagiatsjäger, der Ihre Dissertation zum Plagiat erklärte, beharrte auf seiner Anonymität, weil er nicht mit seinem Namen in Verbindung mit dem Sturz der Wissenschaftsministerin gebracht werden wollte. Spätestens in diesem Moment hätte die Wissenschaft sagen müssen, es geht nicht um Wissenschaft, sondern um Politik und daran beteiligen wir uns nicht. Das System hat sich hier in Anspruch nehmen lassen und läuft Gefahr, langfristig unter die Räder zu geraten.

Wird ein vermeintlicher Konsens erst einmal in den sozialen Netzen kommuniziert, wird er nicht mehr hinterfragt. Sicherlich, die Allgemeinheit nimmt möglicherweise den Unterschied erst gar nicht wahr, dass beispielsweise ein Verwaltungsgericht über etwas ganz anderes entscheidet als die Universität, gilt es eine wissenschaftliche Qualifikationsschrift auf Plagiatsverdacht hin zu überprüfen. Ein Verwaltungsgericht entscheidet allein über den formal korrekten Ablauf des Prüfungsverfahrens, nicht darüber, ob es sich um ein Plagiat handelt. Geht uns denn über die Medien zusehends die Differenziertheit verloren, die man doch wenigstens den Textwissenschaftlern abverlangen müsste? Konkret gefragt: Haben wir als Philologen in diesem Plagiatsdiskurs versagt und wenn ja, warum?

V.K.: Der Vorwurf des Plagiats ist ein Vorwurf des Missbrauchs von Autorschaft – und ironischerweise machen die Ankläger genau das, wenn sie eben nicht prüfen, ob es sich denn wirklich um ein Plagiat handelt. In diesem Sinne ist das Plagiat das Symptom einer wissenschaftlichen Kultur, die ihre Orientierung verloren hat, die nicht mehr weiß, wo sie steht. Es ist doch eigentlich so, dass die Autoritäten der Geistes- und Sozialwissenschaften versagt haben. Sie haben die Angelegenheit in andere Hände gegeben.

A.S.: Und dies, obwohl die Differenzierung zum Instrument der Wissenschaft gehört. Wenn ich Ihnen zuhöre, verstärkt sich bei mir der Eindruck, dass die Wissenschaft mit der Vorspiegelung eines Konsenses das Instrument der Differenzierung aus der Hand gegeben hat, die doch eigentlich zur Kernaufgabe der Wissenschaft gehört. Wenn ein Wissenschaftler eine Bewertung abgibt und andere Wissenschaftler diametral entgegengesetzte Bewertungen, muss darüber ein Diskurs geführt werden. Zur Wissenschaft gehört doch zutiefst der Diskurs – klassisch die Disputation – wo unterschiedliche Bewertungen eines Textes diskutiert werden. Was hat in der Geisteswissenschaft dazu geführt, etwas aufzugeben, was zu ihrer Faszination gehört, und letztendlich die Zerstörung von Texten zuzulassen?

V.K.: Das hat vermutlich sehr viel mit der schon erwähnten Autoritätskrise zu tun. Die klassischen Geistes- und Sozialwissenschaften glauben nicht mehr an sich selbst und ziehen deshalb die Autorität der Medien vor. Es gehört inzwischen zu unseren Aufgaben – vor dem Hintergrund von Rankings und Evaluationen – Medienauftritte zu organisieren. Die neuen Trümpfe des gutes Wissenschaftlers sind mediale Selbstinszenierungen; Wissenschaft allein genügt nicht mehr. Das wäre auf jeden Fall als ein Grund zu erwähnen.

C.H.: Expertentum und Sichtbarkeit sind inzwischen die Schlagworte unserer Wissenschaftskultur. Hier werden – mit Blick auf Rankings und Evaluierungen – völlig falsche Anreize formuliert.

V.K.: Ja, Expertentum und Sichtbarkeit sind in die Strategien der Universitäten längst integriert. Gerade deshalb wird die Autorität anderer Felder vorgezogen. Es scheint mir ein weiterer Hinweis auf die Krise der traditionellen Geistes- und Sozialwissenschaften im Hinblick auf ihre Autorität und auf ihre Kernkompetenz. Es herrscht allgemein ein enormer Veröffentlichungsdruck: Rankings und die sogenannten ›ABC-Journals‹ – das ganze Konstrukt, mit dem Disziplinen und Institutionen evaluiert werden – verändern und bestimmen das wissenschaftliche Arbeiten. Die Frage des Plagiats muss in diesem breiten Kontext diskutiert werden.

C.H.: Jetzt nähern wir uns dem eigentlichen Kern unseres Gesprächs – das Plagiat als Symptom für die Krise der Geistes- und Sozialwissenschaften, als Symptom für ein mögliches Legitimationsproblem der Geisteswissenschaften und ihrer steten Konkurrenz zu den Naturwissenschaften. Sichtbarkeit und mediale Öffentlichkeit – hierfür sind wir nicht ausgebildet. Doch mediale Sichtbarkeit ist verführerisch (nicht nur für narzisstische Persönlichkeiten) und über Medienauftritte vergessen wir womöglich unsere eigentlichen Aufgaben. Philologische Kleinarbeit findet jedenfalls nicht in der Öffentlichkeit statt und kann schwerlich medial aufregend vermittelt werden. Es geht nicht mehr um die philologische Kernkompetenz und dies scheint mit dem angesprochenen Legitimationsproblem zu tun zu haben. Wir reagieren nicht offensiv genug auf dieses Legitimationsproblem, neigen vielmehr zum beleidigten Rückzug und die Quelle anhaltender Frustration sucht sich Ventile. Es steht ja weiterhin die Frage im Raum, warum sich einige wenige Gutachten (im Verbund mit dem fragwürdigen Ergebnis einer Plagiatssoftware) mit ihrer Meinung, es handelt sich bei einer Dissertation um ein Plagiat, durchsetzen können und fünfzig andere Gutachten, die das Gegenteil behaupten, nicht.

V.K.: Dieses Problemfeld sollten wir jetzt noch mit den sogenannten ›Digital Humanities‹, also Digitalen Geisteswissenschaften verbinden. In den letzten Jahren war eine ganze Reihe von Paradigmenwechseln zu beobachten, die dazu geführt haben, dass die traditionelle Hermeneutik – einst unser Kerngeschäft – in verschiedenen Disziplinen an Stellenwert verloren hat. Zugespitzt könnte man sagen, dass der seriöse Philologe keine Texte mehr liest, sondern an Softwareprogrammen bastelt, die es ihm ermöglichen, über sämtliche Jahrhunderte hinweg innerhalb von Sekunden Texte auf Ähnlichkeiten oder andere Phänomene zu untersuchen, also mit Verfahren und Standards der Informatik quantitative Textanalysen durchzuführen. Wenn solche Verfahren in unseren Disziplinen zentral werden, liegt die ›digitale‹ Objektivierung von Plagiaten natürlich auf der Hand.

C.H.: Sichtbarkeit und Bibliometrie als zwei neue Aufgabenfelder des Geisteswissenschaftlers?

V.K.: Ja, Philologen schlagen keine Interpretationen von Goethe und Proust mehr vor. Die klassische, durch ein Subjekt verantwortete Hermeneutik interessiert niemanden mehr. Im Zentrum des wissenschaftlichen Handwerks steht heute die computerunterstützte Identifizierung und Zuordnung von immer mehr Quellen eines Werkes, und das ist ein Vorgehen, bei dem gerade die Frage des geistigen Eigentums (und entsprechend des Plagiats) zu einem blinden Fleck wird beziehungsweise sich auch der schon besprochenen Annahme der Objektivierbarkeit fügen muss.

C.H.: Während die klassische Hermeneutik in den Hintergrund rückt, bestimmen Moden, Trends und Mainstreams die Diskurse in den Geisteswissenschaften. Nachwuchswissenschaftlern kann man gar nicht mehr zu Forschungsthemen raten, die sich nicht diesem Konformismus und Normierungsdruck beugen, weil es ihrer Wissenschaftskarriere schaden könnte. An dieser Stelle tut sich eine weitere Frage auf: Haben Bologna-Reform und Modularisierung – flankiert von den neuen technischen Möglichkeiten – diesen Konformismus und diese Normierung von Diskursen dynamisiert und verschärft?

A.S.: Das erinnert mich sehr an viele Debatten, die ich im ›Jahr der Geisteswissenschaften‹[2] geführt habe. Diese galten der Bedeutung der Geisteswissenschaften, ihrer Kreativität und der Bewahrung der Geisteswissenschaften vor Normierung und Konformismus. Die Kreativität der europäischen Wissenschaftskultur darf eben nicht in Technokratie abgleiten.

Nochmals zu meiner eigenen Erfahrung: Ich habe anfangs immer gesagt, was hier geschieht, trifft nicht nur mich, sondern auch die Wissenschaft. Das haben mir manche als Arroganz ausgelegt. Die zu Beginn unseres Gesprächs hervorgehobene Vermischung von Diskursen lässt sich an dieser Stelle sehr schön entfalten. Welche Art von Diskursen hat hier eine Rolle gespielt, zugespitzter formuliert: Wenn ich Ihnen zuhöre, dann ist das, was im Namen der Qualitätssicherung an Eindeutigkeit vorgespiegelt wird, doch das exakte Gegenteil. Es wird gesagt, es gelte eine plagiatsfreie Wissenschaft in Deutschland zu schaffen, und die Universitäten seien dieser Herausforderung nicht gewachsen. Also wird eine vermeintliche Objektivität und Sicherheit über ein Verfahren hergestellt, das in Wirklichkeit – so mein Eindruck – dazu führt, dass eine Dissertation nach 35 Jahren so zerrupft wird, bis diese auf die einzige Aussage reduziert werden kann, nämlich: bei diesem Text handele es sich um eine arglistige Täuschung. Einer jungen Studentin – und es wurde ja immer wieder betont wie jung ich damals war –, die ihren ersten größeren Text verfasst, wird unterstellt, sie habe dies mit einer Intention getan, die schlicht charakterlos und unsittlich sei. Und dies geschieht interessanterweise bei einer Dissertation, die in den Kern der Frage nach Sittlichkeit stößt und sich mit dem Gewissen beschäftigt. Das Herzstück der Arbeit ist die Fähigkeit des Menschen zur Sittlichkeit, die Gewissenserziehung und die Frage nach der Gewissenhaftigkeit. Ich frage mich, wie kommt die Behauptung einer Täuschung zustande?

V.K.: An Ihren Ausführungen zeigt sich doch nochmals deutlicher, dass die Identifizierung eines Plagiats nur historisch oder institutionell möglich ist. Bei Ihrer Dissertation spielt die Geschichte der Erziehungswissenschaft im Entstehungszeitraum der Arbeit

---

2 Seit 2000 richtet das Bundesministerium für Bildung und Forschung (BMBF) mit der Initiative Wissenschaft im Dialog (WiD) und in Zusammenarbeit mit weiteren Partnern aus Wissenschaft, Kultur und Wirtschaft die sogenannten ›Wissenschaftsjahre‹ mit wechselnden Schwerpunkten aus. 2007 war das ›Jahr der Geisteswissenschaften‹; das Wissenschaftsjahr 2014 ist dem Thema ›Die digitale Gesellschaft‹ gewidmet.

eine entscheidende Rolle. Unter Außerachtlassung der Geschichte der Erziehungswissenschaft und ihrer Entwicklung hin zu den Sozialwissenschaften kann über Ihre Dissertation gar nicht geurteilt werden. Eine Frage ist hier noch zu stellen, und zwar die nach der Subjektivität in den Geistes- und Sozialwissenschaften. Ohne Subjekt gibt es keine Hermeneutik und ohne Hermeneutik keine Geisteswissenschaft. Es gibt keine Software, die Goethe oder Proust interpretieren kann, und solange es diese nicht gibt, geht es nicht ohne Subjektivität. Das offenbart aber auch das Problem der gegenwärtigen Wissenschaftskultur: Einzig relevant in der wissenschaftlichen Arbeit sind nur noch die Formulierungen, nicht mehr das Denken, aber Software kann eben nicht denken. Es ist doch ein merkwürdiges, ja befremdliches Statement über den Status der Geisteswissenschaften, wenn es nicht mehr um das Denken des Subjekts geht, wenn dieses vollkommen unerheblich geworden ist.

Vielleicht gelingt es, diesen Aspekt in anderen Kontexten zu sehen, die noch deutlicher machen, wieso es zu dieser verhängnisvollen Entwicklung kommen konnte. Nochmals zurück zu den Fragen nach den ›Peer-Review-Journals‹ und dem einhergehenden Konformismus. Hier spielen zweifelsohne auch buchwissenschaftlich relevante Aspekte von Ökonomie und Copyright mit hinein. Internationale Wissenschaftsverlage verdienen mit ihren ›Peer-Review-Journals‹ eine Unmenge an Geld und erpressen öffentliche Einrichtungen regelrecht, denn die Abonnementskosten von über 40.000 Euro im Jahr sind mit den realen Produktionskosten nicht mehr zu rechtfertigen. Warum wird dies gefördert? Diese Fachzeitschriften überleben natürlich nur dann im Markt, wenn sie sicherstellen können, dass wissenschaftliche Ergebnisse nicht schon an anderer Stelle publiziert oder ausgesprochen worden sind. Deshalb die geradezu polizeiliche Überwachung von Zitaten, denn alles muss originell sein, jeder Aussage, jedem Satz muss ein Eigentümer zugeordnet werden könne. Ansonsten funktioniert das System der ›Peer-Review-Journals‹ nicht. Ein Symptom dieses Systems ist auch das sogenannte Selbstplagiat. Einer der renommiertesten Schweizer Wissenschaftler, der Zürcher Wirtschaftswissenschaftler Bruno Frey, wurde jüngst des Selbstplagiats bezichtigt. Was für ein Unsinn, man kann sich doch nicht selbst plagiieren oder bestehlen! Diese Bezichtigung macht aber sehr wohl im Kontext des Copyrights Sinn. Diese absurden Zuspitzungen illustrieren eindrücklich, dass man Ihre Dissertation vor dem Hintergrund des wissenschaftlichen Vorgehens in den 1970er Jahren sehen muss, wo im Übrigen Theorieimport aus Werken großer Autoren nicht als verwerflicher Vorgang verurteilt wurde. Die Werke großer und berühmter Philosophen Frankreichs, beispielsweise die Werke Derridas, schöpften aus eigenen und aus Werken anderer, das hat niemanden in dieser Zeit interessiert oder gestört. Der Wert einer wissenschaftlichen Arbeit wurde offensichtlich nicht an der Anzahl der Fußnoten gemessen, wie es heute passiert.

C.H.: Mit den Stichworten Innovation und Originalität auf der einen Seite und Copyright und Ökonomie auf der anderen Seite haben wir nun eine weitere Dimension des

Plagiatsdiskurses erreicht, in der die Buchwissenschaft naturgemäß einen wichtigen Stellenwert einnimmt. Das Copyright – denkt man nur an das amerikanische Copyright – schützt ja zu keinem Zeitpunkt den geistigen Urheber, sondern allein die Wirtschaft. Innovation und Originalität sind längst zu entscheidenden Parametern im wissenschaftlichen Wettbewerb avanciert, sei es bei Bewerbungen um wissenschaftliche Stellen, um Forschungsprojekte oder Stipendien.

Führen wir also die in den letzten zwei Stunden diskutierten Aspekte und Perspektiven nochmals zusammen: In Ihrem Fall wäre die Diskussion über Ihre Dissertation wohl ernsthafter geführt worden, hätten Sie nicht ein so prominentes politisches Amt – gerade als Wissenschaftsministerin – bekleidet. Auch Genderfragen mögen hier eine Rolle gespielt haben. In einer seriösen Auseinandersetzung über die Dissertation von Annette Schavan würde man den Ausdruck eigenen Denkens und Breite der wissenschaftlichen Bildung würdigen müssen, die Dissertationen aus den 1970er Jahren – wie bereits ausgeführt – kennzeichnen. Das für eine so junge Studentin schwer zu bewältigende Thema der Dissertation ist jedenfalls weitaus anspruchsvoller als kleinere und somit besser handelbare Spezialthemen. Es gilt hier einen Bewertungswandel zu konstatieren, der nicht reflektiert wird. Ein kritischer Blick auf die Doktorarbeiten von Kolleginnen und Kollegen Ihrer Generation würde eine Unmenge an Arbeiten dieses Formats ans Tageslicht bringen und – würden dieselben Überprüfungskriterien angelegt –, hätten wir womöglich 50 Prozent an Professorinnen und Professoren ohne Doktortitel an deutschen Hochschulen. Und natürlich haben Plagiat, Copyright und Ökonomie heute eine Relevanz und Aktualität, wie sie in den 1980er Jahren noch nicht zu erahnen waren.

A.S.: Es stellt sich hier die Frage, wie sich die Wissenschaft von dieser schädlichen Mischung von Diskursen befreien kann. Wie kann der Weg zurück zur Differenzierung und Hermeneutik aussehen? Der Vorsitzende des Wissenschaftsrats hatte in einem Interview in der Wochenzeitung *Die Zeit* geäußert, dass es ein Verfahren wie das in meinem Fall sicherlich nie wieder geben wird in Deutschland. Aber das ist ja gar nicht der Punkt! Sicherlich, das Vorgehen in meinem Fall zeigt, wie massiv in das Leben eines Einzelnen unter dem Label Qualitätssicherung eingegriffen wird; aber es belastet auch die Wissenschaft selbst.

Es wird Aufgabe der Wissenschaftsorganisationen sein, vergleichbare Verfahren zu entwickeln. Die bisherigen Verfahren waren als ein ›Closed-Job‹ inszeniert worden; in meinem Fall wurden Meinungsäußerungen und Kommentare der Wissenschaftsorganisationen als unzulässige Einmischung verworfen. Nur ein Vergleichsbeispiel: Würde ein Ministerium mit Vorwürfen zu seiner praktizierten Förderpolitik konfrontiert werden, wäre es doch ein Unding, wenn das Ministerium mit eigenen Beamten diesen Vorwürfen, auf der Grundlage der eigenen Bewertungsmaßstäbe, nachgeht. Das würde nicht akzeptiert.

C.H.: ›Closed-Job‹ und eine Form von Inzucht? Jedenfalls ein Verfahren zunehmender Aggressivität. Doch zurück zu der Frage, wie es gelingen könnte, die Wissenschaft aus dieser Situation herauszuführen. Die bloße Rückkehr in die wissenschaftliche Praxis der Geisteswissenschaften im 19. Jahrhundert ist hier nicht zielführend, es ist mit auch ein demografisches Problem.

V.K.: In der Tat, die Geistes- und Sozialwissenschaften müssen sich neu aufstellen, eben weil das tradierte Modell aus dem 19. Jahrhundert kommt und nicht mehr anwendbar ist. Früher wusste ein Professor ›alles‹, hatte ›alles‹ gelesen und das macht heute keinen Sinn mehr und ist außerdem unmöglich. Längst wird fächerübergreifend alles neu kombiniert. Wir befinden uns in einer Verflechtung von Ökonomie und Ökologie der Information, in einer Situation, die den ursprünglichen Status des Wissenschaftlers disqualifiziert. Im gegenwärtigen Wissenschaftsbetrieb bedient sich jeder, dokumentiert in einer Unzahl von Fußnoten und umfangreichen Literaturlisten seine (angebliche) Belesenheit. Und genau dadurch werden Plagiat und Plagiatsjagd gefördert. Man kann heute mit einem Plagiat durchkommen, weil der Betreuer einer Qualifikationsschrift gar nicht mehr alles lesen und kennen kann. Diese Entwicklung wird durch die neuen Technologien noch verstärkt.

C.H.: Eine Rückkehr zum Universalgelehrten im 19. Jahrhundert ist weder zielführend noch realisierbar, zumal dieser Gelehrtentypus in einer Bibliothekskultur entstanden ist, nicht an Universitäten. Wenn wir aber darüber sprechen, dass Forschungsthemen für Qualifikationsschriften immer kleinteiliger und spezieller werden, ja es womöglich nicht mehr um die eigentlichen Forschungsergebnisse als vielmehr um die Zahl der Doktoranden geht, die ein Hochschullehrer betreut, stellt sich schon die Frage, ob das gegenwärtige Hochschulsystem falsche Anreize setzt. In meiner Hochschule ergeht regelmäßig die Aufforderung, die Zahl seiner Doktoranden anzugeben, es ist ein Kriterium für die Leistungsbewertung eines Hochschullehrers. Die eigentliche Frage, die sich aber stellt, ist die nach der Verantwortung in der Nachwuchsausbildung. In meinem Fach ist die Anzahl von Professuren überschaubar und selbst die Verlagsbranche kann nur begrenzt Nachwuchskräfte aufnehmen. Junge Menschen nach rein quantitativen Kriterien zu promovieren ist verantwortungslos, mit Blick auf den innenuniversitären Wettbewerb aber opportun.

A.S.: Jedes System ist in der Gefahr, Verengungsgeschichten zu schreiben, aus der Weite, die sich bietet, sich auf bestimmte Wertigkeiten zu konzentrieren. Man kann sagen, es gibt bestimmte Wertigkeiten, die das befördern, es gibt Wertigkeiten, die die Vermischung von Diskursen fördert, dies muss aber die Wissenschaft selbst lösen.

V.K.: Das stimmt sicherlich, doch es gibt Abhängigkeiten der einzelnen Akteure in diesem Feld von dem Staat. In der Schweiz erhält eine Universität beispielsweise für jeden Studierenden Subventionen aus Bundesmitteln. In Großbritannien basieren die Rankings der Hochschulen, die für ihre Finanzierung durch die öffentliche Hand entscheidend sind, auf der Anzahl an Publikationen in ›ABC-Journals‹. So hat die Frage nach falschen

Anreizen schon ihre Berechtigung. Universitäten befinden sich im steten Wettbewerb, sie müssen sich selbst vermarkten, und das gilt auch für den einzelnen Professor. Exzellenz-Clusters, Rankings, ja die Anzahl der Klicks auf Online-Publikationen – alles zählt! Die quantitative Bewertung steht doch längst über den Inhalten.

Natürlich, wenn man etabliert ist, muss man das nicht mehr mitmachen. Und die Ironie ist doch, dass gerade die besten amerikanischen Universitäten dies längst nicht mehr mittmachen. Wir übernehmen Qualitätssicherungssysteme aus den USA, implementieren diese in unser Wissenschaftssystem und amerikanische Elite-Universitäten hüten sich beispielsweise davor, im Bereich der ›Digital Humanities‹ eine Vorreiterrolle zu übernehmen.

A.S.: Der Blick in die globale Wissenschaft bleibt aber wichtig, um nicht Verengungsgeschichten zu schreiben!

C.H.: Also, die Kursänderung in den Geistes- und Sozialwissenschaften gestaltet sich als ebenso schwierig und komplex wie eine klare Definition des Plagiats.

V.K.: Und sinnloser als die Rückkehr zu einem ehrlichen Banking!

A.S.: Nun, man muss nicht gleich das ganze System ändern. Für Systempolitik reicht ein Leben nicht aus! Aber es ist evident, dass die Geisteswissenschaften eine Debatte darüber führen müssen, wie unter dem Anspruch der Qualitätssicherung wissenschaftsadäquate, transparente und vergleichbare Verfahren zur Plagiatsprüfung entwickelt werden. Die zentrale Frage ist dabei: Wie kommt eine Bewertung von handwerklichen Fehlern als Täuschung zustande?

V.K.: Die Wissenschaft fügt sich einer Öffentlichkeitskultur und wendet sich von ihrer eigentlichen Kernkompetenz ab. Eine Konsequenz scheint die Sucht nach Sichtbarkeit zu sein, augenscheinlich eine kostbare Ressource im wissenschaftlichen Wettbewerb. Sichtbarkeit, die es ermöglicht, einen Politiker anzugreifen oder gar zum Rücktritt zu zwingen, ist wichtiger geworden als die Wissenschaft selbst. Öffentlichkeit heute, das kommt dann noch dazu, hat nichts mehr mit einer vernunftorientierten Inszenierung zu tun, wie sie sich etwa Kant wünschte; es handelt sich vielmehr um eine römische Arena mit Opferung und blutigen Spektakeln. Wird die Wissenschaft mit einer dominanten Öffentlichkeit konfrontiert, verlieren ethische Fragen an Bedeutung.

C.H.: Als eine Quintessenz unseres Gesprächs zeichnet sich ab: Es geht darum, einerseits eine Debatte, einen kritischen Diskurs über die Krise der Wissenschaftskultur vor dem Hintergrund des Plagiatsfiebers anzustoßen. Es wäre sicherlich reizvoll, in zwei Jahren – als Fortsetzung des ersten im Januar 2014 in München stattgefundenen Arbeitsgesprächs zum Thema Plagiat – ein zweites folgen zu lassen. Es gilt den Wertungs- und Bewertungswandel dieses Phänomens weiter zu verfolgen. Unverzichtbar scheint uns in diesem Zusammenhang eine vollständige wissenschaftlich seriöse Aufarbeitung des ›Falls Schavan‹. Denn die Frage, ob das Plagiat ein Symptom der Krise unserer Wissenschaftskultur ist, bleibt ebenso drängend wie hochaktuell.

V.K.: Wir danken Ihnen für das Gespräch.

Reconter/Wiedererzählen. Oder: Was ist eine Fabel?

Philipp Theisohn

Während der Plagiatsdiskurs sich immer wieder an die literarische Oberfläche heftet, an Wortidentitäten und -analogien, die ihm als Evidenzen dienen, findet er seinen eigentlichen Ankerpunkt jedoch im Inhalt. Es ist die Selbständigkeit des Inhalts, die von Plagiatserzählungen in Zweifel gezogen wird. Die literarische Tradition des ›Wiedererzählens‹ konfrontiert daher den Plagiatsdiskurs immer wieder mit seinen Grundlagen und fordert ihm unaufhörlich neue Begründungsstrategien sowie neue Definitionen von Originalität und Abhängigkeit ab. Der vorliegende Beitrag will diese Konfrontation am Beispiel des Begriffs der ›Fabel‹ nachverfolgen und dabei literaturtheoretische wie urheberrechtliche Reflexion zusammenführen.

While the discourse of plagiarism clings to the literary surface, to identities and analogies of words which serve the purpose of providing evidence for it, it locates its real anchor point in the content. It is the autonomy of content which narratives of plagiarism cast doubt on. Thus, the literary tradition of ›renarration‹ repeatedly confronts the discourse of plagiarism with its bases and continually requires new strategies of reasoning as well as new definitions of originality and dependency. The present paper pursues this confrontation by a case study of the term ›fable‹ while combining reflections about literary theory and copyright.

1. Jenseits der ›inventio‹: Stoff, Wirklichkeit und Literatur

Wenn die folgenden Überlegungen unter der Formel »Reconter/Wiedererzählen« summiert werden, dann verweisen sie zunächst einmal auf eine ganz bestimmte Konzeption von Literatur, die ihren Ausgangspunkt im Hochmittelalter hat. Das Erzählen hat dort seine Berechtigung, wo es ein Wiedererzählen ist. ›Raconter‹ ist hier immer schon ›reconter‹, denn wer nicht wiedererzählt, dessen Literatur hat keinen Stand in dieser Welt. Somit enthält das Wiedererzählen immer schon eine Aussage hinsichtlich des Verhältnisses von Wirklichkeit und Literatur: Literatur enthält dasjenige, *was es in der Wirklichkeit gibt* beziehungsweise was dem Logos der Wirklichkeit, der sich in der Weltgeschichte abzeichnet, entspricht. Wer diesem Logos widerspricht, der lügt, der fälscht die Wirklichkeit. Für das Mittelalter bedeutet dies: Er vergeht sich am Schöpfer der Welt. Dementsprechend führen die höfischen Epiker ihre Dichtungen immer auf Vorgänger zurück; sie versuchen, die Lücke, die zwischen der historischen Wirklichkeit und ihrer Überlieferung liegt, zu schließen. Ein guter Stoff ist ein bereits erzählter Stoff, den man raffen oder verbreitern kann.[1] Jenseits dessen liegen die »wilden maere«, die »dunklen Geschichten«, die ohne geschichtliche Legitimität sind und

---

[1] Für die mediävistische Aufarbeitung des Wiedererzählens sind insbesondere die Arbeiten von Franz Josef Worstbrock ausschlaggebend. Vgl. Franz Josef Worstbrock: Dilatatio materiae. Zur Poetik des »Erec« Hartmanns von Aue. In: *Frühmittelalterliche Studien* 19 (1985), S. 1–30; ders.: Wiedererzählen und Übersetzen. In: Walter Haug (Hg.): Mittelalter und frühe Neuzeit. Übergänge, Umbrüche und Neuansätze. Tübingen: Max Niemeyer Verlag 1999 (= Fortuna vitrea 16), S. 128–142. Grundsätzlich hierzu auch Philipp Theisohn: Plagiat. Eine unoriginelle Literaturgeschichte. Stuttgart: Kröner 2009 (= Kröners Taschenausgabe 351), insbesondere S. 98–130.

deren Verbreitung etwa Gottfried von Straßburg in seinem *Tristan* (1205–1215) Wolfram von Eschenbach vorhält.[2] Weit weg scheint uns das alles, wenig anschlussfähig – und doch wird man von dieser Vorstellung von Literatur noch einiges lernen können. Sonderlich zukunftsfähig ist sie auf den ersten Blick nicht gewesen; das Verb ›reconter‹ hat das Altfranzösische jedenfalls nicht überdauert.

Hingegen ist es die Frage des literarischen Eigentums, die immer wieder aufs Neue aufweist, dass die Denktradition des ›reconter‹ im Grunde niemals versiegt ist, sondern allenfalls Neuperspektivierungen erlebt hat. Natürlich verliert das Wiedererzählen in der Neuzeit seine schöpfungstheologische Rückbindung, es muss sich nicht mehr vor dem Horizont einer ›Weltwahrheit‹ rechtfertigen. Das Rekurrieren auf einen bereits erzählten, einen erlebten oder historisch belegbaren Plot ist uns nicht mehr Pflicht. Sehr wohl aber ist es ein immer wieder verbreitetes poetologisches Gerücht: *Alles ist schon einmal gesagt. Alles, was folgt, ist Wiederholung. Originalität zeigt sich nur noch im Modus der Kopie.* Alle Theoreme der literarischen Aneignung – von der Genieästhetik über die Epigonenreflexion Immermanns und Kellers, die Materialästhetik der Avantgarden bis hin zur Postmoderne und ihrem Postulat der sogenannten ›sekundären Wirklichkeit‹[3] – sind tatsächlich mit dem Wiedererzählen bestens vertraut und tragen zu seiner Theoriegeschichte auf die eine oder andere Weise Wertvolles bei. Vernachlässigt man kurz das literaturgeschichtliche Moment und beginnt statt dessen nach den Konstellationen zu fragen, in denen das Wiedererzählen in der Gegenwart erscheint, dann wird man feststellen, dass die Debatte von zwei sich diametral gegenüberstehenden Argumentationsmustern beherrscht wird, einem literaturtheoretischen und einem juristischen. Das Anliegen der folgenden Überlegungen ist es zum Ersten, diese beiden Argumentationsmuster zueinander in Bezug zu setzen, zum Zweiten aber, die poetologische Profilierung, welche dem Wiedererzählen vonseiten des Rechtsdiskurses widerfährt, sichtbar werden zu lassen.

Zunächst erscheint es jedoch sinnvoll, sich der literaturtheoretischen Einfassung des Wiedererzählens zuzuwenden. Diese – das lässt sich recht unumwunden so formulieren – stützt sich zuvorderst auf den Eigenwert der Sprache, also auf die Würde der Literarizität, das *Wie* des Erzählens, hinter dem das *Was* als analytischer Gegenstand nicht selten zu verschwinden droht. Die literarische Kritik billigt gemeinhin der ›Performanz‹ eines Stoffes ein ungeheures Gewicht zu, sodass die Originalität des Stoffes, die ›inventio‹, zweitrangig wird. So kennt die

---

2 »(Er)Finder dunkler Geschichten / Geschichtenjäger, / die mit Ketten betrügen / und die einfachen Gemüter täuschen, / die aus nichtigem Material Gold / für kindlichen Verstand machen können / und aus ihrer Arzneibüchse hervorholen / Perlenpulver aus Staub: / die wollen uns mit einem Stock Schatten spenden / nicht mit dem ergrünten Maienblatt, / weder mit Zweigen, noch mit Ästen.« Gottfried von Straßburg: Tristan, vv. 4663–4673.

3 Als Hauptvertreter der These von der sekundären Wirklichkeit lässt sich augenblicklich David Shields ausmachen. Vgl. David Shields: Reality Hunger. A Manifesto. New York: Alfred A. Knopf 2010. Zu Shields vgl. ausführlich Philipp Theisohn: Das Recht der Wirklichkeit. Plagiarismus als poetologischer Ernstfall der Gegenwartsliteratur. In: Maik Bierwirth/Anja Johannsen/Mirna Zeman (Hg.): Doing Contemporary Literature. Praktiken, Wertungen, Automatismen. München: Wilhelm Fink 2012, S. 219–239.

Literaturtheorie das Wiedererzählen dann auch nicht als ein echtes Problem, sondern vielmehr als den schlagenden Beweis für das Primat der literarischen Semiotik, den überschüssigen Wortsinn, der eben nicht dem Protokoll eines Plots dient, sondern dieses gerade subvertiert. So bleibt der Literaturwissenschaft das Wiedererzählen zwar ein durchaus interessantes, auch abstraktionsfähiges Phänomen, dessen Mechanismen sich auf verschiedene Weisen verbalisieren lassen. Jedoch begegnet man ihm grundsätzlich unter der Grundannahme, dass dort, wo zwei dasselbe erzählen, niemals dasselbe herauskommen könne, dass alleine im ›Wieder‹ der Wiederholung eine dermaßen große Transformationsleistung zu suchen sei, dass man an dieser Stelle nicht über den substanziellen Wert, geschweige denn den Schutzwert von Inhalten zu sprechen brauche. Im Gegenteil: Das auf den Inhalt bezogene Lesen und Schreiben gilt als eine reduktionistische, naive Annäherung an Texte. Wer den Wert eines Textes in seinem Stoff sucht, der weiß nichts über Literatur, er spricht vermutlich auch nicht über Literatur, sondern über das von ihr Repräsentierte, über eine literarische Wirklichkeit. Überhaupt ist die scheinbar deutliche, tatsächlich jedoch äußerst vage Vorstellung der ›Fabel‹ eng mit der ebenso dunklen Interpretation des ›Wirklichen‹ verknüpft: Das, was man erhält, wenn man die ›Faktur‹ eines Textes abzieht, ist seine Wirklichkeitsstruktur, die sich beliebig nacherzählen, paraphrasieren lässt, ohne dass dabei der literarische Wesenskern getroffen wird.[4] Die Fabel ist das, was von den *Wahlverwandtschaften* übrigbleibt, wenn man sie nur aus *Kindlers Literatur Lexikon* kennt.

Nun sind dabei recht viele Setzungen gemacht, ohne dass wir sie expliziert hätten. Wie kommen wir eigentlich darauf oder dazu, der vorgestellten Wirklichkeit ihre Wesenhaftigkeit und ihren Originalitätswert abzusprechen? Ganz offensichtlich hängt das damit zusammen, dass wir in dem, was vorgestellt wird, nichts Singuläres, sondern etwas Allgemeines erkennen: Jeder Roman, den wir lesen, jedes Theaterstück, das wir uns anschauen (die Lyrik muss man als nicht pragmabezogene Rede außen vor lassen), speist sich aus einer Realität, deren Möglichkeiten und Unmöglichkeiten uns allen mehr oder weniger denkbar oder gar erlebbar sind. Wie man denkt und handelt, wenn man unglücklich verliebt ist, wenn man verleumdet wird, wenn man Rachegefühle hegt, paranoid wird, das kennen wir alle, wir kennen die Optionen, die sich dann eröffnen, die Gedankengänge, auch wenn sie selten wirklich ›identisch‹ mit dem sind, was uns in der Literatur entgegenschlägt. Aber wir nehmen sie als Ähnlichkeiten wahr, als Kontingenzen, die so oder so ausfallen, je nachdem, ob wir im 18. oder im 21. Jahrhundert aufwachsen, ob wir vermögend oder unvermögend sind, ob wir aus einer europäischen oder asiatischen Gesellschaft stammen, ob wir zu der einen oder anderen Zeit am falschen oder richtigen Ort sind. Dieses Netz an Kontingenzen liegt allen Vorstellungen von Wirklichkeit zugrunde, es hat keine Urheber, sondern nur Leser, Dekodierer. Hinzu kommt, dass mit

---

4 Diese Ausführungen sind in gewisser Weise mein eigenes ›reconter‹; man kann sie nämlich zurückverfolgen zu folgendem Beitrag: Philipp Theisohn: Verteidigung der Paraphrase. Das Wiedererzählen und die Krise der Geisteswissenschaften. In: *Nach Feierabend. Zürcher Jahrbuch für Wissensgeschichte* 9 (2013), S. 15–37, insbesondere S. 28f.

Blick auf dieses Netz von Kontingenzen die Unterschiede zwischen einer ›erlebten‹ und einer ›erdichteten‹ Wirklichkeit zunehmend verschwimmen, dass unsere heute erlebte Realität in vielen Teilen bereits verarbeitete, medial zugerichtete, virtuelle Wirklichkeit ist. Ob wir Dinge erleben oder sie im Fernsehen sehen, ob wir ein Musikstück oder einen Text als ›Werk‹ rezipieren oder nur als Geräusch und Beschilderung einer Hintergrundkulisse, das ist nur ein gradueller Unterschied. Und so ist auch unser Wirklichkeitsbegriff einigermaßen schwammig geworden, er kann ganz in Kunst aufgehen und umgekehrt kann Kunst auch ganz Wirklichkeit sein.

Was hat das alles nun mit dem Wiedererzählen und der Fabel zu tun? Zumindest soviel, als dass wir schnell erkennen, dass sich auf der Folie des oben skizzierten Wirklichkeitsbegriffs, der überall Ähnlichkeiten und Analogien, nirgends aber Identitäten kennt, schlechthin kein Begriff von der Fabel als einer abgrenzbaren Schöpfung etablieren lässt. Wenn im Folgenden der Versuch unternommen werden soll, eben diesen Begriff zu schärfen, dann geschieht dies nicht zum Selbstzweck. Vielmehr muss die Neubewertung der Fabel als jenes unscharfen Objekts, aus dem sich eine Theorie des Wiedererzählens speisen kann, am Anfang eines Nachdenkens über die Eigentumsfähigkeit literarischer Wirklichkeiten stehen. Die zeitgenössische Literaturtheorie soll für diese Überlegungen geöffnet werden – und sie bietet tatsächlich genügend Anknüpfungspunkte, um das literarische Eigentum als eine konstruktive und poetologisch produktive Größe mitzudenken. Aus den oben genannten Gründen fällt sie indessen bei der näheren Bestimmung der Fabel aber noch aus. Hilfestellung muss dementsprechend auf einem anderen Feld gesucht werden: auf dem Feld des Urheberrechts.

2. Wem gehören Fabeln?

Dass man sich der Fabel auch aus einer ganz anderen Perspektive nähern kann, in der sie sich nämlich doch überraschend als eine feste, sperrige Größe erweist, vermag eine kleine Episode vom Februar 2010 zu dokumentieren. Während der deutschsprachige Buchmarkt zu diesem Zeitpunkt ganz von der Diskussion um Helene Hegemanns bei *Ullstein* erschienenes Romandebüt *Axolotl Roadkill* in Beschlag genommen ist, nimmt *Piper*, von der Öffentlichkeit nahezu unbemerkt, Jens Lindners Roman *Döner for One* vom Markt. Auslöser für diesen Vorgang sind Plagiatsvorwürfe, die auf der Verkaufsplattform *Amazon* geäußert werden: Der Plot von Lindners Roman, so schreibt da ein Kunde, sei eins zu eins identisch mit dem von Janet Evanovichs 1997 bei *Goldmann* erschienenem Debütkrimi *Einmal ist keinmal* (*One for the Money*, 1994). Auf seiner privaten Homepage vertieft besagter Buchkäufer in einer Rezension den Vergleich[5]: In beiden Büchern geht es um einen Auftragsjob, bei dem die beauftragte Person (Stephanie Plum/Lukas Ludwig) einen unter Mordverdacht stehenden Mann ausfindig

---

5 Vgl. ›Literatur – *Döner for One* von Jens Lindner‹ (29. Dezember 2009), http://home.arcor.de/tomary/Literatur/Doener_for_One/doener_for_one.html (23. März 2014).

machen soll, der tatsächlich aber ein Informant ist, der von Drogenhändlern verfolgt wird und am Ende tot in einem Kühlwagen auftaucht, woraufhin die Bande auffliegt. Ferner gibt es wohl zahlreiche Analogien in Detailfragen; es geht ums Anketten an Duschstangen, um kochende und kuppelnde Mütter, Wagenschlüssel in Abfallcontainern, helfende Hausmeister und zwei Prostituierte, die den Weg der Ermittlerin/des Ermittlers säumen. Es gibt aber auch Unterschiede: Die Handlung spielt in Deutschland und nicht in den USA, es geht nicht um das Milieu der amerikanischen, sondern das der deutschen Einwandererkulturen (sprich: der türkischen Kultur, daher der Titel *Döner for One*). Evident werden die Ähnlichkeiten dann mit dem Verweis auf einige wenige, aber eben doch vorhandene sprachliche, syntaktische und idiomatische Analogien, Parallelläufe in Passagen. Der Krimileser leitet seine Erkenntnisse dem Verlag weiter, der reagiert umgehend. Der Autor wird zu einer Reaktion auf seiner Webseite (mittlerweile offline) genötigt. Jens Lindner schreibt dort:

> Mangels eines schlüssigen Plots habe ich mich an der Story von Janet Evanovichs »Einmal ist keinmal« entlanggeschrieben. Dies war ein Fehler, für den ich mich an dieser Stelle bei meiner Literaturagentur, meinem Verlag, meinen Lesern und den Fans von Janet Evanovich in aller Form entschuldige. Dass »Döner for One« sofort vom Markt genommen wurde, war die einzig richtige Konsequenz meines Verlags, für deren Folgen ich die Verantwortung übernehme.
> Kann Jens Lindner denn nicht selbst schreiben? Das mögen andere beurteilen, Fakt ist, dass ich seit Jahren schreibe und – Menschen die ebenfalls schreiben wird dieses Szenario bekannt vorkommen – meine Manuskripte wie Brieftauben stets den Weg nach Hause zurückfanden. Einen letzten Versuch wollte ich noch starten und so verfasste ich eine schmissige Leseprobe (die meiner Fantasie entstammte) und schickte diese an eine Literaturagentur. In Ermangelung eines Plots habe ich mich von Janet Evanovich inspirieren lassen; ich ging fest davon aus, dass auch dieser letzte Versuch postwendend abgelehnt würde. Umso größer war die Überraschung, als man großes Interesse an meinem »Roman« bekundete und das Gesamtmanuskript anforderte. Vor lauter Freude hätte ich beinahe vergessen, dass es ja noch gar kein Gesamtmanuskript gab. Was tun? Im Stil der witzigen, rasanten Leseprobe weiter zu schreiben wäre kein Problem gewesen, aber einen Plot zu entwickeln, dazu hätte es Wochen oder gar Monate gebraucht, schließlich gehe ich einer Vollzeitbeschäftigung nach, Schreiben konnte (kann) ich nur am Wochenende. Also habe ich Janet Evanovichs Roman als Grundgerüst benutzt, um darüber meine eigenen Ideen zu stülpen.[6]

Vor dem Hintergrund eines solchen Bekenntnisses ist natürlich eitel diskutieren, jede weiterreichende Reflexion wirkt zunächst lächerlich. Allerdings lassen sich auf den zweiten Blick doch einige Fragen stellen: Welche Vorstellungen von Literatur sind in dieser Geschichte wirksam? Wo wird ein Mangel an Originalität reuepflichtig, wo wird er unethisch, wo wird er rechtsfällig? Hätten wir diese Diskussion und die Konsequenzen auch ohne die besagten wörtlichen Parallelstellen gehabt? Hätte sich Jens Lindner der Debatte nicht auch anders (nämlich in der Offensive) entziehen können? Wo genau liegt das Skandalon?

---

6 Die Stellungnahme Jens Lindners ist weiterhin einsehbar unter: ›Jens Lindner zu seinem Plagiat‹. In: *buchmarkt.de* (12. Februar 2010), http://www.buchmarkt.de/content/41462-jens-lindner-zu-seinem-plagiat.htm (23. März 2014).

Es ist durchaus schwierig, auf all diese Fragen immer eine eindeutige und klare Antwort zu finden. Aber man kann immerhin versuchen, die Erwartungen, die wir in Bezug auf das Wiedererzählen heute haben, zu systematisieren und dabei jener Vorstellung näher zu kommen, die wir ›Plagiat‹ nennen und unter der wir die unrechtmäßige Aneignung geistigen Eigentums verstehen; eine Vorstellung, der im eben skizzierten Fall nicht nur die Ankläger und die Öffentlichkeit, sondern auch der Beschuldigte selbst beistimmen. (Es gäbe andere Beispiele.) Dazu bedarf es zunächst einiger Grundbestimmungen.

Die Schwierigkeit des geistigen Eigentums besteht darin, dass es uns vor die nahezu unlösbare Aufgabe stellt, Normativität und Kontextualisierung stringent zusammenzudenken. Normativität in Eigentumsfragen, das heißt: Wir haben und wollen klare Regeln für den Umgang mit dem Besitz anderer, wir sehen entsprechende Sanktionen für Verstöße vor, wir tun das auch alles mit Blick auf bestimmte gesellschaftliche Ziele, ökonomische Ziele, wissenschaftliche Ziele, und natürlich auch mit Blick auf ethische Grundprinzipien, also etwa den Grundsatz, niemanden um den Lohn seiner Arbeit zu bringen. Der Zusatz *geistiges* Eigentum (den wir noch verschärfen können, wenn wir vom *literarischen* Eigentum sprechen) erschwert diese Bemühungen um Normativität ganz erheblich, denn er verlagert sie auf ein Diskussionsfeld, auf dem die Eindeutigkeit der Besitzunterordnung unterlaufen wird durch den Umstand, dass man es mit einem potenziell unendlichen und nicht wirklich abzugrenzenden Grundstoff zu tun hat: nämlich mit dem Denken oder der Sprache, den Gedanken und den Worten, die man stehlen kann, ohne dass sie dem Bestohlenen fehlen, die aber ebenso gut auch zweimal auftauchen können, ohne dass zwingend ein Diebstahl vorliegen muss. Aus den Beweisen, welche die Normativität verlangt, werden Indizien, aus Gewissheiten Wahrscheinlichkeiten, aus der Wahrheit des Eigenen und des Anderen eine graduelle Wahrheit. Wer ein normatives Feld der Kontextualisierung öffnet, der setzt an die Stelle des abschließenden Urteils die prinzipielle Unendlichkeit der Auslegung; wer sich hingegen auf dem Feld des geistigen Eigentums der Kontextualisierung verweigert, der handelt ignorant und darf noch einmal Locke lesen.[7]

Augenblicklich gibt es genug Beispiele, anhand derer man die Probleme bewundern könnte, die entstehen, wenn man eine der beiden Seiten ausblendet oder ausblenden muss. Auf dem Feld des wissenschaftlichen Schreibens, an das zwangläufig und aus universitätsrechtlichen Gründen normative Erwartungen herangetragen werden, finden wir folgerichtig (und nicht uneingeschränkt) eher die Vernachlässigung von Kontexten zugunsten einer Urteilsfindung vor. Auf dem Feld der Kunst und insbesondere auf dem Feld der stofflichen Invention, das hier im Fokus steht, ist hingegen die Skepsis gegenüber der Normativität von literarischem Besitz nahezu herrschende Meinung. Das heißt natürlich nicht, dass es in der Kunst keine Vorstellungen von geistigem Eigentum gibt. Es heißt aber, dass man sich dort wenig Illusionen

---

7 Und zwar das mit *Of Property* betitelte fünfte Kapitel der zweiten Abhandlung aus *Two Treatises of Government* (1680), bei dem die moderne Debatte um das geistige Eigentum ihren Anfang nimmt. Für die deutsche Fassung vgl. John Locke: Zweite Abhandlung über die Regierung. Aus dem Englischen übersetzt von Hans Jörn Hoffmann. Durchgesehen, überarbeitet und kommentiert von Ludwig Siep. Frankfurt/M.: Suhrkamp 2007 (= Suhrkamp-Studienbibliothek 7).

über die juristische Durchsetzbarkeit dieser Vorstellungen macht. Das Recht erscheint eben als das Andere der Kunst: Wo die Kunst vielfache Möglichkeiten und Techniken zur Aneignung und Verarbeitung fremder Werke und Vorleistungen kennt und sich unter ästhetischen Gesichtspunkten nahezu jede Übernahme rechtfertigen lässt (Intertext, Materialarbeit, Reflexion, Inspiration), da muss das Recht Grenzen ziehen, an denen die Ästhetik nichts mehr gilt und die Rechte des Künstlers einsetzen. Diese Entästhetisierung ist dafür verantwortlich, dass das geistige Eigentum in der Kunst nur selten gerichtlich verhandelt wird, denn derjenige, der diese Perspektive einführt, klagt, stellt sich außerhalb der literarischen Gemeinschaft. Wer der Literatur mit dem Recht kommt, der konfrontiert sie mit einer Vielzahl von Kategorien und Begriffen, die man ästhetisch und literaturtheoretisch längst ausgehebelt hat: Originalität, Autorschaft, Wirklichkeit. Und vor allem natürlich geht es um materielle Werte und damit auch um die drohende Profanisierung der Kunst, ihre Verrechnung. Wer sein literarisches Eigentum auf juristischem Wege einfordert, läuft entsprechend Gefahr, seine künstlerische Glaubwürdigkeit seiner Rechtsfähigkeit zu opfern, und dementsprechend geschieht das selten. An den ab und an aufbrechenden Plagiatsdebatten im Literaturbetrieb kann man die damit einhergehenden Vorurteile gut ablesen: Das Recht, insbesondere das Urheberrecht, ist im Grunde unfähig, literarische Vorstellungen zu verhandeln, es ist nahezu kulturfeindlich, denn es hat nicht die Überindividualität der Kunst, sondern den Anteil ihrer einzelnen Subjekte im Blick.

Man kann diesem manchmal ausgesprochenen und häufig unausgesprochenen Vorbehalt, dessen programmatische Wurzeln weiter oben erläutert wurden, allerdings etwas entgegensetzen. Gerade weil das Recht nämlich nicht die Interesselosigkeit der Kunst, sondern das Eigeninteresse der Künstler im Blick hat, lassen sich in ihm die historischen Verschiebungen literarischer beziehungsweise ästhetischer Leitbegriffe und Grundvorstellungen recht präzise ablesen. Das Recht ist tatsächlich in der Lage, liebgewonnene Selbstverständlichkeiten der Kunst kritisch zu hinterfragen und dementsprechend Begriffe zu schärfen, die der ästhetische Diskurs hat stumpf werden lassen. Die oben bereits eingeführte Fabel ist genau solch ein Begriff; vielleicht sogar *der* Begriff, um die Resubstanzialisierung der Literaturtheorie durch den Rechtsdiskurs zu untermauern. Tatsächlich ist die Fabel eine der Vorstellungen, die uns einen kulturanthropologischen Zugang zum literarischen Diskurs erschließen. Wenn wir unter der ›Faktur‹ eines Textes nicht nur seine literarische ›Performanz‹, sondern auch seine Erzeugung aus einem gesellschaftlichen, arbeitsteiligen Kontext heraus verstehen wollen, wenn wir also wissen wollen, was die Literatur mit dem Reich der menschlichen Betätigungen zu tun hat, so erinnert uns die Fabel daran, *dass auch die Literatur zunächst einmal Arbeit ist*.

In der gegenwärtigen Diskussion erscheint die Fabel, wie gesehen, in urheberrechtlichen Konfrontationsfällen; der erwähnte Fall Lindner/Evanovich ist beileibe nicht der erste und einzige, in dem die Fabel als geistiges Eigentum zur Debatte steht. Vielmehr verhält es sich so, dass die Fabel weniger einen Nebenaspekt des Plagiarismus als vielmehr den eigentlichen Ankerpunkt der Unoriginalitätsthese abgibt. ›Ankerpunkt‹ ist eigentlich der treffendste Begriff, denn während man am Ende von Plagiatsdebatten immer wieder bei der Fabel anlangt, so tritt sie doch nur sehr selten an die Oberfläche der Diskussion. So bilden stoffliche Identitäten und Analogien oft erste Verdachtsmomente plagiarischen Verhaltens; als Indiz gilt hingegen erst das Hinzutreten einer ebenfalls übernommenen Wörtlichkeit, aus der dann hervorgehen soll, dass nicht nur eine Koinzidenz in der ›inventio‹, sondern tatsächlich eine Abhängigkeit, die unrechtmäßige Inanspruchnahme der geistigen Arbeit anderer vorliegt. Dieses Argumentationsmuster der Bestätigung einer Fabelkopie durch Assonanzen und Parallelläufe in der Wortwahl lässt sich nicht nur bei der ›Enttarnung‹ von *Döner for One* aufweisen[8], sondern etwa auch im Fall Kaavya Viswanathans.[9] In der Debatte um Viswanthans 2006 erst gehypten und dann eiligst wieder vom Markt genommenen Debütroman *How Opal Mehta Got Kissed, Got Wild, and Got a Life* zeigte sich allerdings noch etwas anderes. Beobachten ließ sich nämlich eine bemerkenswerte und durchaus hellsichtige Verkehrung der Argumentation: Während aufseiten der Anklage die räuberische Übernahme der Fabel ihren Beweis in der Lexik fand, keimte in den Reihen der Kritiker die Überlegung, ob der Zusammenhang von Stoff und Wörtlichkeit womöglich noch ein ganz anderer sei. Gerade mit Blick auf die rekonstruierte Entstehungsgeschichte von Viswanathans Roman, seine regelrechte Programmierung durch den Literaturbetrieb, wurde konstatiert, dass zum einen die Gestaltung einer Fabel bestimmten äußeren Parametern unterliegt, mitunter stark abhängig ist von Genrefragen sowie vom Publikumsgeschmack und Marktbedürfnis, sprich: von den ökonomischen Verhältnissen der Literatur, von Angebot und Nachfrage, welche die Varietät der Fabeln ganz offensichtlich einschränken. ›Chick Lit‹ – so die abfällige Bezeichnung für das Genre, in dem *Opal Mehta* verortet wurde – hat nun einmal ein recht eingegrenztes Personal- und Handlungsfeld, das nicht über allzu viele Variationsoptionen verfügt. Was gegen das geistige Eigentum der Fabel spricht, ist die Konvention oder das Klischee, der erwartbare, nur in Nuancen und Akzidenzien sich verändernde Plot. Zum anderen aber wäre dann zu fragen, ob nicht auch die Wörtlichkeit jener Anziehungskraft des Klischees unterliegt, ob also die soziale Eingebundenheit der Literatur die Fabel und die Fabel wiederum die Sprache bedingt.

Für die urheberrechtliche Bewertung des Falls *Opal Mehta* spielten diese Überlegungen keine weitere Rolle mehr, da Kaavya Viswanathan schon bald einräumte, die angemahnten Quellen gekannt, in ihrem ›fotografischen Gedächtnis‹ abgespeichert und dort wieder unbewusst hervorgeholt zu haben. Die Frage aber, inwieweit beispielsweise Metaphern Produkte von Fabeln sein können, blieb im Raum stehen und wurde im gleichen Jahr auch in die deutsche Literaturdebatte eingeführt. Die letztlich im Sande verlaufene Konfrontation von Feridun Zaimoglus *Leyla* (2006) und Emine Sevgi Özdamars *Das Leben ist eine Karawanserei hat zwei Türen aus einer kam ich rein aus der anderen ging ich raus* (1992) verhandelte unter dem von außen aufgeprägten Plagiatsstempel eigentlich die Verwobenheit von Konvention,

---

8 Vgl. ›Jens Lindner zu seinem Plagiat‹ (Anm. 6).
9 Zu Viswanathan vgl. ausführlicher Philipp Theisohn: Literarisches Eigentum. Zur Ethik geistiger Arbeit im digitalen Zeitalter. Stuttgart: Kröner 2012 (= Kröner Taschenbuch 510), S. 34–38.

Fabel und Sprache. Volker Weidermann fasste die Problematik in der *Frankfurter Allgemeinen Zeitung* wie folgt zusammen:

> Hier sind Buchstaben »wie auseinander fliegende Bäume«, dort sind Buchstaben »wie Menschen, die sich gegen einen starken Wind stemmen«, hier ist vom Filmstar »Humprey Pockart« die Rede, dort von »Kessrin Hepörn«, in beiden Büchern gibt es abenteuerliche Ausflüge der Mädchen ins Kurdengebiet, in einem Buch kommen sie an einem »silbernen See« vorbei, im anderen Fall an einem »Silberfluss«, wenn Mädchen sich in beiden Büchern ein Bett teilen und es in beiden Fällen zu angedeuteten Liebesszenen kommt, essen sie am Ende Kaugummi.[10]

Die Literatur oszilliert zwischen einer literarischen Vorlage, deren Wörtlichkeit sie ab und an streift, und einer Wirklichkeit, die sie mit der Vorlage teilt. Aus welcher der beiden Welten Zaimoglus Roman seine Fabel entwickelt hat – das ist die öffentliche Streitfrage gewesen. Erneut trat dabei der Verdachtsargumentation, die vom Indiz der metaphorischen Ähnlichkeit auf den Diebstahl der Fabel schloss, die Umkehrargumentation entgegen, der zufolge bestimmte Bilder und Phrasen in einer bestimmten Wirklichkeit angelegt sind, deren Auserzählung sie dementsprechend auch reproduzieren muss. So ließe sich dann eben auch plausibilisieren, warum das Handlungssetting ›eine anatolische Frau migriert in den 1950er Jahren nach Westdeutschland‹ mitunter nicht nur bestimmte Handlungssequenzen, sondern auch eine bestimmte Rhetorik und Bildsprache erzeugt.[11] Das, was der Anklage in diesem Fall also als Plagiat erscheint, wertet die Verteidigung wiederum als etwas ganz anderes: nämlich als die zuvor unsichtbaren, in der erzählerischen Verdopplung jedoch ans Licht tretenden Grenzen und Strukturen der Fabel. Gerade hierin aber liegt vielleicht das Geheimnis der meisten literarischen Plagiatsdebatten beschlossen: *Was als Verhandlung von Eigentumsfragen beginnt, beschreibt auf einer anderen Ebene den Rahmen, der der Literarisierung von Wirklichkeit durch die Fabel gesteckt wird.* Man muss sich diese Perspektive nicht zwangsläufig zu eigen machen, allerdings lohnt es sich, diese mitzudenken, wenn man dahinter kommen will, in welcher Weise der Rechtsdiskurs die Literaturtheorie mitschreiben kann.

---

10 Volker Weidermann: Abgeschrieben? Streit um den Roman »Leyla«. Özdamar gegen Zaimoglu. In: *FAZ.net* (1. Juni 2006), http://www.faz.net/aktuell/feuilleton/buecher/abgeschrieben-streit-um-den-roman-leyla-oezdamar-gegen-zaimoglu-1327374.html (23. März 2014).

11 Bemerkenswert war, dass bei der Rekonstruktion des Ursprungs all jener Analogien Zaimoglu schließlich in der Wirklichkeit tatsächlich Räume fand, die sowohl seine Mutter wie auch Özdamar durchschritten hatten. Zu den biografischen Überschneidungen beider Texte vgl. Hubert Spiegel: Zaimoglu gegen Özdamar. In Leylas Küche. In: *FAZ.net* (9. Juni 2006), http://www.faz.net/aktuell/feuilleton/buecher/zaimoglu-gegen-oezdamar-in-leylas-kueche-1330696.html (23. März 2014).

3. Zum Schutz der Fabel:
Die Rechtsgeschichte und die unsichtbaren Grenzen literarischen Eigentums

Am Beispiel Viswanathans ist bereits sichtbar geworden, dass die Frage nach dem Wesen der Fabel direkt in ein Geflecht von ökonomischen, realitätsbezogenen und handlungstheoretischen Parametern hineinführt, allesamt Parameter, die sich im Lauf der Zeit verändern, immer neue Konstellationen bilden und von denen die Entscheidung darüber, ob eine Fabel geistiges Eigentum sein kann und wie sie in diesem Fall bestimmt wäre, abhängt. Noch liegen diese Bestimmungen zum Großteil im Dunkeln und so ist es zunächst sinnvoll, einen Blick auf die jüngere Rechtsgeschichte zu werfen.[12] Es ist eine Geschichte, die es in nicht geringem Maße mit der medialen Transgression von Literatur, also mit der Bearbeitung von Romanen und Erzählungen für das Theater oder den Film zu tun hat. Häufig geht es etwa um Drehbücher, wie etwa bei dem vor dem Oberlandesgericht (OLG) München verhandelten Streit um den Film *Solange Du da bist*, dem ein Drehbuch zugrunde liegt, an dem der Kläger einen Anteil als ›Plotlieferant‹ beansprucht.[13] Angeblich habe er gemeinsam mit einem Bekannten eine Filmstory erstellt, habe den Grundeinfall ›Film im Film‹ gehabt, eine Atelierbrandszene beigesteuert. Dieses Drehbuch mit dem Titel *Happy End* sei von der *Film-Union* zunächst abgelehnt worden, der Beklagte habe dann alleine weitergearbeitet und letztlich (nach einer weiteren Ablehnung durch die *Film-Union*) an die *Neue Deutsche Film-Gesellschaft* verkauft. Davon will der Kläger nun seinen Teil haben.

Die Klage wird abgewiesen. Eine detaillierte Aufführung der Entscheidungsgründe ist an dieser Stelle nicht vonnöten, allerdings birgt das Urteil interessante Einzelaspekte, die es hervorzuheben gilt. Differenziert wird zunächst zwischen einem einheitlichen, auf einem ›Geist des Schöpfers‹ beruhenden Werk und bloßen Akzidenzien, Einzelszenen. Darüber hinaus erkennt das Gericht, die Fabel sei urheberrechtlich geschützt, aber eben nur dann, wenn sie »auf der Phantasie beruht, also durch schöpferische Tätigkeit hervorgebracht ist.«[14] Das ist deswegen bemerkenswert, weil gerade hierin ein Irrtum aufgedeckt wird, der Plagiatsdebatten bis heute noch anhaftet: Gerade die Authentifizierung des eigenen Beitrags an einem Werk, die biografische Verwachsenheit mit einer Fabel entwertet den Rechtsanspruch auf sie. Der Kläger mag noch so sehr beteuern, die Atelierbrandszene käme von ihm, weil er einen solchen Atelierbrand einst miterlebt habe, das zweifelt ihm niemand an. Allerdings: »Wer einem anderen ein tatsächliches Erlebnis berichtet, bringt nichts hervor und erfindet keine Fabel; er teilt vielmehr lediglich einen Stoff mit, der ebenso vorgegeben ist wie etwa ein

---

12 Mein Dank gilt an dieser Stelle Alexander Peukert, der es mir nicht nur ermöglicht hat, meine Überlegungen am Exzellenzcluster *Normative Orders* an der *Goethe-Universität Frankfurt* in einem juristischen Kontext zu präsentieren und zu diskutieren, sondern dem ich auch entscheidende Hinweise bei der Spurensuche zur Fabel in der Rechtsgeschichte verdanke.
13 Vgl. OLG München, Urteil vom 24. November 1955, Az. 6 U 916/55. In: *GRUR* 1956, S. 432, 435 – *Solange Du da bist*.
14 Ebd., S. 432.

geschichtlicher Sachverhalt, und kann dafür ebenso wenig wie für tatsächliche Angaben sonst auch Schriftwerkseigenschaft in Anspruch nehmen.«[15] Das Einbringen von Handlungsoptionen aus der eigenen erlebten Welt macht die Fabel noch nicht zum Eigentum, es ist die *Durcharbeitung*. Etwas undurchsichtiger ist natürlich noch die Frage, wo Durcharbeitung und wo Assoziation beginnt und endet, das zieht sich dann auch noch weiter, ein ähnlicher Prozess ereignet sich dann erneut vor dem OLG München rund um die TV-Serie *Forsthaus Falkenau*, bei der auch abgewiesene Drehbuchlieferanten auf Tantiemen klagen, die die Produzenten unter Benutzung ihrer Vorlagen eingespielt hätten. Auch dort wird zwar die Abhängigkeit erkannt, jedoch konstatiert, »übernommen habe die Bekl. allenfalls sehr vage, allgemein formulierte Ideen und Handlungsansätze, die nicht als solche, sondern lediglich in ihrer konkreten sprachlichen Ausformulierung schutzfähig seien.«[16]

Das sind nun nicht wirklich spannende Fälle, allzu viele Schlüsse lassen sich aus ihnen zumindest nicht ziehen, nähern sie sich doch den Grenzen und Strukturen der Fabel nur zögerlich. Etwas anders sieht es aus, wenn man über das Problem der *fortgesetzten Fabel* redet. Auch hier gibt es zunächst einen älteren, sodann aber einen international höchst beachtenswerten Fall. Beginnen wir mit dem Ersten: Es geht dabei um den Roman *Der Trotzkopf*, dessen erster Teil 1885 erscheint; die Urheberrechts-Schutzfrist für das Buch ist 1915 abgelaufen. Nun hat die Tochter der Autorin Emmy von Rhoden, Else Wildhagen, gestorben 1944, drei Fortsetzungen des *Trotzkopfs* geschrieben, erschienen 1892, 1895 und 1930, geschützt waren die Bücher bis einschließlich 1994. Nun ist das ein Erfolgsmodell gewesen, und da der Ursprungsroman *Der Trotzkopf* ja frei war, gab es einige Nachahmerinnen[17], unter ihnen die beklagte Gerda Muth. Diese hatte als Auftragsarbeit 1953 zunächst eine Neubearbeitung des Ursprungstrotzkopf verfasst und dann, auf Weisung ihres Verlags, 1954 einen zweiten Teil nachgelegt, *Ilses Brautzeit* betitelt. Das Problem: *Ilses Brautzeit* ähnelt vom Plot her ganz massiv dem noch geschützten Erstlingsroman der Tochter, deren Verlag ein Plagiat sieht, klagt und nach der ersten Revision Recht bekommt.[18] Ein schwieriger Fall: Die Beklagte hält ihren Roman für das Weitererzählen eines ohnehin freien Werkes, die klagende Partei für das Wiedererzählen eines geschützten Werkes. Die Beklagte argumentiert, sie würde die Fortsetzung gar nicht kennen, die Ähnlichkeiten mit Blick auf Plot und Titel der Fortsetzung ergäben sich zwangsläufig aus der Fabel des freien Ursprungswerkes, die eben beiden Büchern zugrunde gelegen habe.

Ein schwieriger Fall, denn genau das gilt es nun abzuwägen: Inwiefern konditioniert eine Fabel ihre Fortsetzungen, sorgt also für miteinander rechtlich konfligierende Bearbeitungen?

---

15 Ebd., S. 434.
16 Vgl. OLG München, Urteil vom 15. März 1990, Az. 29 U 4346/89. In: *GRUR* 1990, S. 674, 676 – *Forsthaus Falkenau*.
17 So kamen Wildhagens Nachfolgetrilogie unter anderem Doris Mix' *Frau Ilse* (1895), Suze la Chapelle-Roobols *Stijfkopje als grootmoeder* (1905) sowie Marie von Felsenecks [= Marie Luise Mancke] *Trotzkopfs Erlebnisse im Weltkriege* (1916) und *Trotzkopf heiratet* (1919) in die Quere.
18 Vgl. OLG Karlsruhe, Urteil vom 19. April 1956, Az. 4 U 96/55. In: *GRUR* 1957, S. 395, 398 – *Trotzkopf*.

Das Oberlandesgericht (OLG) Karlsruhe hat sich leider – und verständlicherweise – auf die Argumentation der Beklagten nicht näher eingelassen, sodass die Klärung dieser Frage noch einmal abgewendet wurde. Sie kehrt aber wieder, nämlich im Rahmen des Präzedenzfalls ›Laras Tochter‹. Es handelt sich bei dem Titel *Laras Tochter* um eine unter dem Pseudonym Alexander Mollin [= Jim Williams] verfasste Fortsetzung von Boris Pasternaks *Doktor Schiwago*, die 1994 sowohl im englischen Original (*Lara's Child*) als auch in deutscher Übersetzung erschien. Letztere gerät aber nun in Konflikt mit dem Urheberrecht: Der italienische Verlag, der 1957 Pasternaks Roman in Übersetzung erstveröffentlicht hatte, weist darauf hin, dass für *Doktor Schiwago* nach der Revidierten Berner Übereinkunft zum Schutz von Werken der Literatur und Kunst (RBÜ) auch in Deutschland Urheberrechtsschutz bestehe, der durch die Fortsetzung Mollins verletzt werde.[19] In erster Instanz wird der Klage stattgegeben und der deutsche Verlag dazu verurteilt, die gedruckten Exemplare einzuziehen und *Laras Tochter* nicht weiter zu verlegen. Der Verlag geht in Berufung und führt dabei zwei Argumente an:

1. Pasternaks Roman sei im Original russisch – und dieses Original sei eben nicht geschützt, da die Sowjetunion 1957 weder der Berner Übereinkunft zum Schutz von Werken der Literatur und Kunst noch dem Welturheberrechtsabkommen angehört habe; aufseiten des italienischen Verlages, der ja selbst nur eine Übersetzung verlegt habe, bestünde keine »Aktivlegitimation«.
2. Mollins Roman habe Pasternaks Vorlage lediglich frei benutzt. Allein durch die Tatsache, dass es sich eben um eine Fortsetzung und keine Neubearbeitung des Romans handle, verfüge *Laras Tochter* über eine eigene Schöpfungshöhe.

Das erste Argument erweist sich schnell als hinfällig, denn entscheidend für die Schutzfähigkeit ist nicht die Sprache, sondern der Verlagssitz der Erstveröffentlichung. Es ist das zweite Argument, das uns zu denken gibt: Warum sollte es ein rechtliches Problem darstellen, einen abgeschlossen vorliegenden Klassiker weiterzuerzählen? Tatsächlich kann man diese Frage nur konstruktiv beantworten, wenn man davon ausgeht, dass Fabeln ein Leben jenseits der konkreten literarischen Gestaltung führen, dass man ihr Schutzrecht auch dann verletzen kann, indem man ihnen eine virtuelle Zukunft hinzufügt.

Zugegeben: Das scheint zunächst einmal – auch und gerade aus rechtlicher Sicht – schwer denkbar. Das vom deutschen Verlag angeführte Recht auf freie Benutzung eines bereits vorliegenden Werkes (§ 24 Abs 1 UrhG) greift recht weit. So führt auch das Gutachten des Bundesgerichtshofs (BGH) den »inneren Abstand« eines Werkes zu den von diesem »entlehnten eigenpersönlichen Zügen« eines anderen Werkes an und bringt den Aspekt der sogenannten ›Verblassung‹ ins Spiel, der die *freie* Nutzung von der *unfreien* unterscheidet. Es lassen sich tatsächlich nicht allzu viele Möglichkeiten konstruieren, in denen der Aspekt der Verblassung nicht greift. Auch der Verleger von *Laras Tochter* macht ihn geltend, wenn er argumentiert, dass Mollins Roman den von Pasternak geschaffenen »Erzählstoff

---

19 Vgl. das Urteil des BGH, 1. Zivilsenat vom 29. April 1999, Az. I ZR 65/96.

ganz aus der Perspektive von Frauen, sozusagen aus feministischer Sicht, betrachte.«[20] Die Verblassung einer Fabel kann im Grunde alles sein, bereits eine neue Rahmung kann als die Verdrängung von »eigenpersönlichen Zügen« gewertet werden. Kulturhistorisch bedeutsam ist die Verblassung in der massenhaften Adaption von Erzählstoffen auf den Theaterbühnen des 19. Jahrhunderts geworden – dort genügte bereits der Verweis auf die dramatische Form als Beleg für den ›inneren Abstand‹ zwischen Werken.[21]

Wie dem auch sei: Im Fall von *Laras Tochter* scheint die allumfassende Absolution durch das Argument der Verblassung nicht zu greifen, denn der BGH schließt sich dem Urteil der Erstinstanz an. Die Begründung ist durchaus interessant: Zwar stünde außer Frage, dass »an keiner Stelle aus dem älteren Werk Teile in das jüngere einfach übertragen worden sind«[22]; allerdings habe Mollin »die im älteren Werk zu findenden Handlungsfäden in linearer Fortschreibung aufgenommen und – bei allen Unterschieden, die sich naturgemäß ergeben, wenn sich zwei grundverschiedene Autoren desselben Themas annähmen – im Sinne der Vorlage weitergesponnen.«[23]

Hier geschieht nun etwas Hochinteressantes: Die zuvor erörterte Programmierung der Fabel wird nun genutzt, um tatsächlich einen virtuellen Handlungsraum zu konstruieren, der über den Text hinausreicht und der nicht ungefragt genutzt werden darf. Dass *innerhalb* dieses Raums grundverschiedene Handlungsoptionen bereitstehen, dass unterschiedliche Erzähler im Ausbuchstabieren dieser Optionen zu eigenen Symbolen, Metaphern, Moralitäten finden, wird gar nicht bestritten. Allerdings besitzt dieser unsichtbare Raum *selbst* eben Schöpfungshöhe und die narrativen Möglichkeiten, die er eröffnet, verlangen selbst wieder nach einer Distanzierung durch den Nutzer. Diese Distanzierung sieht das Gericht nun gerade nicht gegeben. *Laras Tochter* habe »von Pasternak nicht nur die Personen seines Romans übernommen, sondern auch ihre Umgebung und das Beziehungsgeflecht, das diese Personen verbinde«.[24] Dementsprechend bewege sich Mollins Fortsetzung ununterbrochen in Pasternaks Fabel, selbst wenn sie diese nicht direkt verwerte. Die ›unfreie Nutzung‹ der Vorlage reicht dabei bis in die »Ambivalenz der Gefühle«[25] hinein, die in *Laras Tochter* zwischen Schiwagos Ehefrau Tonja und dessen Geliebter Lara herrschen.[26]

---

20 Ebd., Absatz 38.
21 Vgl. Philipp Theisohn: Plagiat. Eine unoriginelle Literaturgeschichte (Anm. 1), S. 341–350.
22 Urteil des BGH, 1. Zivilsenat vom 29. April 1999 (Anm. 19), Absatz 40.
23 Ebd., Absatz 26.
24 Ebd., Absatz 27.
25 Ebd., Absatz 30.
26 Die Ambivalenz, die in dieser Abschätzung der unsichtbaren Grenzen von Fabeln liegt, kommt am deutlichsten zum Ausdruck, wenn man einen weiteren Fall hinzuzieht, der das US-amerikanische Urheberrecht nachhaltig beschäftigte. Auch Alice Randalls 2001 erschienener Roman *The Wind Done Gone* rekurrierte auf einen wohlbekannten Plot, nämlich auf Margaret Mitchells *Gone With The Wind* (1936). In diesem Fall handelte es sich indessen nicht um eine Fortsetzung, sondern um eine Reperspektivierung der Fabel vom Standpunkt einer der auf Scarlett O'Haras Plantage arbeitenden Sklavinnen. Auch hier kam es zu einem Rechtsstreit; die Rechtsnachfolger Mitchells sahen das Copyright beschädigt und erhielten

Einer Literaturtheorie, die Text und Wirklichkeit identifiziert, muss eine solche Abgrenzung von Vorstellungswelten zwangsläufig kunstfeindlich erscheinen. Indessen schärft die Rechtsfindung in diesem Fall die Vorstellung vom Umfang einer literarischen Schöpfung und eröffnet dadurch tatsächlich eine neue Diskussionsebene über Originalität und Abhängigkeit von Fiktionen. Es steht uns frei, uns auf diese Diskussion einzulassen oder sie gar für justiziabel zu halten. Allerdings befähigt sie uns, die Differenz zwischen einer uns umgebenden Wirklichkeit (die auch eine Wirklichkeit aus Texten sein kann) und einer von uns neu erzeugten Wirklichkeit nicht total und identifizierend, sondern graduell zu verstehen, als einen langsamen Prozess, während dessen sich eine Fabel aus einer anderen herauslöst – oder eben an dieser Ablösung auch scheitern kann. Wer daran interessiert ist, das Wiedererzählen als einen literarhistorischen Prozess zu fassen – und wer vielleicht auch Harold Blooms Theorem der ›Anxiety of Influence‹[27] für einen gar nicht so unsympathischen Versuch hält, Dichtung als ein Machtgeschehen zu imaginieren –, der wird um die Fabel als Fixpunkt dieser Prozessualität nicht herumkommen.

4. Anstelle einer Conclusio: Wiedererzählen und literarische Ökonomie

Entscheidend für die Etablierung einer Theorie des Wiedererzählens wird es sein, dass jene momenthaften Erscheinungen von literarischem Eigentum im Rechtsdiskurs nicht polemisch den Grundeinsichten der postmodernen Texttheorie gegenübergestellt werden. Vielmehr sollten diese als Artikulationsformen einer zweiten Ökonomie der Literatur verstanden werden, die auch im Schatten der Intertextdynamiken, Materialästhetiken und Diskurswirtschaft immer existiert und die Literatur als eine gesellschaftliche Handlungsform maßgeblich mitbestimmt hat.

Tatsächlich weiß die Postmoderne schon längst um diese zweite Ökonomie, auch wenn sie es nicht vermocht hat, diese auf das Feld der Literaturtheorie zu überführen. Dass uns

---

zunächst recht: Randalls Roman wurde kurzzeitig aus dem Verkehr gezogen. Erst nach einer Einigung der Verlagshäuser konnte *The Wind Done Gone* wieder vertrieben werden – nun allerdings mit der roten Plakette ›The Unauthorized Parody‹ versehen. Der Begriff ›Parody‹, der vom literarischen Zuschnitt nun so gar nicht auf Randalls Roman passen will, entstammt (wie es Lawrence Lessig richtig angemerkt hat) offensichtlich dem Rechtsdiskurs, der keine andere literarische Darstellungsform zu kennen scheint, die sich gänzlich innerhalb einer vorgegebenen Fabel bewegt und dennoch eine eigene Schöpfungshöhe erlangt. Dementsprechend führt auch die Urteilsbegründung zu Mollins *Laras Tochter* die »eigenschöpferische Parodie« als häufigste Fallgestaltung dieser Art an – unter die Mollins Text eben nicht fällt. Zu Randalls Fall vgl. Lawrence Lessig: The Future of Ideas. The Fate of the Commons in a Connected World. New York: Random House 2001, S. 198f. Online frei zugänglich unter: http://www.the-future-of-ideas.com/download/lessig_FOI.pdf (30. Juli 2014).

27 Vgl. Harold Bloom: The Anxiety of Influence. A Theory of Poetry. New York: Oxford University Press 1973; Harold Bloom: Einfluss-Angst. Eine Theorie der Dichtung. Aus dem amerikanischen Englisch übersetzt von Angelika Schweikhart. Basel/Frankfurt/M.: Stroemfeld 1995.

der Akt des Wiedererzählens aus literaturtheoretischer Perspektive heute so unproblematisch erscheint, hängt nicht zuletzt damit zusammen, dass wir gar nicht mehr dazu in der Lage sind, eine Wiederholung zu denken, ohne zugleich diese schon als Verschiebung, Uminterpretation, Rekontextualisierung zu verstehen. Wir begreifen die Wiederholung von literarischen Strukturen nicht mit Blick auf deren ursprüngliche Phänomenalität, sondern als die Iteration von Zeichen in einem Raum mit vielen Kontingenzen, der niemandem gehört und den niemand geschaffen hat. Die Vertiefung des Wiedererzählens als eines kulturanthropologischen Phänomens, als eines bewussten Erzählakts also, führt uns auf einen anderen Weg. Tatsächlich trägt die Handlung des ›reconter‹ in diese Wirklichkeit der stetigen Sinnverschiebung ein Moment ein, das sie nicht kennt. Wer das Wiedererzählen nämlich als *Wiederholung* denkt, dem geht es eben nicht um Ähnlichkeiten, sondern um die Rückkehr zu jenem Punkt, an dem etwas geschehen ist, an dem etwas erdacht, erschrieben wurde. Wer von ›Wiederholung‹ spricht, der rekurriert auf die Singularität des Wiederholten. Er perspektiviert die Fabel eines Textes nicht als eine beliebige Gemengelage von Kontingenzen, sondern als *ein einmaliges Setting*, das an diesem einen Ort in der Geschichte zusammenkommt und dessen Wahrnehmung sich in dem Moment verändert, in dem es eine Wiederholung erfährt. Gilles Deleuze hat diese Besonderheit der Wiederholung in *Différence et répétition* (1968) herausgestellt:

> Als Verhaltensweise und als Gesichtspunkt betrifft die Wiederholung eine unaustauschbare, unersetzbare Singularität. Die Spiegelungen, Echos, Doppelgänger, Seelen gehören nicht zum Bereich der Ähnlichkeit oder der Äquivalenz; und so wenig echte Zwillinge einander ersetzen können, so wenig kann man seine Seele tauschen. Ist der Tausch das Kriterium der Allgemeinheit, so sind Diebstahl und Gabe Kriterien der Wiederholung. Zwischen beiden besteht also eine ökonomische Differenz.[28]

Die Verhandlung jener ökonomischen Differenz, die Vermittlung zwischen der (ästhetischen) Logik der Ähnlichkeit und der (ethischen) Logik der Wiederholung ist die Aufgabe, der sich eine poetologische Diskussion von Plagiarismus und literarischem Eigentum zu stellen hat. Gegenwärtig lebt die Debatte in erster Linie von der meist oberflächlichen Entgegensetzung der beiden Logiken und von der Suche nach überzeitlichen, absoluten Kategorien. Dem sollte entgegengesetzt werden, dass die Differenzierung zwischen einer auf dem Tauschprinzip basierenden Vorstellung von literarischer Aneignung und einer auf die Unveräußerlichkeit von Vorstellungswelten rekurrierenden Literatur selbst ein andauernder historischer Prozess ist. Die konjunkturell immer neu auftretenden Plagiatsdebatten gehen keineswegs auf die immer gleichen Kategorien zurück (nämlich die der allen verfügbaren Wirklichkeit und die der persönlich gebundenen literarischen Schöpfung), sondern nehmen unentwegt Aktualisierungen vor. Der sich hieraus entwickelnde Begriffsapparat, zu dem nicht zuletzt die hier diskutierte Fabel gehört, harrt noch seiner systematischen Erschließung. Wir werden lernen müssen, ihn zu verstehen.

---

28 Gilles Deleuze: Differenz und Wiederholung. Aus dem Französischen übersetzt von Joseph Vogl. 2., korrigierte Aufl. München: Wilhelm Fink 1997, S. 15.

»Der wichtigste Streit welcher Deutschland vor der Revolution bewegte« –

die Kontroverse zwischen Charlotte Birch-Pfeiffer und Berthold Auerbach über die Rechtmäßigkeit dramatischer Bearbeitungen von Romanen und Novellen

Christine Haug

Wulf Wülfing zum 80. Geburtstag

Die publizistische Debatte zwischen der erfolgreichen Bühnenautorin Charlotte Birch-Pfeiffer (1800–1868) und dem Schriftsteller Berthold Auerbach (1812–1882) wegen der angeblich nicht autorisierten Bearbeitung der Erzählung *Die Frau Professorin* für die Bühne eskalierte um 1850, also zu einem Zeitpunkt, als sich der Originalitätsdiskurs um die technischen Reproduktionsmöglichkeiten vor dem Hintergrund der Industrialisierung und der zunehmenden Vielfalt von medialen Verwertungsmöglichkeiten ausweitete. Der Diskurs über die wirtschaftliche und rechtliche Besserstellung von Bühnenautoren wurde flankiert von einer kämpferisch geführten Debatte über die fortschreitende Kommerzialisierung und Profanisierung der Theaterkunst. Die hier vorliegende Rekonstruktion und Bewertung des Einflusses von Adaptionen, Umarbeitungen und Plagiaten auf das Autorrecht im Fall der Auseinandersetzung zwischen Birch-Pfeiffer und Auerbach erfolgt im Kontext der Verflechtung von rechtlichen, literarischen und ökonomischen Diskursen im 19. Jahrhundert.

The controversy in the media between successful playwright Charlotte Birch-Pfeiffer (1800–1868) and author Berthold Auerbach (1812–1882) on the allegedly not authorized adaption of the story *Die Frau Professor* for the stage escalated around 1850, thus at a time, when the discourse about originality concerning technical possibilities of reproduction extended itself against the background of industrialization and the growing possibilities of media utilization. The discourse about the economic and legal betterment of playwrights was accompanied by a polemical controversy about the proceeding commercialization and trivialization of art for the theatre. This reconstruction and evaluation of the impact of adaptions, revisions, and rip-offs on the rights of authors in the case of the controversy between Birch-Pfeiffer and Auerbach will happen in the context of the interdependences of legal, literary, and economic discourses of the 19th century.

1. Einleitung

In der anglo-amerikanischen Forschung zum Copyright gilt das Jahr 1850 als entscheidender Wendepunkt.[1] Stehen die zahlreichen Untersuchungen von Elmar Wadle zur Entstehung des Autorrechts für eine stark nationale Ausrichtung der Forschung[2], begreift man im

---

1 Vgl. Marilyn Strahern: Potential Property. Intellectual Rights and Property in Persons. In: *Social Anthropology* 4.1 (1996), S. 17–32; Rosemary Coombe: Challenging Paternity: Histories of Copyright. In: *Yale Journal of Law and the Humanities* 6 (1994), S. 397–422, und jüngst die sehr anregende Studie von Monika Dommann: Autoren und Apparate. Die Geschichte des Copyrights im Medienwandel. Frankfurt/M.: S. Fischer 2014.
2 Vgl. Elmar Wadle: Geistiges Eigentum. Bausteine zur Rechtsgeschichte. 2 Bde. Weinheim: VCH Verlagsgesellschaft 1996/München: C.H. Beck 2003; ders.: Die Entfaltung des Urheberrechts als Antwort auf technische Neuerungen. In: *Technikgeschichte* 52.3 (1985), S. 233–243.

anglo-amerikanischen Raum die Geschichte von Copyright und Autorrecht als transnationales und multidisziplinäres Phänomen. Wichtige Anregungen wie etwa die Einbeziehung der Wirtschaftsgeschichte in das Urheberrecht formulierte bereits Adam Smith in seiner 1759 in London erschienenen Schrift *The Theory of Moral Sentiments* am Beispiel der Mode. Hier sah Smith in der Imitation ein hohes Maß an Innovationspotenzial.[3]

Die publizistische Auseinandersetzung zwischen Charlotte Birch-Pfeiffer und Berthold Auerbach 1848/1849 wegen der (vorgeblich nicht autorisierten) Bearbeitung der Erzählung *Die Frau Professorin* für die Bühne eskalierte zu einem Zeitpunkt – um 1850 –, als sich der Originalitätsdiskurs um die technischen Reproduktionsmöglichkeiten im Kontext von Industrialisierung und einer zunehmenden Vielfalt von medialen Verwertungsmöglichkeiten ausweitete. Rekonstruktion und Bewertung der Debatte über Autorrecht und Plagiat im Fall von Charlotte Birch-Pfeiffer und Berthold Auerbach soll also vor dem Hintergrund der Verflechtung von rechtlichem, ökonomischem und literarischem Diskurs um 1850 erfolgen.

2. ›Ökonomie der Aufmerksamkeit‹ und mediale Präsenz – Berufsschriftstellerei im 19. Jahrhundert

Die erfolgreiche Existenz von Schriftstellern und Bühnenautoren in einem zunehmend kommerzialisierten transnationalen Markt, flankiert von einer fortschreitenden Technisierung der Buchherstellung, einer steigenden Vielfalt an literarisch-kulturellen Angeboten sowie einer expansiven Ausbreitung der Unterhaltungsindustrie, zwang den Berufsschriftsteller zu einer permanenten Präsenz im Buch- und Pressegeschäft, zum ununterbrochenen Produzieren und zur Ausrichtung seines Schaffens an den Konsumbedürfnissen von Lesern und Theaterbesuchern. Den Markt punktgenau zu bedienen bedeutete zugleich, ihn sehr genau zu beobachten, sich stets seiner eigenen Position und seines Marktwertes zu vergewissern und dabei die Konkurrenz im Auge zu behalten. Neben dem Literatur- und Pressegeschäft wurde für Schriftsteller das Theater immer attraktiver. Dieses erlebte in der ersten Hälfte des 19. Jahrhunderts einen massiven Professionalisierungsschub: Es avancierte zu einem komplexen Wirtschaftsunternehmen; neben den Theaterbühnen entstanden Theateragenturen als professionelle Vermittlungsinstanzen zwischen Autor, Dramatiker und Bühnenleiter. Die Bühne erschloss dem Berufsschriftsteller völlig neue Betätigungsfelder und zusätzliche Einkommensquellen. Die Ambivalenz von Kulturschaffenden, einerseits politisch und kulturvermittelnd zu wirken, andererseits erfolgreich im Markt zu existieren, förderte eine literarische Streitkultur, in der es nicht allein um differente ästhetische Vorstellungen als vielmehr um Neid und Missgunst gegenüber dem erfolgreicheren Konkurrenten ging. Gerade in Phasen revolutionärer Unruhen konnte die Presseöffentlichkeit als ein kaum

---

3 Vgl. Adam Smith: Theorie der ethischen Gefühle. Aus dem Englischen übersetzt und herausgegeben von Walther Eckstein. Neuaufl. Hamburg: Felix Meiner Verlag 2004 (= Philosophische Bibliothek 605).

zu unterschätzendes Druckmittel bei der Durchsetzung von Klientelinteressen eingesetzt werden; ein wirkmächtiges Instrument innerhalb der publizistischen Streitkultur war der öffentliche Anwurf, einen geistigen Diebstahl begangen zu haben. Die Zunahme von Plagiatsanwürfen im 19. Jahrhundert – ob publizistisch oder gerichtlich ausgetragen – stand in unmittelbarer Wechselbeziehung zur fortschreitenden Industrialisierung des Literaturbetriebs und den technischen Möglichkeiten für die Herstellung von preiswerten Reproduktionen. Vor diesem Hintergrund schien sich die literarische Identität – folgt man Philipp Theisohn in seiner Studie *Plagiat. Eine unoriginelle Literaturgeschichte* (2009) – von ihren Produktionsbedingungen abzuspalten, eine wesentliche Voraussetzung für die evidente Vermehrung von Missachtung geistigen Eigentums und von Plagiaten im 19. Jahrhundert.[4] Bereits Hegel konstatierte 1821 in seinen *Grundlinien der Philosophie des Rechts*, dass »der allergrößte Teil der deutschen Literatur […] Fabrikwesen, bare Industrie geworden [sei]«[5], und weiter:

> Daß der Ausdruck Plagiat oder gar gelehrter Diebstahl nicht mehr gehören wird – es sei entweder, daß die Ehre ihre Wirkung getan, das Plagiat zu verdrängen, oder daß es aufgehört hat, gegen die Ehre zu sein, und das Gefühl herüber verschwunden ist, oder daß ein Einfällchen und Veränderung einer äußeren Form sich als Originalität und selbstdenkendes Produzieren so hoch anschlägt, um den Gedanken an ein Plagiat gar nicht in sich aufkommen zu lassen.[6]

Der Diskurs über die wirtschaftliche und rechtliche Besserstellung von Bühnenautoren war überlagert von einem Diskurs über die Kommerzialisierung und Profanisierung der Theaterkunst. Das sich im Laufe des 19. Jahrhunderts herausbildende Urheberrecht bot noch immer zahlreiche Grauzonen und rechtsfreie Räume, die zur Entfaltung der Plagiatskultur beitrugen. Schriftsteller und Künstler beschäftigten sich intensiv mit dem Schutz von geistigem Eigentum und beteiligten sich mit publizistischen Beiträgen an einer zeitgemäßen Reform des Urheberrechts. Die Gesetzeslage erfuhr im Literatur-, Kunst- und Theaterbetrieb einen kontinuierlichen Anpassungsprozess an die aktuellen medialen Entwicklungen. Die Verwertungsmöglichkeiten von Originalwerken erlebten durch die Vielfalt an Publikationsformaten ein bislang unbekanntes Ausmaß. Der Erst-, Vor- oder Wiederabdruck von literarischen Texten in Zeitungen und Zeitschriften, Taschenbüchern, Almanachen und Anthologien, die Herausgabe von Volksausgaben und illustrierten Prachtausgaben sowie die Bearbeitung von in- und ausländischen Romanvorlagen für die Bühne erforderten stetige Nachjustierungen im Urheberrecht. Ausdifferenzierung und Modernisierung des Urheberrechts spiegelten sich

---

4 Vgl. Philipp Theisohn: Plagiat. Eine unoriginelle Literaturgeschichte. Stuttgart: Kröner 2009 (= Kröners Taschenausgabe 351), S. 335.
5 Georg Wilhelm Friedrich Hegel: Grundlinien der Philosophie des Rechts oder Naturrechts und Staatswissenschaft im Grundrisse. Mit Hegels eigenhändigen Notizen und den mündlichen Zusätzen. In: Ders.: Werke in 20 Bänden mit Registerband. Hg. von Eva Moldenhauer und Karl Markus Michel. Bd. 7. 2. Aufl. Frankfurt/M.: Suhrkamp 1989 (= suhrkamp taschenbuch wissenschaft 607), S. 149–150.
6 Ebd., S. 335.

in zeitgenössischen Gesetzeswerken, die mit ihren kaum noch überschaubaren Nachträgen mit der Entwicklung Schritt zu halten suchten.

3. ›Gelehrter Diebstahl‹ und Plagiat – ein literarisch-juristischer Diskurs im Zeitalter der Industrialisierung

Das ›Ewige Verlagsrecht‹, das bis zum letzten Drittel des 18. Jahrhunderts lediglich den Verleger mittels eines Privilegiums vor wirtschaftlichem Schaden bei nicht autorisierten Nachdrucken schützte, hatte sich im frühen 19. Jahrhundert nach und nach zum Vorteil der Autoren weiterentwickelt. Treibende Kraft im Diskurs über das geistige Eigentum war Preußen.

3.1. Die Entwicklung des Urheberrechts im Literatur- und Theaterbetrieb im 19. Jahrhundert

Die differenten rechtlichen und verlagswirtschaftlichen Rahmenbedingungen allein in den Kernlanden von Preußen eröffneten ein mediales Spannungsfeld, das für die buchbranchen-interne Reformbewegung insgesamt eine wichtige Katalysatorfunktion hatte, so auch auf dem Gebiet des Nachdrucks und der Herausbildung einer urheberrechtlichen Gesetzgebung. Vor dem Hintergrund der Herausbildung der Naturrechtslehre in der Aufklärung hatte sich der Gedanke von der Unveräußerlichkeit des geistigen Eigentums schließlich durchgesetzt; eine Idee, die 1837 in ›Das Königlich Preußische Gesetz zum Schutze des Eigenthums an Werken der Wissenschaft und Kunst gegen Nachdruck und Nachbildung‹ mündete. Erstmals galt jetzt der Autor als Rechtsperson. Schriftsteller unterzogen das Gesetz einer nüchternen Analyse, so auch Karl Gutzkow (1811–1878), der sogleich die Auslassung wichtiger Teilbereiche der Literaturproduktion im Gesetzestext, u.a. die Regelung bei kollektiver Autorschaft (etwa bei Konversationslexika) bemängelte. Doch Dramatiker hatten eine Sonderstellung im Kulturbetrieb und so monierte Gutzkow zurecht die Geringschätzung der rechtlichen Ansprüche von Bühnenautoren. Gerade die urheberrechtliche Situation im Theater erwies sich in der ersten Hälfte des 19. Jahrhunderts als geradezu labyrinthisch. Das Theater bot denjenigen, die Romane und Erzählliteratur für die Bühne bearbeiteten, finanziell reizvolle Aufführungshonorare, nicht aber den Originalautoren. Diese Regelung war schließlich ein Auslöser des Streits zwischen Charlotte Birch-Pfeiffer (1800–1868) und Berthold Auerbach (1812–1882). Auerbach beklagte nämlich die von ihm nicht autorisierte Bearbeitung seiner Novelle *Die Frau Professorin* durch Charlotte Birch-Pfeiffer, die mit dem Stück unter dem Titel *Dorf und Stadt* auf den Bühnen Deutschlands große Erfolge feierte.

Während im ausgehenden 18. Jahrhundert vor dem Hintergrund des Strukturwandels im deutschen Buchmarkt die Frage nach dem ›Geistigem Eigentum‹ – hier im Gegensatz zum ›Ewigen Verlagsrecht‹ – im Fokus stand und sich im Verlauf dieses Diskurses überhaupt erst die Trennung von materiellem und immateriellem Eigentum (während das Manuskript in den Besitz des Verlegers überging, verblieb die geistige Schöpfung beim Autor[7]) abzeichnete, bedeutete die verstärkte Einführung technischer Innovationen in der Literaturproduktion (Schnellpresse, Dampfbindemaschine, Langsiebmaschine) in den ersten Jahrzehnten des 19. Jahrhunderts eine entscheidende Zäsur in der Bewertung von Original, Originalität, Autorschaft, Authentizität sowie Reproduktion und Kopie. Eine deutliche Beschleunigung dieses Diskurses war im Bereich der Populärkultur zu konstatieren, wo die Entlehnung, Austauschbarkeit und Beliebigkeit von Motiven und Stoffen, Handlungskonstellationen und Handlungspersonal elementarer Bestandteil des populärliterarischen Produktionsprozesses waren. Die herstellungstechnischen Möglichkeiten für eine massenhafte Produktion von Literatur stimulierten den zeitgenössischen Diskurs über Originalität und Kopie. Der Reformwille für die Manifestation eines ausdifferenzierten Urheberrechts gewann aber auch vor dem Hintergrund der innen- und außenpolitischen Neuordnung in Europa an Dynamik; es galt die transnationalen Wirtschaftsbeziehungen zu vereinfachen und zu standardisieren.[8] Preußen schloss bereits in den 1830er Jahren Verträge mit den meisten deutschen Staaten ab, die das ungedruckte Werk gegen unerlaubte Vervielfältigung schützen sollten. Auf der Bundesversammlung 1835 verständigten sich die Vertreter der Länder auf die Anerkennung des geistigen Eigentums und auf den Grundsatz, dass der Autor alleiniger Träger des Urheberrechts sei.[9] Hier wurde den Interessen von Dramatikern ein eigenes Kapitel gewidmet und erstmals nahm die Gesetzgebung die Aufführung als Gegenstand einer eigenen rechtlichen Betrachtung wahr. Aufführung und Drucklegung galten als gleichwertig, Autoren erhielten das ausschließliche Recht der Aufführung ihrer Werke zugesprochen. Die Schutzdauer betrug nach dem Tod des Autors 15 Jahre.[10] Da die Bundesversammlung jedoch keine gesetzliche Gewalt besaß, entschieden sich die Bühnenschriftsteller für eine Petition, in der sie ihre Interessen artikulierten. 1836 gründete sich ein Komitee der Bühnenschriftsteller, dem u.a. Willibald Alexis (1798–1871), Eduard Devrient (1801–1877) und Ernst Raupach (1784–1852) angehörten. Sie prangerten die Herrenlosigkeit ihrer Bühnenwerke an:

> So kann also nach der bisherigen Usance jede Bühne, erstens im Rechtsfall angenommene Manuskripte mit jeder ihr beliebigen Kleinigkeit honorieren und hat sie damit gekauft; gedruckte ohne Honorar und gegen des Autors Willen aufführen, denn sie sind herrenlos; und zweitens im Nichtrechtsfall braucht sie nichts zu kaufen, und nicht auf den Druck zu warten, sondern nur das Manuskript sich heimlich abschreiben zu lassen, und sie ist, wenn auch nicht im Recht, doch im Besitz und Gebrauch, den ihr niemand nach unseren Gesetzen stören darf.[11]

---

7 Vgl. Martin Vogel: Deutsche Urheber- und Verlagsrechtsgeschichte zwischen 1450 und 1850. Sozial- und methodengeschichtliche Entwicklungsstufen der Rechte von Schriftstellern und Verlegern. In: *Archiv für Geschichte des Buchwesens* 19 (1978), Sp. 1–190.
8 Margot Jacoby-Goldstandt: Die deutschen Dramatiker im Kampf um den Lohn ihrer Arbeit. Diss. Berlin: 1927, S. 14–15.
9 Ebd., S. 15.
10 Ebd., S. 16.
11 Zitiert nach: ebd., S. 17.

Der Bundesbeschluss vom 9. November 1837 regelte den Schutz aller literarischer Erzeugnisse, »sie mögen schon veröffentlicht sein oder nicht«, wonach diese ohne Zustimmung des Urhebers beziehungsweise dessen Rechtsnachfolger während eines Zeitraums von zehn Jahren in allen Staaten des Deutschen Bundes nicht auf mechanischem Weg vervielfältigt werden durften. Dieser Bundesbeschluss griff auch die Interessen der Dramatiker auf, aber es gewährte nur Manuskripten Schutz; der Autor behielt das ausschließliche Recht der öffentlichen Aufführung dramatischer und musikalischer Werke vor, solange das Werk ungedruckt war. War das Bühnenstück mit Zustimmung seines Verfassers ohne Nennung dessen Namens einmal aufgeführt worden, konnten andere Bühnen das Stück ohne Einschränkungen ebenfalls auf die Bühne bringen.[12]

Wegen der Notwendigkeit von Einzelfallentscheidungen und zur Entlastung der Gerichte wurden mit Erlass des ›Gesetzes zum Schutze des Eigenthums an Werken der Wissenschaft und Kunst gegen Nachdruck und Nachbildung‹ von Juni 1837 spezielle Sachverständigen-Vereine gegründet, die in laufende Verfahren als Sachverständige eingebunden wurden. Der *Sachverständigen-Verein* in Berlin, der auch mit dem Streitfall Auerbach vs. Birch-Pfeiffer befasst war, bestand aus einflussreichen preußischen Verlegern, Buch- und Musikalienhändlern, Schriftstellern und Künstlern; eine intellektuelle Elite, die sich somit direkten Einfluss auf die Behandlung zahlreicher in Preußen ausgetragener Urheberrechtsstreitigkeiten verschaffte.[13] Eine weitere wichtige Etappe war der Bundesbeschluss vom 22. April 1841, der den Bühnenautor fortan zehn Jahre nach der ersten rechtmäßigen Aufführung gerechnet schützte, sofern das Manuskript eben noch nicht gedruckt worden war.[14] Immerhin genoss der dramatische Urheber erstmals Schutzrechte gegenüber unbefugten öffentlichen Aufführungen in Deutschland. Im Gegensatz zu Frankreich, wo Bühnenautoren bereits 1791 ein Aufführungsvorbehaltsrecht erwirkt hatten und diese seit 1848 prozentual an den Kasseneinnahmen einer jeden Aufführung beteiligt wurden, scheiterten die Bühnenautoren in Deutschland an der Durchsetzung eines Theatergesetzes. In der Tat reagierte Preußen auf die Forderung nach Nachbesserungen 1854 und übertrug die Schutzbestimmungen auf gedruckte Werke, sofern sich der Autor auf dem Titelblatt seines Werkes das Aufführungsrecht ausdrücklich vorbehielt. Das ›Preußische Gesetz vom 20. Februar 1854‹ gestand dem Bühnenautor das Aufführungsrecht auch nach der Vervielfältigung seines Werkes zu, eine Regelung, die

---

12 Ebd., S. 18. Zur Entwicklung des Aufführungsrechts vgl. die zahlreichen Beiträge von Elmar Wadle, hier Elmar Wadle: Die Anfänge des Aufführungsrechts in Preußen und im Deutschen Bund. In: Günther Hönn/Horst Konzen/Peter Kreutz (Hg.): Festschrift für Alfons Kraft zum 70. Geburtstag. Neuwied: Luchterhand 1998, S. 645–663.

13 Vgl. Rainer Nomine: Der Königlich Preußische Literarische Sachverständigen-Verein in den Jahren 1838 bis 1870. Ein Beitrag zur Geschichte des Urheberrechts im 19. Jahrhundert. Berlin: Duncker & Humblot 2001 (= Schriften zur Rechtsgeschichte 84).

14 Margot Jacoby-Goldstandt: Die deutschen Dramatiker im Kampf um den Lohn ihrer Arbeit (Anm. 8), S. 18–19.

für den Bühnenautor und den gesamten Theaterbetrieb eine wichtige Zäsur darstellte.[15] Die Vielzahl an Verwertungsvarianten für Literatur, die vom Erst- oder Vorabdruck in der Tageszeitung bis zur Buchausgabe, von der Übersetzung bis zur literarischen Adaption, von Nach- und Wiederabdrucken bis zur dramatischen Bearbeitung reichten, führten zu einer fortschreitenden Komplexität der Rechtslage und Verdichtung urheberrechtlicher Grauzonen. Allein der Kommentar von Ludwig Erhard Heydemann und Otto Dambach *Die Preußische Nachdruckgesetzgebung erläutert durch die Praxis des Königl. litterarischen Sachverständigen-Vereins* umfasste über 600 Seiten. Hier fand immerhin eine erste Regelung des Schutzes von dramatischen Werken gegen unbefugte Aufführungen in §§ 32 und 33 Aufnahme: Die Schutzwürdigkeit setzte allerdings voraus, dass Dramen und Dramatisierungen selbst Originale darstellten, also keine mechanische Vervielfältigung anderer Werke.[16] Geregelt wurde hier auch der Schutz von unveröffentlichten Manuskripten, der bei Dramentexten relevant war, zumal die Anfertigung von illegitimen Kopien im öffentlichen Theaterraum nicht wirklich unterbunden werden konnte. Daher sollte der

> Abdruck von Theater-Couplets, welche bei der öffentlichen Aufführung nachgeschrieben und demnächst ohne Genehmigung des Autors zum Druck gelangt waren, für verboten erachtet werden. Denn das Manuscript eines Theaterdichters gehört unzweifelhaft zu den geschützten Manuscripten, und für die Strafbarkeit des Nachdruckers bleibt es gleich, ob er das Manuscript unmittelbar benutzt oder dessen Inhalt sich durch Nachschreiben angeeignet.[17]

Hier ging es allerdings noch immer um den Schutz von Dramenstücken, nicht um den Schutz von literarischen Vorlagen für Bühnenbearbeitungen, wie es für den Konflikt zwischen Charlotte Birch-Pfeiffer und Berthold Auerbach Bedeutung haben wird.

3.2. Die rechtliche Bewertung der literarischen Adaption – ein Sonderfall im Bühnenrecht

Erst im Laufe der 1840er Jahre – mit der zunehmenden Bedeutung des Theaters als weitere Variante der literarischen Wiederverwertung – verdichtete sich in den zeitgenössischen Literaturjournalen der Diskurs über den rechtlichen Schutz von Bühnentexten und Aufführungen. Gutzkow und seine Schriftstellerkollegen sahen in dieser Regelung einen ersten Erfolg, gleichwohl griff diese Schutzregelung nur bei nicht gedruckten Dramentexten, die lediglich in Manuskriptform und in zahlreichen Abschriften in Schauspielerkreisen zirkulierten. Gutzkow drängte in seinem Beitrag *Der Birch-Pfeiffer-Auerbach'sche Handel* (1848) auf eine generelle Ausweitung der Schutzregelung für gedruckte Werke, denn einen Originaldichter kränke es aufs empfindlichste, »wenn er sehen muß wie ein Pächter, ein Verwalter seines

---

15 Ebd., S. 23–25.
16 Die Preußische Nachdruckgesetzgebung erläutert durch die Praxis des Königl. litterarischen Sachverständigen-Vereins von L.E. Heydemann und O. Dambach. Berlin: Verlag Theodor Chr. Fr. Enslin 1863, S. XX.
17 Ebd., S. XXIII.

Geistes täglich mit seinem Eigenthum Vortheile erntet die er ganz allein für sich behält«.[18] Hier spielte Gutzkow auf literarische Adaptionsverfahren an, auf die im Theaterbetrieb gängige Praxis, Erzählliteratur in Dramentexte umzuarbeiten und zur Aufführung zu bringen. Im Juni 1853 begrüßte Gutzkow deshalb in seinem Artikel *Das geistige Eigenthum* in den *Unterhaltungen am häuslichen Herd* eine diesbezügliche Gesetzesinitiative nachdrücklich: »Von Preußen hört man, daß die Ausdehnung der Rechte der dramatischen Autoren auch auf ihre bereits im Druck vorliegenden Werke und die Sicherstellung derselben gegen unbefugte Bühnendarstellung daselbst im Werke sein soll«.[19] Erst im letzten Drittel des 19. Jahrhunderts wurde grundsätzlich jedem Werk ein Aufführungsschutz zuerkannt. Weiterhin ungeklärt blieb jedoch die urheberrechtliche Einordnung der literarischen Adaptionen, also bei der Dramatisierung von Erzählliteratur. Es gab zu diesem Zeitpunkt noch keine gesetzliche Regelung, wonach die Bearbeitung beziehungsweise Umgestaltung eines Romans oder einer Novelle in eine Dramenfassung untersagt gewesen wäre. In diesem rechtsfreien Raum agierte die Erfolgsautorin Birch-Pfeiffer und generierte durch ihre systematische Akquise von Erzählstoffen für ihre Adaptionen finanzielle Gewinne, die gebräuchliche Autorenhonorare im Verlag gewöhnlich um ein Mehrfaches überstiegen.

Im Kern ging es also, sieht man vom Faktor Konkurrenzneid zunächst einmal ab, um eine urheberrechtlich zu diesem Zeitpunkt noch ungenügend geklärte Rechtssituation, nämlich ob »dramatisirte Novellen und Romane für Originalwerke zu erklären«[20] oder als Nachdrucke, Nachahmungen beziehungsweise Plagiate zu werten seien. Eine Frage, die sich wenigstens für Gutzkow nur rhetorisch stellte, denn für ihn stand fest, »Originalwerk ist […] nur die Dichtung die nach einem rohen Stoff, nicht aber nach einem solchen bearbeitet ist an welchem schon eine andere Dichterhand schöpferisch gestaltend thätig war«.[21] Die Auseinandersetzung zwischen Birch-Pfeiffer und Auerbach ermutigte andere Schriftsteller und Dramatiker, sich an diesem Disput zu beteiligen, die mit der Erstaufführung von *Dorf und Stadt* in Berlin 1847 entbrannt war. Zwischenzeitlich galt dieser Plagiatsstreit manchem Zeitgenossen sogar als interessanter als die Revolutionsbewegung selbst, so wenigstens ein anonymer Beiträger in den *Blättern für literarische Unterhaltung* am 26. März 1849: »Der wichtigste Streit welcher

---

18 Karl Gutzkow: Der Birch-Pfeiffer-Auerbach'sche Handel. In: *Allgemeine Zeitung*, Nr. 29 (29. Januar 1848), S. 458–459. Zitiert nach: Gutzkows Werke und Briefe. Kommentierte digitale Gesamtausgabe. Hg. vom Editionsprojekt Karl Gutzkow Exeter und Berlin. Schriften zum Buchhandel und zur literarischen Praxis. Bd. 7: Schriften zur Literatur und zum Theater. Hg. von Christine Haug und Ute Schneider. Münster: Oktober Verlag 2013, S. 27.
19 Karl Gutzkow: Das geistige Eigenthum. In: *Unterhaltungen am häuslichen Herd*, Nr. 36 (3. Juni 1853), S. 576. Zitiert nach: Schriften zur Literatur und zum Theater (Anm. 18), S. 29–30.
20 Karl Gutzkow: Der Birch-Pfeiffer-Auerbach'sche Handel (Anm. 18), S. 26.
21 Ebd.

Deutschland vor der Revolution bewegte war der zwischen Frau Birch-Pfeiffer und Berthold Auerbach über das Drama ›Dorf und Stadt‹ und die Novelle ›Die Frau Professorin‹«.[22]

4. Der Theaterbetrieb im 19. Jahrhundert –
ein Spagat zwischen Kunst und Kommerz

Seit den 1830er Jahren hatte das Theater für den Berufsschriftsteller immer mehr an Bedeutung gewonnen. Theater avancierten zu Wirtschaftsunternehmen, es entstanden Theateragenturen als professionelle Vermittlungsinstanzen zwischen Autoren und Theaterbetreibern. In der ersten Hälfte des 19. Jahrhunderts gestaltete sich die Theaterlandschaft in deutschen Städten facettenreicher. Neben dem Hoftheater etablierten sich Stadttheater, die der Aufsicht von Gewerbepolizei und Zensurbehörde unterstanden, und sich zum Zentrum bürgerlicher Kommunikationskultur herausbildeten. Diese Tendenz wird deutlich in der hohen Zahl von Theaterneubauten und -neugründungen; allein zwischen 1836 und 1840 stieg die Anzahl der Theater von 50 auf etwa 100.[23] Die expansive Entwicklung des Theaterbetriebs spiegelte sich auch im Buchmarkt. Es entstanden zahllose Theateralmanache, Theaterzeitschriften und Kalender. Dramentexte erschienen bevorzugt in diesen Theaterzeitschriften und -almanachen, sodass für diese Produkte eine eigene Programmsparte im Verlagsgeschäft entstand.[24] Allerdings verwirkte der Bühnenautor bis 1854, als das Bühnenrecht eine Neugestaltung erfuhr, mit der Freigabe seines Dramas zur Publikation als Lesedrama mögliche Honorierungsansprüche für die Aufführung seines Stückes. Dennoch: Das Theater entwickelte sich zu einem attraktiven Betätigungsfeld für Berufsschriftsteller, auf das dieser allein aus ökonomischen Erwägungen heraus gar nicht verzichten konnte.

Theatergründungen für das Bürgertum wurden von Investoren aus dem Bürgertum vorangetrieben, d. h. insbesondere Stadttheater waren kommerzielle Einrichtungen, deren Zielsetzung auf der Gewinnmaximierung durch ein facettenreiches Unterhaltungsangebot lag. Das Theater wurde zu einem wichtigen Bestandteil der bürgerlichen Unterhaltungskultur, das sein Programm an den Unterhaltungsbedürfnissen seiner Besucher auszurichten hatte. In den Fokus der Spielpläne rückten also populäre Volksstücke, Komödien, Possen, Singspiele, Schwänke und (die bereits erwähnten) Adaptionen in- und ausländischer Romane. Allein die Lokalposse erlebte zwischen den Befreiungskriegen und der 1848er Revolution eine besondere Konjunktur und galt als das populärste Genre städtischer Unterhaltungskultur.[25]

---

22 ›Dorf und Stadt‹ und ›Die Frau Professorin‹. Das Ende des Streites zwischen Frau Birch-Pfeiffer und Berthold Auerbach. In: *Blätter für literarische Unterhaltung*, Nr. 73 (26. März 1849), S. 289–291.
23 Maria Pormann/Florian Vaßen: »Doch die Verhältnisse, sie sind nicht so«! Theaterverhältnisse im Vormärz. In: Dies. (Hg.): Theaterverhältnisse im Vormärz. Bielefeld: Aisthesis 2002 (= Forum Vormärz Forschung 7), S. 13–24, hier S. 13.
24 Ebd., S. 14.
25 Ebd., S. 15–20.

Bühnenautoren versorgten die gewerblichen Theater mit ihren massenhaft produzierten Dramen. Die harschen Angriffe auf Charlotte Birch-Pfeiffer haben daher einen Grund wohl auch im Protest gegen die Verbürgerlichung und Kommerzialisierung des Theaters, gegen einen Industrialisierungsprozess, für den Birch-Pfeiffer in der Theateröffentlichkeit exemplarisch stand. Die Diskussion über die Einführung von Tantiemen für Bühnenautoren befeuerte diese Auseinandersetzung zusätzlich, schien doch diese Honorierung die Kommerzialisierung noch zu forcieren. Zur Tantiemeneinführung in Berlin, die 1844 erfolgte, spottete der Schriftsteller und Satiriker Moritz Gottlieb Saphir (1795–1858) in seinem Journal *Der Humorist* (1837–1862):

> Die Kritik sagt nun von Jemandem, der ein Drama schreibt, nicht mehr: ›Er hat sich der dramatischen Muse in die Arme geworfen‹, oder: ›Er bebaut das Feld der Dramatik‹ u.s.w. sondern die Journale sagen jetzt: ›Er hat sein Talent der Tantième zugewendet!‹ Man kann nicht sarkastischer in seiner Dummheit sein, als es dieser Ausdruck ist! Wenn sich die Talente der Tantième zuwenden, so wird wenige Tantième den Talenten zugewendet werden![26]

Die Tantieme beteiligte erstmals den Autor prozentual am Erfolg der Aufführung. Das Verdienst des Theaters und des Autors waren aneinander gekoppelt. Die Höhe der Tantieme basierte auf der Quantität von Aufführungsdauer und Aufführungshäufigkeit. Die Auszahlung der Tantieme wurde gewöhnlich vierteljährlich je Aufführung an den Autor ausbezahlt. Die Gewinnbeteiligung des Autors betrug bei einer Aufführungsdauer von 2 ¾ Stunden zehn Prozent, bei Einaktern mit und ohne Vor- und Nachspiel zwischen drei und sechs Prozent. So war die Rentabilität für den Autor lediglich bei abendfüllenden Theateraufführungen gegeben, was dazu führte, dass die künstliche und handlungsunabhängige Verlängerung von Dramenhandlungen an der Tagesordnung war. Mit Einführung der Tantiemen und dem urheberrechtlichen Schutz von dramatischen Werken verdienten Bühnenautoren deutlich mehr als Romanautoren. Vor diesem Hintergrund avancierte das Rührstück, das durch Charlotte Birch-Pfeiffer einen Siegeszug auf europäischen Bühnen antrat, zu einem ökonomisch hochattraktiven Handelsprodukt.

Ein typischer Vertreter der Ambivalenz zwischen Kunst und Kommerz, wenngleich profilierter Kenner des Verlags- und Theatergewerbes, war zweifelsohne Karl Gutzkow, der sich zwar nachdrücklich für die Herbeiführung einer juristischen Klärung einsetzte, gleichwohl

---

26 Moritz G. Saphir: ›Marinirte Tutti-Frutti‹. In: *Der Humorist*, Nr. 126/127 (27. Mai 1844), S. 504. Saphir wirkte 1822 zunächst als Theaterkritiker für die *Wiener Theaterzeitung*, wechselte 1825 nach Berlin, wo er für das Feuilleton der Zeitschriften *Berliner Schnellpost für Literatur, Theater und Geselligkeit* und *Berliner Courier* zuständig war. 1828 übernahm er die Herausgabe des *Berliner Theateralmanachs*. 1827 hatte Saphir die literarische Gesellschaft *Tunnel über der Spree* gegründet; er war also im zeitgenössischen Literatur- und Theaterbetrieb glänzend vernetzt und galt als gewichtige Stimme der Theaterkritik. Vgl. hierzu Wulf Wülfing: Folgenreiche Witze. Moritz Gottlieb Saphir. In: Joachim Dyck (Hg.): Rhetorik. Ein internationales Jahrbuch. Bd. 12: Rhetorik im 19. Jahrhundert. Tübingen: Niemeyer 1993, S. 73–83.

aber über die ausgesprochen bedarfsgerechte Serienproduktion von Rührstücken Charlotte Birch-Pfeiffers spottete:

> Die Spree-Athener kommen mit verweinten Augen aus dem geliebten ›Dorf und Stadt‹, es ist ihnen so etwas neues gewesen dieß Schwäbeln, dieß Herzerle und Bübele, dieß Ischt und ond und stond, dieß gehe, sage, trage, und da sind sie dankbar für die Mühe jener Frau, die laut den ersten Berichten der HH. Gubitz und Rötscher dieß ›einfache Seelenleben‹ vom ›Lorle‹ so gut wie selbst erfunden, und wieder einmal den Nagel auf den Kopf getroffen hat.[27]

Mit beißender Ironie mischte sich Gutzkow in den literarischen Diskurs über den massenhaften Import französischer Romanliteratur und deren Übersetzung, Be- und Umarbeitung in Deutschland ein. 1845 waren 50 Prozent der in Deutschland erschienenen Romane Übertragungen aus anderen Sprachen, etwa 25 Prozent der Neuinszenierungen auf deutschen Bühnen gingen auf französische Vorlagen (u.a. Singspiele, Lustspiele) zurück.[28] Der Journalist und Literaturkritiker Hermann Marggraff (1809–1864) echauffierte sich in seinem Artikel *Uebersetzung, Version, Uebersetzungsunwesen* im *Allgemeinen Theater-Lexikon oder Encyklopädie alles Wissenswerthen für Bühnenkünstler, Dilettanten und Theaterfreunde* 1846 über diese Übersetzungsflut:

> Endlich die Nichtsdenkerei und vornehme Ausländerei des Publikums, wie die Speculationswuth der Buchhändler und Theaterdirectoren, und die Menge von hungerleidigen Schriftstellern, die höchstens die fähigkeitslose Fähigkeit haben, fremde Gedanken, Gestalten und Empfindungen in das Hausgewand der vaterländischen Sprache zu kleiden, steigerten dies Wesen bis zum widerlichen Unwesen.[29]

Das Theater als Ort der Unterhaltung und Zerstreuung bedurfte aber eines hohen ungebremsten Ausstoßes an Neuinszenierungen und eines facettenreichen Programms, eine Nachfrage, die nur durch Adaptionen ausländischer Vorlagen sichergestellt werden konnte. Dies räumte Marggraff den Bühnendirektoren aus ganz pragmatischen Überlegungen auch ein: »Da wir im Lustspiele, in kleinern Füllstücken, in der dramatisirten Zeitanekdote, wenigstens jetzt, so überaus schwach sind, so kann man allerdings den Bühnendirectoren nicht verargen, daß sie den ausländischen Vorrath benutzen […]«.[30] Selbst der namhafte Theaterpraktiker Heinrich

---

27 Karl Gutzkow: Der Birch-Pfeiffer-Auerbach'sche Handel (Anm. 18), S. 21–22.
28 Vgl. Bernd Kortländer: »… was gut ist in der deutschen Literatur, das ist langweilig und das Kurzweilige schlecht«. Adaptionen französischer Lustspiele im Vormärz. Anmerkungen zu einem unübersichtlichen Thema. In: Maria Pormann/Florian Vaßen (Hg.): Theaterverhältnisse im Vormärz (Anm. 23), S. 197–211. Grundlegend zum Thema auch Norbert Bachleitner: ›Übersetzungsfabriken‹. Das deutsche Übersetzungswesen in der ersten Hälfte des 19. Jahrhunderts. In: *Internationales Archiv für Sozialgeschichte der Literatur* 14.1 (1988), S. 1–49.
29 Hermann Marggraff: Uebersetzung, Version, Uebersetzungsunwesen. In: Allgemeines Theater-Lexikon oder Enzyklopädie alles Wissenswerthen für Bühnenkünstler, Dilettanten und Theaterfreunde. Bd. 7. Hg. von Robert Blum, Karl Herloßsohn und Hermann Marggraff. Altenburg/Leipzig: Expedition des Theater-Lexikons 1846, S. 139–141.
30 Ebd., S. 140.

Laube unterstützte diesen Trend, wenn er dafür plädierte: »Was das Ausland Gutes liefert, soll benützt, aber in unserm Stile benützt, es soll soviel als möglich deutsch, also wenigstens bearbeitet werden«.[31] Laube forderte also eine maximale Anpassung ausländischer Vorlagen an die deutschen Verhältnisse, die Verlagerung der Handlung in deutsche Landschaften und Städte, ihre Ausrichtung an regional typischen Gebräuche und Sitten; Originalität und Werktreue schienen ihm keine Kategorien in diesem Geschäft.

5. Der Streit zwischen Charlotte Birch-Pfeiffer und Berthold Auerbach – Rekonstruktion einer publizistischen Debatte

Zweifelsohne gehörte Charlotte Birch-Pfeiffer zu den Spitzenverdienern im Literatur- und Theaterbetrieb in der ersten Hälfte des 19. Jahrhunderts, was eine nicht zu unterschätzende Neid-Komponente in der Theaterkritik hervorrief. Ihren Kritikern galt sie als mitverantwortlich für die anhaltende intellektuelle Verflachung des deutschen Dramas. Franz Dingelstedt monierte und neidete 1852: »Sie speculirt auf die niederträchtigsten Theater-Effecte und sie erreicht ihren Zweck«.[32]

Bereits zu Beginn ihrer Karriere als Dramatikerin am Theater an der Wien 1829 erhielt sie eine Jahresgage von 1.800 Gulden. Ihre Stücke spielten an der Berliner Hofbühne zwischen 1844 und 1850 gut 70.000 Taler ein, an Tantiemen erhielt sie 7000 Taler, sodass sie auf ein Jahreseinkommen von 1.000 Taler kam. Allein *Dorf und Stadt* erlebte an der Berliner Hofbühne etwa 90 Aufführungen und spielte der Verfasserin 3.500 Taler Tantiemen ein, also pro Aufführung um die 500 Taler. Birch-Pfeiffer verstand ihre Dramen als Handelsware und entwickelte ein effizientes Produktions- und Vermarktungssystem für ihre Bühnenstücke. Sie acquirierte routiniert Erzählliteratur, bearbeitete sie und beanspruchte die Patentierung ihrer literarischen Produktion, weniger aus juristischen als vielmehr aus ökonomischen Gründen. Die bloße Bearbeitung von bereits vorhandenen literarischen Stoffen, die Umgestaltung von Prosatexten in ein marktgängiges Modeprodukt, das – wenigstens nach Ansicht der zeitgenössischen Kritiker – kein schöpferisches Potenzial aufweise, war elementarer Bestandteil ihrer Produktionsphilosophie:

> Den Zug des ›Gemäldes‹ oder des ›Bildes‹, die Erfassung und Darstellung von Zuständigkeiten übernimmt sie von der Vorlage, um dann ein durchaus ›theatergerechtes‹ Stück, d. h. im wesentlichen sog. ›dankbare‹ Rollen, herauszupräparieren. Die dramatische Handlung wird dabei dem Aussprechen der ›inneren Seelenregungen‹ nachgeordnet, die Personen explizieren sich nicht handelnd, sondern im Gespräch; der Dialog selber, oft weitgehend aus der Vorlage übernommen, nähert sich dem Erzähldialog.[33]

---

31 Heinrich Laube: Briefe über das deutsche Theater. IV. Brief. In: Ders.: Gesammelte Werke in fünfzig Bänden. Bd. 29. Hg. von Heinrich Houben. Leipzig: Hesse 1909, S. 46–47.
32 Birgit Pargner: Zwischen Tränen und Kommerz. Das Rührtheater Charlotte Birch-Pfeiffers (1800–1868) in seiner künstlerischen und kommerziellen Verwertung. Bielefeld: Aisthesis 1999, S. 39.
33 Ebd., S. 46.

5.1. Das leistungsorientierte Schreib- und Produktionssystem von Charlotte Birch-Pfeiffer

Charlotte Birch-Pfeiffer entschied sich schon in jungen Jahren für eine Schauspielerkarriere, die in München am Königlichen Hoftheater am Isartor begann. Gastspielreisen führten sie seit 1826 quer durch Europa, zwischen 1827 und 1830 erhielt sie eine erste Festanstellung am Theater an der Wien. Hier entstand Birch-Pfeiffers erstes Drama, das sie binnen weniger Tage nach der 1824 in Dresden erschienenen Romanvorlage Karl Franz van der Veldes *Der böhmische Mägdekrieg. Ein Nachtstück aus dem zweiten Viertel des achtzehnten Jahrhunderts* unter dem Titel *Herma oder die Söhne der Rache* hervorbrachte. Zwischen 1828 und 1868 verfasste Birch-Pfeiffer etwa einhundert Dramen und Operntexte sowie zahlreiche Novellen und Erzählungen. Mag sie als Schauspielerin über nur begrenzte Fähigkeiten verfügt haben, ihr durchorganisiertes Leistungsmodell für die Dramenproduktion rang ihren Zeitgenossen Respekt ab. Karl von Holtei (1798–1880) zeigte sich in seinen autobiografischen Erinnerungen beeindruckt »über die energische Rapidität, mit welcher sie, ihren Stoff beherrschend, in einigen wenigen Tagen zu Papier brachte, was immer Hand und Fuß hatte, und so ausgerüstet bald nachher seinen Weg über alle Theater fand«.[34] Heinrich Laube sprach von einer »Passion steten Hervorbringens [...] mit ihrem leidenschaftlichen Naturell dann oft zu eilig einer Ausführung hin, welche nicht ausgetragen war und die Eierschale auf dem jungen Huhn mit zur Welt brachte«.[35] Ihre Produktionsweise beschrieb Birch-Pfeiffer selbst als eine Art Paroxysmus: »Ich kann mich während der Zeit meines Produzierens mit nichts anderem befassen, ohne den Faden meiner Ideen abzureißen«.[36] Nach einem neuerlichen Aufenthalt in München übernahm Birch-Pfeiffer zunächst die Leitung des Zürcher Stadttheaters und 1844 vermittelte ihr Freund Karl Theodor von Küstner (1784–1864) eine feste Anstellung am Hoftheater in Berlin. Trotz ihrer Engagements an deutschen Bühnen wurde sie in der literarischen Öffentlichkeit weniger als Schauspielerin, sondern vielmehr als Dramatikerin wahrgenommen. Sie feierte in beiden Bereichen – als Schauspielerin und als Stückeschreiberin – große Erfolge in Berlin und verdiente dadurch beachtliche Summen, um die sie von Schriftstellerkollegen selbstverständlich auch beneidet wurde. Ihre anhaltende Bühnenpräsenz in Berlin forderte verstärkt negative Kritiken heraus, die Birch-Pfeiffer zutiefst kränkten. Nach eigener Aussage verzichtete sie bewusst auf die Herausgabe ihrer Memoiren, »die mit so in Gift getauchte Feder geschrieben sind, daß meine Freunde und die Meinen sie nicht als von mir geschrieben anerkennen werden«.[37]

Unter den schreibenden Frauen nahm Charlotte Birch-Pfeiffer in der ersten Hälfte des 19. Jahrhunderts zweifelsohne eine Vormachtstellung im kommerzialisierten Literatur- und

---

34 Zitiert nach: Else Hes: Charlotte Birch-Pfeiffer als Dramatikerin. Ein Beitrag zur Theatergeschichte des 19. Jahrhunderts. Stuttgart: J. B. Metzlersche Verlagsbuchhandlung 1914 (= Breslauer Beiträge zur Literaturgeschichte 38), S. 4–5.
35 Ebd., S. 5.
36 Ebd.
37 Ebd., S. 19.

Theaterbetrieb ein. Sie selbst verstand sich als Schauspielerin, Dramatikerin und Bühnenleiterin und wirkte an der Kommerzialisierung des zeitgenössischen Theaterbetriebs aktiv mit. Ihre eigenen dramatischen Bearbeitungen bezeichnete Birch-Pfeiffer als kommerzielle Mode- und Handelsware, die sie ausgesprochen geschickt zu verwerten verstand. Ihre Bühnenstücke vermarktete sie über alle verfügbaren Kanäle und gründete mit Familienmitgliedern eine Form von Subunternehmen; während der Ehemann als Agent für sie tätig war, lasen die Geschwister zeitgenössische Belletristik und stellten Birch-Pfeiffer eine Auswahl von Texten zusammen, die sich für eine Bühnenbearbeitung eigneten. Der gesamte Produktionsprozess stand also unter dem Motto Rationalisierung und Effizienzsteigerung.

Doch um was ging es in diesem publizistischen Streit wirklich? Sicherlich, die rechtliche Klärung einer adäquaten Bewertung von geistigem Eigentum war um die Jahrhundertmitte längst noch nicht zur Zufriedenheit aller Marktteilnehmer gelöst, zumal die fortschreitende Industrialisierung des Literaturbetriebs die Vielfalt der Medien und ihrer Verwertung drastisch erhöht hatte. Doch es kollidierten auch jungdeutsches schriftstellerisches Selbstverständnis mit einer seit der zweiten Hälfte des 19. Jahrhunderts zunehmend expansiven konsumorientierten Unterhaltungskultur auf der einen Seite und eine Verschärfung der Konkurrenz unter Schriftstellern, Dramatikern und Bühnenleitern auf der anderen Seite. Die Auseinandersetzung zwischen Charlotte Birch-Pfeiffer und Berthold Auerbach wurde zudem flankiert von genderspezifischen Angriffen gegen schriftstellernde Frauen und unverhohlenem Neid auf die Besserverdienerin. Im Fokus des Plagiatsdiskurses zwischen Birch-Pfeiffer und Auerbach standen also die fortschreitende Kommerzialisierung und Ausdifferenzierung des Bühnenbetriebs wie auch die eklatante Zunahme von Theatern in deutschen Städten; beide Faktoren waren entscheidende Katalysatoren für die steigende Nachfrage nach Unterhaltungsstücken.

5.2. Der ›Birch-Pfeiffer-Auerbach'sche Handel‹ als literarischer Teildiskurs der Urheberrechtsdebatte 1848/1849

1847 erschien im Taschenbuch *Urania* (Leipzig F.A. Brockhaus) die Erzählung *Die Frau Professorin* von Berthold Auerbach, die von Birch-Pfeiffer kurze Zeit später unter dem Titel *Dorf und Stadt. Ein Schauspiel in zwei Abtheilungen und fünf Acten, mit freier Benutzung der Auerbach'schen Erzählung: Die Frau Professorin* als Manuskript gedruckt und an verschiedene deutsche Bühnen versandt worden war.[38] Das Bühnenstück *Dorf und Stadt* feierte Erfolge und Berthold Auerbach zog vor Gericht, weil er sich »an seinem Eigenthum, Vermögen, schriftstellerischen Rufe und an seiner Ehre [für] beschädigt« sah.[39] Der Rechtsstreit wurde im Oktober 1848 dem *Königlich litterarischen Sachverständigen-Verein* zur Begutachtung vorgelegt. Der *Sachverständigen-Verein* in Berlin setzte sich mit der Problemstellung sehr

---

38 Vgl. hierzu den jüngst erschienenen Beitrag von Achim Aurnhammer/Nicolas Detering: Berthold Auerbachs ›Frau Professorin‹ – Revisionen und Rezeptionen von Charlotte Birch-Pfeiffer bis Gottfried Keller. In: Jesko Reiling (Hg.): Berthold Auerbach (1812–1882). Werk und Wirkung. Heidelberg: Universitätsverlag Winter 2012 (= Beiträge zur neueren Literaturgeschichte 302), S. 173–220.

39 Die Preußische Nachdruckgesetzgebung (Anm. 16), S. 516.

genau auseinander und bemühte sich, dieses ungeklärte Rechtsproblem im zeitgenössischen Urheberrechtsdiskurs zu positionieren. Das Augenmerk richtete sich auf Frage nach der ›Eigentümlichkeit‹ an literarischen Texten, die – so der *Sachverständigen-Verein* – »von einer Sphäre in die andere« übertragen werden. Das Gutachtergremium stellte sich drei Fragen:

1) Hatte Birch-Pfeiffer durch die Abfassung des Dramas *Dorf und Stadt* und Überlassung des Stückes zur Aufführung an verschiedenen Bühnen Deutschlands § 32 des Gesetzes vom 11. Juni 1837 verletzt?
2) Enthielt der Abdruck des genannten Dramas einen unerlaubten Nachdruck der gedachten Erzählung?
3) Wurde der Nachdruck eventuell durch den Umstand ausgeschlossen, dass dieses Drama jetzt nur als Manuskript und Eigentum der Verfasserin gedruckt war?[40]

Mit der Aufführung galt das Werk als veröffentlicht, somit als gemeinfrei und insofern handelte es sich im juristischen Sinne um keine Verletzung der Preußischen Urheberrechtsgesetzgebung. In der zweiten Frage war die Kompetenz des Richters gefragt, denn zunächst war die Frage zu klären, ob Auerbach oder sein Verleger den Antrag auf Einleitung der gerichtlichen Untersuchung zu stellen hatte:

> Bei der Prüfung der eigentlichen Nachdruckfrage trifft in dem vorliegenden, höchst merkwürdigen Falle das rechtliche Moment mit dem ästhetischen in ganz eigenthümlicher Weise zusammen. Eine ästhetische Kritik, eine Beurtheilung des Kunstwerthes der als Nachdruck denuncirten Arbeit, im Verhältniß zu dem Originale, kann und soll nicht als die Aufgabe des I.S.V, aufgefaßt werden. Auerbach muss allein nachweisen, ob die Dramatisierung seiner Erzählung einem Nachdruck gleichkommt.[41]

Die Gutachter hatten aber auch erkannt, dass der Begriff des Nachdrucks eben nicht auf Bearbeitungen und Überarbeitungen zutraf, eine für die rechtliche Auseinandersetzung zwischen Birch-Pfeiffer und Auerbach ganz zentrale Erkenntnis. Die Sachverständigen suchten sich bei dieser heiklen Frage über den Rückgriff auf das Römische Recht zu erklären:

> Durch sein künstlerisches Schaffungsvermögen erwirbt der Mensch Eigenthum, auch wo die Masse, aus der er geschaffen, einem Andern gehörte. […] Wer so schafft, daß seine Schöpfung mehr werth ist als die Materie, wird dadurch ihr Eigenthümer.[42]

Die Dramatisierung eines Werkes galt als eigenständige Geistesarbeit. Im Falle von Birch-Pfeiffer sprachen die Protagonisten zudem im Dialekt, eine bewusste Verfremdung von Auerbachs Originalerzählung. Selbst die von Birch-Pfeiffer vorgenommene Verflachung der Charaktere stelle eine freie Geistestätigkeit dar. Die Gutachter gingen davon aus, dass eine

---

40 Ebd., S. 517.
41 Ebd., S. 518.
42 Ebd., S. 519–520.

rein quantitative Analyse der Dramatisierung nicht zu dem Ergebnis kommen könne, es handele sich um einen Nachdruck:

> Kurz der Geist des Gesetzes schützt in allen Sphären die freie Reproduction. Ja der Geist eines Gesetzes, welches die Benutzung von Kunstwerken als Muster zu den Erzeugnissen den Manufacturen, Fabriken und Handwerke erlaubt (§ 25), würde sogar solchen Bearbeitungen von Romanen und Erzählungen zu Theaterstücken schützend zur Seite stehen, welche man Fabrikarbeiten zu nennen pflegt, weil sie blos nach den äußerlichen Bedürfnissen der modernen Bühnen mechanisch zugerichtet sind.[43]

Der Begriff ›Sphäre‹[44] umfasste verschiedene Spielarten einer Bearbeitung, beispielsweise die Umarbeitung einer Novelle in eine andere Novelle, die sprachliche Bearbeitung oder Dialogisierung eines Prosatextes. Es galt also das eigenständige künstlerische Moment der Nachbildung zu bewerten; abzuwägen waren der Wert der bearbeiteten Materie und der Neuschöpfung. Wurde der Wert der Neuschöpfung höher bewertet als der Wert der bearbeiteten Materie, wurde der Bearbeiter zum Eigentümer seine Bearbeitung. Bemerkenswert ist sicherlich, dass produktionsästhetische Kriterien keine Rolle spielten, sondern eine eigene freie Geistesarbeit auch dann angenommen wurde, wenn die Bearbeiterin den originalen Erzähltext intellektuell verflache, »selbst wenn sie (die Bearbeiterin) nur eine Fabrikthätigkeit geübt haben sollte«.[45] Es spielte also keine Rolle, ob ein literarisches Produkt mit kreativ-künstlerischem Anspruch oder zu bloßen Unterhaltungszwecken seriell hergestellt wurde.

Einer bloßen quantitativen Auszählung von wörtlichen Übernahmen bei der literarischen Be- oder Umarbeitung (wie es heute bei Internetplagiatsjägern durchaus üblich geworden ist) dagegen erteilte der *Sachverständigen-Verein* schon zu einem sehr frühen Zeitpunkt eine unmissverständliche Absage. So wurden die beiden Texte zwar akribisch vermessen und wörtliche Übernahmen exakt herausgezählt (so umfassen die wörtlichen Übereinstimmungen in beiden Texten insgesamt 150 Zeilen), dennoch: »Die Prüfung des Massenverhältnisses, in welchem die beiden Werke zu einander stehen, würde zur Annahme eines Nachdrucks zu führen nicht geeignet sein«.[46]

Ein anderer formalrechtlicher Aspekt war die Schutzwürdigkeit des im Bühnenbetrieb üblichen Manuskriptdrucks, also die alleinige Herstellung von Kopien in begrenzter Anzahl für Theater und Schauspieler. Der *Sachverständigen-Verein* reflektierte die Frage, ob ein Manuskriptdruck und eine Buchhandelsausgabe in diesem Fall hinsichtlich ihrer Schutzwürdigkeit unterschiedlich zu beurteilen seien. Doch er kam zu dem knapp formulierten

---

43 Ebd., S. 525.
44 Der Begriff der ›Sphäre‹ wird im Persönlichkeitsrecht verwendet, um die Schutzwürdigkeit einer Sphäre zu bewerten. So genießt z. B. die Öffentlichkeitssphäre den geringsten Schutz. Vgl. hierzu Dedo von Schenck: Der Begriff ›Sphäre‹ in der Rechtswissenschaft insbesondere als Grundlage der Schadenszurechnung. Berlin: Duncker & Humblot 1977 (= Schriften zur Rechtstheorie 69).
45 Die Preußische Nachdruckgesetzgebung (Anm. 16), S. 522.
46 Ebd., S. 525.

Schluss: »Kurz der Geist des Gesetzes schützt in allen Sphären die freie Reproduction«.[47] Eine weitere Frage war die nach der juristischen Bewertung des Manuskripts gegenüber dem gedruckten Exemplar. Hierzu führt der *Sachverständigen-Verein* aus:

> Wird der Nachdruck event. durch den Umstand ausgeschlossen, dass dies Drama jetzt nur als Manuscript und Eigenthum der Verfasserin gedruckt ist? Mann könnte geneigt sein, diese Frage abstract zu Gunsten der Denunziatin beantworten zu wollen, weil nach der Theatercüsance die als Manuscript gedruckten Theaterstücke lediglich als Manuscripte gelten, und zur Zeit noch nie in den Buchhandel gekommen sind. Allein es würde jedenfalls mehr als bedenklich sein, eine solche Auffassung der Sache zu generalisiren.[48]

Der Anwurf Berthold Auerbachs, er habe durch die Bühnenaufführungen von *Dorf und Stadt* einen wirtschaftlichen Schaden erfahren, wurde schließlich mit der Begründung zurückgewiesen, dass ein Rückgang des Buchabsatzes wegen der Bühnenaufführungen nicht nachzuweisen sei, im Gegenteil von einer stimulierenden Wirkung bei dieser Form von medialer Mehrfachverwertung ausgegangen würde. Schließlich halte der Besuch der Theateraufführung den Leser nicht davon ab, die Buchausgabe der Erzählung im Buchladen zu erwerben:

> Die dramatische Bearbeitung der Frau Birch-Pfeiffer und die Aufführung ihres Stückes wird gewiß Niemand abhalten, die Auerbach'sche Novelle zu lesen oder zu kaufen; eher kann sie dahin gewirkt haben, das Interesse des Publikums für dieses Original noch reger zu machen, denn wer das mit so vielem Beifall auf fast allen deutschen Bühnen gegebenen Drama gesehen hat, wird nun auch gern der Vergleichung wegen die Auerbach'sche Novelle selbst zu lesen wollen.[49]

Zum Vorwurf des Plagiats verteidigte sich Birch-Pfeiffer mit dem Argument, sie habe schließlich den Verfasser der Erzählung explizit genannt und somit eben keinen geistigen Diebstahl begangen, sondern lediglich eine literarische Vorlage umgearbeitet. Mit der Verteidigung der literarischen Adaption als eigenständige Schöpfung befand sie sich folglich im Konsens mit dem aktuellen Rechtsdiskurs, denn es gab zu diesem Zeitpunkt keine rechtliche Regelung hinsichtlich der Dramatisierung von Prosatexten:

> Ein Plagiat heißt: die Gedanken, Worte und Stoffe eines anderen für sein Eigentum ausgeben – wenn ich aber offen und ehrlich auf den Zettel setze: nach Auerbach, nach der Erzählung ,so – oder so' – geht hin und lest, ob ich es gut oder schlecht gemacht – und wieviel eigenes ich nötig hatte, um das dramatisch zu machen – so begehe ich nach dem deutschen Recht kein Plagiat! So lange es nicht ein Gesetz gibt, das das Dramatisieren eines Romans verbietet – werde ich mir meine Stoffe suchen, wo sie mir gefallen.[50]

---

47 Ebd.
48 Ebd., S. 526–527.
49 Ebd., S. 526.
50 Dieser Brief Birch-Pfeiffers an Emil Devrient ist nach Pargner nicht im Nachlass vorhanden. Vgl. Birgit Pargner: Zwischen Tränen und Kommerz (Anm. 32), S. 265. Hier wird er zitiert nach: Else Hes: Charlotte Birch-Pfeiffer als Dramatikerin (Anm. 34), S. 79–80.

Die fortschreitende Nachjustierung der Urheberrechtsregelungen für Bühnenautoren und die Reformbemühungen der Theater regelten weiterhin nicht den Schutz von Originalautoren, aus deren Roman- und Erzählliteratur die Bühnenstücke geschöpft wurden, die als Vorlage für die Bearbeitung beziehungsweise Umarbeitung zu einem Bühnenstück darstellten. Bis zur Jahrhundertmitte existierten somit hinsichtlich der Dramatisierung von Romanvorlagen keinerlei rechtliche Regelungen. Kurzum: Es gab kein Gesetz, das Dramatikern untersagte, aus einer Erzählvorlage ein Drama herauszuarbeiten. Ein rechtsfreier Raum innerhalb eines sukzessive nachgebesserten Urheberschutzes, den (nicht nur) die Erfolgsdramatikerin Birch-Pfeiffer glänzend zu besetzen wusste.

Die Bühnenstücke waren – das spiegelt der arbeitsteilige und auf maximale Effizienz abgestimmte Produktionsprozess bei Charlotte Birch-Pfeiffer eindrücklich – das Produkt einer zunehmend industrialisierten Unterhaltungskultur, ein seriell gefertigtes Literaturprodukt. Vor dem Hintergrund der fortschreitenden Technisierung in der Buchherstellung stellte sich die Frage nach geistiger Eigenleistung und Originalität nicht mehr vordergründig. So barg also nicht allein der noch urheberrechtlich ungeklärte Umgang mit literarischen Adaptionen das eigentliche Konfliktpotenzial; der Konflikt spiegelt die virulente Debatte über das Verblassen des Originals im Kontext der Reproduktionstechniken.

Trotz der inzwischen rechtlich manifesten Urheberrechtsregelungen in Bezug auf den Druck wurde dem geistigen Eigentum im Theaterbetrieb insgesamt noch wenig Respekt entgegengebracht. Birch-Pfeiffer erfuhr immer wieder über ihre Agenten, Korrespondenten und Schauspieler von nicht autorisierten Aufführungen ihrer Stücke. Sie erklärte allein die Verhandlungen mit Theaterdirektoren über Aufführungen, Honorierung von Stücken und Herausgabe von Manuskripten als maßgeblich. Diese Verhandlungen erfolgten auf schriftlicher Grundlage. Verhandlungen mit Schauspielern über die Aufführung ihrer Stücke lehnte sie grundsätzlich ab. Am 17. März 1853 rügte die Dramatikerin ihren Bruder Wilhelm, weil dieser einem Schauspieler ein Manuskript überlassen habe, und zwar ohne schriftliche Vertragsverhandlungen mit dem Theaterdirektor, auf dessen Bühne das Stück aufgeführt werden sollte. Birch-Pfeiffer war sich ihrer (ökonomischen) Bedeutung im Theatergeschäft durchaus bewusst, denn unabhängig davon, ob das Recht auf ihrer Seite war, schienen allein Drohungen schon wirkungsvoll:

> Mein lieber Wilhelm! Ein so tüchtiger Kopf Du sonst in allen Dingen bist, zum Theater-Agenten taugst Du nicht, so viel ist entschieden! Wie kannst Du denn einem Schauspieler ohne schriftliche Garantie der Direktion, daß sie Deinen Antheil erst ausbezahlt, ehe er sein 4 Theil [sic] bekommt, auf bloßes Wort desselben und das Versprechen einer Direktion ein Stück überlassen! Was kannst Du denn nachher gegen den schlechten Zahler anfangen, wenn er fortgeht wie dieser Schuft? Das Geld kannst Du nur verlieren, wenn es Dir nicht gelingt, den Direktor zu drängen, indem Du ihm mit mir drohst; [...] Ich werde mich natürlich nicht um 33 fl. herumschlagen und 50 fl. verprozesieren, um diese zu erhalten, aber Du mußt eben zusehen, daß Du ihm damit bange machst.[51]

---

51 Charlotte Birch-Pfeiffer an ihren Bruder Wilhelm, 17. März 1853. Zitiert nach: Birgit Pargner: Zwischen Tränen und Kommerz (Anm. 32), S. 272.

Im Sommer 1859 drängte die Schauspielerin Friederike Goßmann (1836–1906), die aus eigennützigen Motiven argwöhnisch darüber wachte, dass nur sie allein die Hauptrolle im Stück *Die Grille* angeboten bekommt[52], Charlotte Birch-Pfeiffer dazu, rechtliche Schritte gegen das Carltheater in Wien einzuleiten, an dessen Spitze zu dieser Zeit Nestroy stand, weil die Theaterleitung eine nicht autorisierte Aufführung des Erfolgsstücks *Die Grille* auf die Bühne gebracht habe:

> Nun siehst du! Ich wußte es ja, daß du deinem lieben Grillenkinde nicht den Schmerz zufügen wolltest, einer Mamsell Petrikowska die Grille in Wien (notabene) zu erlauben. Ich getraute mich gestern nicht recht Dir zu sagen, wie weh es mir gethan, denn am Ende aller Enden muß ja auch wohl in Wien eine Andere die Grille spielen, aber da ich sobald dahin zurückkehre, so hätte ich so gern gewünscht daß sie bis dahin liegen geblieben. – Ich war vor Erstaunen über so eine maßlose Frechheit starr, und dann gerieth ich in eine sehr große Wuth […]. Du hast überhaupt keine Idee, welche freche Bestie diese Petrikowska ist […]. Bitte nochmals, gib der Dame einen tüchtigen Wischer, ich thue das Meine, sei überzeugt.[53]

Eine neue Variante erfuhr die Plagiatsdebatte Mitte der 1870er Jahre als Birch-Pfeiffer feststellen musste, selbst bestohlen worden zu sein. Im November 1867 berichtete sie Ernst Keil (1816–1878), Herausgeber des Familienblatts *Gartenlaube*, ein Charaktergemälde *Der Herr Studiosus* nach der Novelle *C. Krüger* von Levin Schücking angefertigt zu haben.[54] Schücking habe ihr die Novelle für diese Dramatisierung überlassen. Die Beliebtheit dieses Stückes und Stoffes führte dazu, dass auch andere Dramatiker sich dieser Novelle annahmen und ohne Schückings Einwilligung Bühnenbearbeitungen herausbrachten. Von diesem Verfahren fühlte sich Birch-Pfeiffer jedoch wirtschaftlich geschädigt. 1857 wagte ein Dramatiker ihr nach dem Roman von George Sand *Le petit Fadette* angefertigtes Erfolgsstück *Die Grille* einer neuerlichen dramatischen Bearbeitung zu unterziehen. Entrüstet schreibt Birch-Pfeiffer an Heinrich Laube, es handle sich hierbei um ein dreistes Plagiat:

> Daß diese Gauner mich bestehlen müssen, um dem Stücke Reiz zu geben, denn von 1840 ist die Fadette im Buchhandel, niemand aber fand das Goldkorn für die Bühne darin, bis ich es ans Licht gearbeitet! Daß Ihnen und mir die Früchte der Aufführung in der Burg geschmälert werden (schon durch den Verbrauch des Grundstoffes, ob das Plagiat gefällt oder nicht), wenn mir es ein anderes Theater in Wien vorher aufführen läßt, ehe es bei Ihnen dran kommt – das ist klar und ist nach meiner Ansicht eine wirkliche Gefahr! (…) Wenn Sie jetzt noch in Wien den Vorstadttheatern zuvorkommen, sind jene mit der Arbeit der nachgepfuschten ‚Grille' (ein Titel, der mir gehört, nicht der Erzählung) nicht im geringsten zu beachten, – wenn wir sie aber zuvorkommen lassen, ist der Reiz des Neuen und Eigenthümlichen der Sache weg.[55]

---

52 Seit 1857 hatte Friederike Goßmann ein Engagement am Hofburgtheater in Wien und spielte hier erstmals die Grille, eine Rolle, welche sie prägte und die durch sie eine so typische Gestaltung erhielt, dass der Name Goßmann und die Figur der Grille als Synonym galten. Deshalb erhob Goßmann offenbar Monopolansprüche auf diese Rolle.
53 Friederike Goßmann an Charlotte Birch-Pfeiffer, Juli 1859. Zitiert nach: Birgit Pargner: Zwischen Tränen und Kommerz (Anm. 32), S. 270–271.
54 Levin Schücking und Charlotte Birch-Pfeiffer: Der Herr Studiosus 1866; Bernhard Starenow und Levin Schücking: Der Herr Studiosus. C. Krüger. Berlin: Bloch um 1870.
55 Charlotte Birch-Pfeiffer an Heinrich Laube, 20. Januar 1857. Zitiert nach: Birgit Pargner: Zwischen Tränen und Kommerz (Anm. 32), S. 266.

Die Dramatisierung von Romanen war rechtlich nicht geschützt, so musste sich auch Birch-Pfeiffer damit arrangieren, dass von ihren erfolgreichen Dramatisierungen fremder Prosatexte, beispielsweise von den Stücken *Die Grille* und *Die Waise aus Lowood* Dutzende von Nachbildungen kursierten, ja sogar Fortsetzungen im Markt zirkulierten. Im Friedrich-Wilhelmstädtischen Theater in Berlin erschien am 6. Februar 1861 das Stück *Die Tochter der Grille* von einem anonymen Verfasser. Birch-Pfeiffer verwies in Zeitungsinseraten ausdrücklich darauf, dass diese Fortsetzung von ihr stamme. Insgesamt stimulierte sie mit ihren Publikumserfolgen nicht nur Nachbildungen im Genre des Dramas, sondern auch im Genre des Romans. So glaubte Birch-Pfeiffer beispielsweise im Roman *Das Geheimnis der alten Mamsell* der Erfolgsautorin Eugenie Marlitt [= Eugenie John] ein eindeutiges Plagiat des Romans *Jane Eyre* von Charlotte Brontë zu erkennen; da sie selbst den Romanstoff *Jane Eyre* dramatisierte und als *Die Waise aus Lowood* auf die Bühne brachte, sah sie sich als kompetent in dieser Beurteilung. An ihre Tochter Wilhelmine schrieb Birch-Pfeiffer am 12. November 1867 in dieser Sache:

> Wie wohlfeil ist doch ein Renommee zu kaufen, wenn man nur für die Frauen und Caffeklatschen schreiben will, ohne den Geist dabei zu beanspruchen! Da macht die Erzählung der Marlitt ›Das Geheimnis der alten Mamsell‹ Furore, alle Damen sind davon voll, besonders in Dresden beim ›Blümchen-Kaffe‹, wie mir die Bölte schreibt und so geschickt, ja geistreich das Ding gemacht und eingerichtet ist (wenn Du es liest, wird's Dich selbst interessieren), so ist es doch nichts weiter als ›Jane Eyre‹, mit einigen recht geschickten Variationen! Frau Hellwig ist Mrs. Reed, der Professor: Rochester, das Spielerskind: Jane Eyre, in den ersten Kapiteln der alte Hellwig ganz ›Onkel Reed‹ – enfin – der Grundgedanke aus der ›Waisen‹ – unläugbar – ebenso wie die ›Goldelse‹ (auch eine Erzählung von der Marlitt aus der ›Nathalie‹ der Kavanagh genommen ist). Wer nun diese Sache nicht so tief studiert hat wie ich, der kommt im Anfang gar nicht dahinter – und solch eine Schriftstellerin wird berühmt – während ein Werk wie ›Doppelleben‹ [Roman von Wilhelmine von Hillern, Einfügung C.H.], ein reines Original – sich mühsam und langsam durcharbeiten muß; und wohlfeil ist jener Ruhm erkauft! – Freilich sind solche Erzählungen in Journalen (Eylewaren) – ein gediegenes Buch bleibt – aber es ist doch immer trostlos, erkennen zu müssen, wie wenig eigentlich geistige Bildung unter den Frauen ist! – die eigentlich den größten Leserkreis für den Roman repräsentieren.[56]

Die vielfältigen Streitereien über nicht autorisierte Aufführungen und geistigen Diebstahl im Verbund mit einem steigenden Konkurrenzdruck und Neid im Literatur- und Theaterbetrieb wurden auch deshalb immer komplexer, weil die Bühnenaufführung eine mediale Vermittlungsform darstellte, die nicht aufgezeichnet wurde. So konnten Dramatiker durchaus überzeugend behaupten, Romane und Erzählungen gar nicht gelesen zu haben, obgleich die Dramatisierungen auffällige Entlehnungen aufwiesen. Im gegenwärtigen Urheberrecht spricht man hier von einem unbewussten Plagiat.

Eine neue Dimension erlebte die Debatte über das Autorrecht im Literatur- und Bühnenbetrieb mit der Erfindung der Stereotypie und fortschreitenden Erschließung transatlantischer Buchmärkte. Im Auslandshandel mit deutschsprachiger Literatur profilierte sich seit der

---

56 Charlotte Birch-Pfeiffer an ihre Tochter Wilhelmine, 12. November 1867. Zitiert nach: Birgit Pargner: Zwischen Tränen und Kommerz (Anm. 32), S. 269–270.

Jahrhundertmitte verstärkt der buchhändlerische Stapel- und Kommissionsplatz Stuttgart. Stuttgarter Kommissionshändler belieferten deutsche Verleger in Nordamerika mit Stereotypiedrucken der deutschen Nationalliteratur, wobei die innovative Technik der Stereotypie die Belieferung der nordamerikanischen Geschäftspartner mit den Druckplatten ermöglichte und der eigentliche Druck in den Vereinigten Staaten stattfand. Auf diese Weise konnte bei den Transport- und Lieferungskosten massiv gespart werden. Das nordamerikanische Copyright unterschied sich von der europäischen Urhebergesetzgebung in einem entscheidenden Punkt: Das Copyright in den Vereinigten Staaten unterstrich im Urheberrecht (hier im Gegensatz zur deutschen Gesetzgebung) den ökonomischen Aspekt; die wirtschaftlichen Verwertungsrechte sind dem Autorrecht übergeordnet. Dem eigentlichen Schöpfer eines Werkes wird lediglich ein Vetorecht eingeräumt. In Deutschland formierte sich unter den Schriftstellern Widerstand gegen diese Rechtsauffassung, die dazu führte, dass deutschsprachige Werke insbesondere in der nordamerikanischen Presse abgedruckt werden konnten, ohne dass die deutschen Urheber finanziell entschädigt wurden.[57]

6. Berthold Auerbach und der Nachdruck seiner Werke in Nordamerika

Der Druck deutschsprachiger Bücher in den Vereinigten Staaten setzte bereits im frühen 18. Jahrhundert ein, doch seine eigentliche Entfaltung erlebte er im letzten Drittel des 19. Jahrhunderts. Im 19. Jahrhundert erschienen in den USA über 5.000 deutsche Zeitungen und Zeitschriften, zwischen 1847 und 1860 waren über 200 Sortimentsbuchhändler und Verleger in den USA tätig, die sich auf den Handel mit deutschsprachigen Presseartikeln und Büchern spezialisiert hatten. Ein in Berlin erschienenes Adressbuch aus dem Jahr 1888 führte bereits 500 deutsche Buchläden, die sich auf 208 amerikanische Städte und 32 Bundesstaaten verteilten.[58] Das seit 1790 formulierte Autorrecht hatte in Nordamerika bis 1890 seine Gültigkeit. Allerdings galt der Schutz nur für amerikanische Staatsbürger und Bürger mit ständigem Wohnsitz in den USA. Die deutlich verbesserten Druckverfahren erhöhten um die Mitte des 19. Jahrhunderts die Produktion von Presseartikeln sowie von Literaturausgaben, die gewöhnlich Nachdrucke darstellten. Insbesondere in den Krisenjahren 1837 bis 1843 florierte in den USA der Handel mit Billigbüchern. Die Erhöhung von Zöllen für Importartikel stimulierte zusätzlich den Nachdruck ausländischer Printprodukte. In den 1840er Jahre wurden hauptsächlich Anthologien und Klassikerausgaben nachgedruckt. 1837

---

57 Vgl. Christine Haug: Ernst Steiger – ein deutsch-amerikanischer Zeitungsagent, Verleger, Buchhändler und Nachdrucker in New York. In: Claude D. Conter (Hg.): Literatur und Recht im Vormärz. Bielefeld: Aisthesis 2010 (= Forum Vormärz Forschung 15), S. 81–104. Ernst Steiger beteiligte sich an der transatlantischen Urheberrechtsdebatte mit diversen programmatischen Schriften und versuchte zwischen deutschen Schriftstellern und amerikanischen Verlagen, insbesondere Zeitschriftenverlagen, zu vermitteln.
58 Robert E. Cazden: Der Nachdruck deutschsprachiger Literatur in den Vereinigten Staaten 1850–1918. In: *Archiv für Geschichte des Buchwesens* 31 (1988), S. 193–202, hier S. 193.

planten die New Yorker Buchhändler Wilhelm Radde und sein Kompagnon Georg Heinrich Paulsen die Herausgabe einer Sammlung deutscher Literatur unter dem Reihentitel *Museum Deutscher Klassiker*. Der Buchhändler Lorenz Schwarz aus Baltimore begann 1838 mit dem Nachdruck der zwölfbändigen *Cotta*-Ausgabe von Friedrich Schiller. Obgleich viele dieser spektakulären Nachdruckprojekte schnell Konkurs gingen, beklagten doch viele deutsche Buchhändler den unerlaubten Nachdruck ihrer Werke in den USA.[59] Der *Börsenverein der Deutschen Buchhändler* reagierte in den 1840er Jahren auf die zunehmenden Beschwerden und zwischen 1844 und 1845 entwickelte der Interessensverband einen Vorschlag zur Errichtung einer Institution mit dem Namen *Deutsche Vereinsbuchhandlung* in New York.

Das Problem des Nachdrucks verschärfte sich seit den 1850er Jahren als amerikanische Verleger vermehrt mit dem Stereotypdruck arbeiteten. Pionier auf diesem Gebiet war der Verleger Friedrich Thomas aus Philadelphia, der mit einer Heinrich-Zschokke-Ausgabe von *Novellen und Dichtungen* auf den Mark ging.[60] Zu seinen Nachdrucken gehörten auch die Werke von Heinrich Heine, Wilhelm Hauff, Carl Spindler und Berthold Auerbach. Zu einem der verlässlichsten Berichterstatter über den Nachdruck in den USA entwickelte sich der führende deutsch-amerikanische Buchhändler Ernst Steiger, der 1866 nach dem Ende des Bürgerkriegs festhielt, dass er über 1.200 Zwischen- und Einzelhändlern in allen Teilen der amerikanischen Union für den Verkauf seiner Nachdrucke einen Rabatt bis zu vierzig Prozent gewährte.[61] Die Hochkonjunktur amerikanischer Nachdrucke europäischer Werke lag in der Zeitspanne von 1865 bis 1900. In dieser Phase erlebte der Nachdruck in den USA seinen kommerziellen Höhepunkt, in den 1870er Jahren kamen verstärkt Buchreihen auf den Markt, die sich dezidiert der Produktion urheberrechtlich ungeschützter Werke zuwandten. Die Bändchen waren auf Zellstoffpapier gedruckt und kosteten kaum mehr als zehn Cent. Ein Merkmal dieser Reihen war die Publikationsform als Zeitschrift, die mit bis zu drei Wochennummern erscheinen konnten. Die umfangreichste deutsch-amerikanische Unternehmung auf diesem Gebiet war die von *Morwitz & Co.* unter dem Titel *Heimat und Fremde* herausgegebene Reihe. Bis 1898 waren hier 342 Nummern in Stereotypdruck auf minderwertigem Papier erschienen.[62]

Eine wichtige Zäsur in der transatlantischen Debatte über den Nachdruck war das Erlöschen der Klassikerrechte 1867. Erst jetzt wurde der Verkauf von amerikanischen Nachdrucken durch die zahlreichen Billigausgaben von den Verlagen *Philipp Reclam*, *Johann Friedrich Cotta* und *Gustav Hempel* deutlich eingedämmt. Gleichwohl blieb das Thema virulent, weil sich die amerikanischen Verlage sofort auf den Nachdruck von Werken noch lebender oder jüngst verstorbener Autoren konzentrierten.[63] Berthold Auerbach gehörte dazu und wehrte sich gegen die Stereotypausgaben seiner Werke.

---

59 Ebd., S. 195.
60 Ebd., S. 196.
61 Ebd., S. 197.
62 Ebd., S. 197–198.
63 Ebd., S. 197.

Im März 1869 druckte der *Verein Berliner Presse* eine Protestnote Auerbachs an den künftigen Präsidenten der Vereinigten Staaten General Grant, worin die amerikanische Regierung aufgefordert wurde, ausländische Schriftsteller vor dem Nachdruck ihrer Werke in Nordamerika zu schützen. Die *New Yorker Staats-Zeitung* vom 21. März 1869 kommentierte – so erinnerte sich der New Yorker Buchhändler Ernst Steiger – die Protestnote in einem Artikel *Die Berliner Schriftsteller und Grant* nicht ohne Polemik:

> Aus den telegraphischen Berichten haben unsere Leser ersehen, daß der Berliner Schriftsteller-Verein Schritte gethan, um seine unsterblichen Werke vor Nachdruck in den Ver. Staaten zu schützen. Es wird drüben geglaubt, daß Amerika, obwohl noch ein junges und halbwildes Land, doch reich genug sei, um freigiebiger als es bisher geschehen, zum Unterhalt der europäischen Literaten beitragen zu können. Diese Forderung hat Vieles für sich und würde jedenfalls diesseits des Oceans respektvolle Beachtung finden, wenn ihre jenseitigen Vertreter nicht selbst bemüht schienen, die Sache ins Lächerliche zu ziehen. Man muß wissen, um was es sich handelt, um Sinn und Zweck der folgenden Adresse errathen zu können, die wirklich, wie versichert wird, bei Präsident Grant eingelaufen sein soll [...].[64]

Die Protestnote und deren spöttische Kommentierung durch die New Yorker Presse entfachte eine neuerliche Debatte über den Nachdruck in Nordamerika, an der sich Ernst Steiger dahingehend beteiligte, weil er Auerbachs Angaben über Honorarzahlungen eines New Yorker Verlegers richtigstellen wollte. So habe Auerbach für den Abdruck seines Romans *Das Landhaus am Rhein* in einer New Yorker Zeitschrift doch eine Entschädigung in Höhe von 5.000 Dollar erhalten.[65]

Eine relevante Zäsur in dieser Auseinandersetzung war die Verabschiedung des amerikanischen Copyrights am 5. März 1891. Das Copyright von 1891 war insofern neu, als hier erstmals auch ausländischen Bürgern ein Schutz innerhalb der Vereinigten Staaten gewährt worden ist. Allerdings nur unter der Maßgabe eines bilateralen Abkommens, d. h. die Länder der auswärtigen Autoren mussten amerikanischen Autoren dieselben Rechte einräumen. Eine gewisse Befriedung dieses Konfliktfeldes und die Anbahnung von Kooperationen auf internationaler Ebene im Autor- und Verlagsrecht gelangen erst kurz vor Ausbruch des Ersten Weltkriegs.

7. Fazit und Forschungsperspektiven

Ein entscheidender Entwicklungsschritt in der Urheberrechtsgesetzgebung war sicherlich der Eintritt des geistigen Eigentums in das Zivilrecht. Mit Einführung des Autorrechts in das Zivilrecht stiegen die Erwartungen der Schriftsteller, Verletzungen des Autorrechts und geistigen Diebstahl gerichtlich klären zu lassen.[66] Autoren und Dramatiker waren damit

---

64 Ernst Steiger: Dreiundfünfzig Jahre Buchhändler in Deutschland und Amerika. Erinnerungen und Plaudereien zur Verbreitung in engerem Kreise niedergeschrieben. New York: Ernst Steiger 1901, S. 97–98.
65 Ebd., S. 98.
66 Vgl. hierzu Philipp Theisohn: Plagiat. Eine unoriginelle Literaturgeschichte (Anm. 4), S. 340–341.

aufgefordert, die Verbreitung ihrer Manuskripte und die Aufführungspraxis im deutschen Bühnenbetrieb sehr genau zu beobachten. Die Zahl der gerichtlichen Auseinandersetzungen stieg an und die publizistische Berichterstattung über diese Fälle verdichtete sich.

Mit Blick auf die gegenwärtige Aktualität der Plagiatsdebatte in Literatur und Wissenschaft lässt sich festhalten, dass Medienwandel und Medienvielfalt den Diskurs über Originalität/Reproduktion deutlich zu beschleunigen in der Lage waren. Gelegentlich würde man sich auch heute einen so differenzierten Blick auf die rechtliche Materie und auf Einzelfallentscheidungen wünschen, wie im 19. Jahrhundert in der literarischen Öffentlichkeit bereits praktiziert, um pauschalen Aburteilungen und Diffamierungskampagnen zu begegnen. Bemerkenswert auch die transnationale Perspektive u.a. der *Sachverständigen-Vereine*, die die Entwicklung des urheberrechtlichen Diskurses im europäischen Ausland sehr genau verfolgten. In Frankreich war man vor dem Hintergrund der medialen Mehrfachverwertung literarischer Texte insbesondere im Pressemarkt im ersten Drittel des 19. Jahrhunderts dazu übergegangen, den Originalautoren immerhin eine Entschädigung zuzugestehen, wurden ihre literarischen Produkte in einer neuen Bearbeitungsform auf den Buchmarkt gebracht. So scheint eine komparatistische Untersuchung der europäischen Buchmärkte im 19. Jahrhundert auch im Kontext ihrer gesetzlichen Rahmenbedingungen und somit der urheberrechtlichen Ausformungen ertragreich. Auch eine genauere Erforschung der urheberrechtlich differenten Verfahrensweisen bei Manuskriptdrucken oder Leseausgaben für das Theater sowie von Buchhandelsausgaben scheint aus buchwissenschaftlicher Sicht durchaus lohnend. Welche Bedeutung der urheberrechtliche Diskurs für die Akteure des literarischen Feldes im 19. Jahrhundert besaß, spiegelt sich in der hochvirulenten, phasenweise polemisch und streitbar geführten Auseinandersetzung über Nachdruck, Plagiat und Autorenschutz in den zeitgenössischen Literaturjournalen. Karl Gutzkow war nur ein Vertreter von Berufsschriftstellern, der mit hohem Sachverstand und bemerkenswerter Beobachtungsgabe die Entwicklungen im zeitgenössischen Buchmarkt kritisch kommentierte.[67]

Die literarische-kulturelle, politische, wirtschaftliche und rechtliche Dimension der Auseinandersetzung zwischen Charlotte Birch-Pfeiffer und Berthold Auerbach rechtfertigt eine umfängliche Aufarbeitung, Rekonstruktion und Dokumentation dieses publizistisch ausgetragenen Streits – der ja manchen Zeitgenossen, wie eingangs zitiert, wichtiger schien als die 1848er Revolution. Dieser Herausforderung stellen sich aktuell Achim Aurnhammer und Nicolas Detering, die, einschließlich der Bereitstellung der zeitgenössischen Quellen, eine solche Publikation vorbereiten – diese darf mit Spannung erwartet werden.[68]

---

67 Vgl. die jüngst erschienene Zusammenstellung relevanter Texte Karl Gutzkows zum Buchmarkt seiner Zeit (Anm. 18) sowie die Webseite des Editionsprojekts Karl Gutzkow unter http://www.gutzkow.de (30. Juli 2014).
68 Achim Aurnhammer und Nicolas Detering gehen von einem Erscheinungstermin Endes des Jahres 2015 aus.

Die literarische Fälschung als kleine böse Schwester des Plagiats[1]

David Oels

Literarische Fälschungen gelten gemeinhin als Gegensatz zum Plagiat, da dabei ein selbstverfasstes Werk als ein fremdes ausgegeben wird, während beim Plagiat die eigene Urheberschaft eines fremden Werkes behauptet wird. Beide beschreiben jedoch eine Störung im Verhältnis von Autor und Werk. In Diskussionen um Fälschungen – vorgestellt werden die ›Fälle‹ Luciana Glaser/Walter Klier (1990), George Forestier/Karl Emerich Krämer (1952–1955) und Binjamin Wilkomirski/Bruno Dössekker (1995–1998) – folgt der Aufdeckung der falschen Autorschaft in der Regel eine negative Bewertung des Textes. Auf diese Weise wird die Kongruenz von Autorschaft und Text nachträglich wiederhergestellt. Als Ausblick wird in diesem Beitrag die meist verschwiegene beziehungsweise verdeckte Verbindung von Text und Autorschaft als weiterhin wirksamer Mechanismus im Literaturbetrieb bestimmt.

Literary forgeries are generally considered to be the opposite of plagiarism. In the case of a forgery, one's own work is attributed to a historical or invented author, while in the case of a plagiarism, one pretends that the work of another author is one's own. Nonetheless, both indicate a disturbance of the relation between an author and his work. In discussions on literary forgeries – the ›cases‹ of Luciana Glaser/Walter Klier (1990), George Forestier/Karl Emerich Krämer (1952–1955), and Binjamin Wilkomirski/Bruno Dössekker (1995–1998) are presented in this article – the exposure of the incorrect authorship is usually followed by a bad review of the text. Thus, the connection between authorship and text is retroactively re-established. As an outlook, the commonly concealed correlation of authorship and text as a mechanism still effective in the literary scene will be defined in this contribution.

1. Fälschung und Plagiat

Zunächst scheint es sich bei literarischen Fälschungen und Plagiaten um Gegensätze zu handeln.[2] Wenn unter einem Plagiat die Aneignung einer fremden schöpferischen Leistung verstanden wird, die dann unter eigenem Namen veröffentlicht wird, gilt als Fälschung das

---

1 Dieser Titel plagiiert schamlos den Titel von Dominik Landwehrs Beitrag in diesem Band.
2 Vgl. zur (neuzeitlichen) literarischen Fälschung neben einer Fülle von Einzeluntersuchungen die Monografie: Martin Doll: Fälschung und Fake. Zur diskurskritischen Dimension des Täuschens. Berlin: Kadmos 2012 (= kaleidogramme 78) und die jüngeren Sammelbände bzw. Anthologien: Barbara Potthast (Hg.): Das Spiel mit der Wahrheit. Fälschungen in Literatur, Film und Kunst. Berlin: LIT Verlag 2012 (= Kultur und Technik. Schriftenreihe des Internationalen Zentrums für Kultur- und Technikforschung der Universität Stuttgart 23); Jochen Bung/Malte-Christian Gruber/Sebastian Kühn (Hg.): Plagiate. Fälschungen, Imitate und andere Strategien aus zweiter Hand. Berlin: Trafo 2011 (= Beiträge zur Rechts-, Gesellschafts- und Kulturkritik 10); Melissa Katsoulis: Telling Tales. A History of Literary Hoaxes. London: Constable 2009; Anne-Kathrin Reulecke (Hg.): Fälschungen. Zu Autorschaft und Beweis in Wissenschaften und Künsten. Frankfurt/M.: Suhrkamp 2006 (= suhrkamp taschenbuch wissenschaft 1781) sowie Charlotte Grollegg-Eder: Plagiate, Fälschungen und andere »unredliche« Verwandte. Eine Bibliographie. In: Dietmar Goltschnigg/Charlotte Grollegg-Edler/Patrizia Gruber (Hg.): Plagiat, Fälschung, Urheberrecht im interdisziplinären Blickfeld. Berlin: Erich Schmidt 2013, S. 233–248.

Abbildung 1:
Martin Doll, *Fälschung und Fake.
Zur diskurskritischen Dimension des Täuschens*
(2012)

Unterschieben einer eigenen Schöpfung unter eine fremde Autorschaft.³ Das kann ein bestimmter, bereits bekannter Autor sein, wie es zum Beispiel bei Kunstfälschungen verbreitet ist, oder ein erfundener. Letzteres, also die Erfindung, grenzt an die Selbststilisierung, wenn die eigene Vita an entscheidenden Stellen ›aufgehübscht‹ wird, ohne dass damit gleich eine andere Identität entstünde, wie für die Literatur beispielsweise bei Stephan Hermlin oder in jüngerer Zeit bei Alfred Andersch diskutiert.⁴ Ersteres, also das Unterschieben eines eigenen Werkes unter eine bekannte Autorschaft, muss nicht nur auf den Urheber im engeren Sinne begrenzt sein, sondern kann verschiedene autorisierende Instanzen betreffen. An zwei markanten Beispielen, die sich auch inhaltlich (literarischen) Fälschungen widmen, lässt sich das veranschaulichen.

---

3 Vgl. dazu Martin Doll: Plagiat und Fälschung. Filiationen von Originalität und Autorschaft. In: Jochen Bung/Malte-Christian Gruber/Sebastian Kühn (Hg.): Plagiate. Fälschungen, Imitate und andere Strategien aus zweiter Hand (Anm. 2), S. 35–51.
4 Vgl. Karl Corino: Außen Marmor innen Gips. Die Legenden des Stephan Hermlin. Düsseldorf: Econ 1996; Jörg Döring/Markus Joch (Hg.): Alfred Andersch ›Revisited‹. Werkbiografische Studien im Zeichen der Sebald-Debatte. Berlin/Boston: De Gruyter 2011.

Abbildung 2:
Melissa Katsoulis, *Telling Tales.*
A History of Literary Hoaxes
(2009)

Martin Dolls Band *Fälschung und Fake* wurde 2012 mit einem Einband auf den Markt gebracht, der deutlich die Cover der Reihe *suhrkamp taschenbuch wissenschaft* (stw) kopiert, auch wenn bei genauem Hinsehen zu erkennen ist, dass es sich um ein *kadmos taschenbuch wissenschaft* handelt (vgl. Abb. 1). In der Abbildung gelingt die Täuschung allerdings überzeugender als beim Buch, da das Format mit 15 cm mal 23 cm deutlich von dem der stw-Bände abweicht und auch an Papier und Typografie die Unterschiede unmittelbar zu erkennen sind. Die *History of Literary Hoaxes* von Melissa Katsoulis erschien 2009 (vgl. Abb. 2). Bei dem Band wird die Autorisierung durch den tatsächlichen Verlag – *constable paperbacks* – komplett getilgt und einem fiktiven Verlag, den *cokoo books* zugeschrieben, die sich allerdings visuell deutlich an die *penguin books* anlehnen. Der auf vielen *penguin books* zu findende Hinweis auf die gerade beim Taschenbuch oft diskutierte philologische Qualität der Ausgabe, »complete and unabridged«, wurde durch »complete fakery« ersetzt und der Pinguin durch einen Kuckuck. Der in der Abbildung nur undeutlich erkennbare Kaschierfoliestreifen, der sogar die Materialität eines Dokuments simuliert, ist dabei standardmäßig auf allen Exemplaren vorhanden. Gleiches gilt für die Gebrauchsspuren (Abrieb, Knicke, Einrisse etc.).

Beide Einbände wollen selbstredend als Fälschungen durchschaut werden und sind deshalb eigentlich keine. Doll nennt die mit intendierter Entdeckung auftretenden Täuschungen abgrenzend »Fake«, und »Hoax« meint ebenfalls eher eine Art Schwindel oder Scherz.[5] Trotzdem lässt sich daran erkennen, was eine Fälschung ausmacht. Durch die autorisierende Instanz wird ein Text mit einem Absender versehen und in einen bestimmten Kontext gestellt, der die Rezeption steuert. Als stw-Band steht das Buch von Doll in einer Reihe mit den Titeln der *Suhrkamp*-Autoren Ludwig Wittgenstein, Niklas Luhmann, Theodor W. Adorno oder Michel Foucault – auf den überdies der Klappentext verweist – und wird gänzlich anders wahrgenommen als ein Band in einem Zuschuss-Verlag für Dissertationen. Bei *kadmos* gehört Dolls Buch zur Reihe *kaleidogramme*, die nach Auskunft des Verlags »durch ihren Fokus auf herausragende wissenschaftliche Publikationen auch fachwissenschaftliche Akzente setzt.«[6] Das Umfeld wäre dort keineswegs ehrenrührig gewesen, doch hat die Reihe zweifellos eine deutlich schwächere Identität als stw. Mit der gefälschten Situierung würde sich – durchschaute man sie nicht unmittelbar – unabhängig vom eigentlichen Inhalt die öffentliche und wissenschaftliche Wahrnehmung des Bandes ändern.

Um solche Mechanismen und Strategien der Autorisierung und Semantisierung geht es bei Fälschungen, und als »Fake« macht der Umschlag von Doll, respektive von »kaleidogramm, Berlin«, die als Gestalter im Impressum angegeben sind, auf deren Funktionieren aufmerksam. Während von Plagiaten die Texte selbst betroffen sind – die plagiierenden wie die plagiierten –, deren Identität und Integrität beschädigt wird, sind Fälschungen an den Rändern der Texte angesiedelt. In den Paratexten, auf die jeder Text angewiesen ist, sofern er produziert, distribuiert und konsumiert, also überhaupt verbreitet wird, an den Schwellen, die Texte zugänglich machen und zugleich begrenzen, in den Rahmungen, die den Text als Werkzusammenhang entstehen lassen.[7] Plagiate betreffen daher eher intrinsische Eigenschaften eines Werkes, Fälschungen eher extrinsische, zu denen die Geschichte der Produktion, des Produzenten sowie die öffentliche Warenseite der Literatur und des Buches gehören. Gérard Genette stellte fest, der Paratext sei der »geeignete[] Schauplatz für eine Pragmatik und eine Strategie, ein Einwirken auf die Öffentlichkeit im […] Dienst einer besseren Rezeption des Textes und einer relevanteren Lektüre – relevanter […] in den Augen des Autors und seiner Verbündeten.«[8] Dem lässt sich mit Blick auf die Fälschungen hinzufügen, dass der Paratext auch der Schauplatz ist, an dem Autorschaft oder weiter gefasst: Auktorialität als Zurechenbarkeit eines Textes überhaupt entsteht. Erweist sich diese als falsch, werden Pragmatik und Strategie als solche durchschaubar und damit – zumindest im Hinblick auf die ursprünglichen Absichten des eigentlichen »Autors und seiner Verbündeten« – unwirksam.

Unterschiede zwischen Fälschung und Plagiat lassen sich auch in juristischen Auseinandersetzungen feststellen oder, da es vergleichsweise selten zu tatsächlichen Verhandlungen

---

5 Vgl. Martin Doll: Fälschung und Fake. Zur diskurskritischen Dimension des Täuschens (Anm. 2), S. 24.
6 ›Zehn Jahre Kulturverlag Kadmos‹, http://www.kv-kadmos.com/ueberuns.html (1. März 2014).
7 Vgl. dazu Georg Stanitzek: Texte, Paratexte in Medien: Einleitung. In: Klaus Kreimeier/Georg Stanitzek (Hg.): Paratexte in Literatur, Film, Fernsehen. Berlin: Akademie Verlag 2004, S. 3–19.
8 Gérard Genette: Paratexte. Das Buch vom Beiwerk des Buches. Aus dem Französischen übersetzt von Dieter Hornig. Frankfurt/M.: Suhrkamp 2001 (= suhrkamp taschenbuch wissenschaft 1510), S. 10.

kommt, in der (unterstellten) juristischen Dimension öffentlicher Debatten. Wird bei Plagiatsfällen regelmäßig das geistige Eigentum beschworen und folglich das Urheberrecht bemüht, ist das bei Fälschungen schwieriger. Denn ein »Werk[] der Literatur, Wissenschaft und Kunst« (§ 2 UrhG) ist von der Fälschung offenbar nicht betroffen. Dieses ist vielmehr urheberrechtlich gänzlich unproblematisch von einem Urheber eigenschöpferisch erstellt und mit dessen Einverständnis veröffentlicht worden. Wird eine anderweitig existierende Autorschaft angegeben, könnte es sich zwar um eine »Entstellung« (§ 14 UrhG) des Werkes dieses gefälschten Urhebers handeln, doch bliebe das vom Fälscher geschaffene Werk davon unberührt. Im umgekehrten Fall, also einer bislang nicht bekannten Autorschaft, lässt das deutsche Urheberrecht dagegen ausdrücklich zu, dass Urheber »bestimmen, ob das Werk mit einer Urheberbezeichnung zu versehen und welche Bezeichnung zu verwenden ist« (§ 13 UrhG), auch wenn dies bewusst irreführende Angaben nicht unbedingt einschließen dürfte. Bei Fälschungen ist statt vom geistigen Eigentum und seiner Entwendung dagegen oft allgemein von ›Betrug‹ die Rede. Kommt es tatsächlich zu Prozessen, was selten der Fall und noch seltener erfolgreich ist, geht es meist um unlauteren Wettbewerb, Markenrecht oder eine Art Produkthaftung, wie zuletzt etwa im Fall der Autobiografie Lance Armstrongs, bei der freilich die nunmehr als falsch erwiesene Biografie des Autors auch Inhalt seines Buches ist. Mehrere Leser sahen sich getäuscht und verlangten – vergeblich – Schadensersatz.[9] Mit der Produkthaftung und dem Wettbewerbsrecht steht der im weiteren Sinne literarische Text auf einer Stufe mit falsch deklarierten Bio-Eiern oder Tiefkühlgerichten, die Pferdefleisch beinhalten. Selbst im renommierten *Reallexikon der deutschen Literaturgeschichte* hieß es: »Heute fällt die literar. Fälschung wie jede andere unter den Begriff des Betruges. Ferner verstößt der Fälscher durch Deklarierung seiner ›Ware‹ mit einer falschen Ursprungs- oder Herkunftsbezeichnung gegen das Gesetz betr. unlauteren Wettbewerb«.[10]

An den Cover-Beispielen lässt sich bei allen Unterschieden aber auch die notwendige Nähe zwischen Fälschung und Plagiat ablesen. Damit etwas Falsches als echt akzeptiert wird und sei es nur vorrübergehend und augenzwinkernd, muss es sich an geltende Normen, diskursive Regeln, implizite Maßstäbe und Vorannahmen halten, mithin etwas nachahmen und sich aneignen. Der Fälscher, so heißt es in dem bereits zitierten *Reallexikon der deutschen Literaturgeschichte* von 1958, »arbeitet […] mit dem Original vor Augen.«[11] Will man als Fälscher nicht erkannt werden, druckt man selbstredend nicht ktw, sondern stw auf den Buchrücken. Vielleicht wäre als Titel auch *Fälschung. Zur Diskurskritik des Täuschens* eher für die Reihe stw geeignet gewesen als *Fälschung und Fake*. Trotzdem wird auch in der vorliegenden Form

---

9 Vgl. zum Ausgang des Prozesses: ›US-Richter: Armstrong durfte in seinem Buch lügen‹. In: *Zeit Online* (11. September 2013), http://www.zeit.de/news/2013-09/11/radsport-us-richter-armstrong-durfte-in-seinem-buch-luegen-11121803 (1. März 2014).
10 Elisabeth Frenzel: Fälschungen, literarische. In: Reallexikon der deutschen Literaturgeschichte. Band 1: A–K. Begr. von Paul Merker. Hg. von Werner Kohlschmidt und Klaus Kanzog. Berlin/New York: De Gruyter 1958, S. 444–450, hier S. 445.
11 Ebd.

mit dem Umschlag ganz offensichtlich das stw-Design von Willy Fleckhaus und Rolf Staudt in wesentlichen Teilen nachgeahmt. In diesem Sinne hat Philipp Theisohn festgestellt: »Kein Plagiat ohne Fälschung, keine Fälschung ohne Plagiat.« Das reine Plagiat, ohne gleichzeitige Okkupation einer fremden Autorschaft, wäre eine Kopie, die reine Fälschung, ohne jede Imitation innerhalb des entsprechenden Werkes, ein Original. Theisohn führt deshalb aus, »der Unterschied zwischen beiden Phänomenen [ist] kein ontologischer, sondern bestenfalls ein gradueller.«[12]

Möglicherweise lässt sich das Verhältnis von Plagiat und Fälschung vereinfacht mit dem zwischen Marken- und Produktpiraterie vergleichen.[13] *Adidas*-Taschen, *Ray-Ban*-Sonnenbrillen oder *Rolex*-Uhren werden genauso nachgemacht wie technische Geräte, Medikamente, Software oder Auto-Ersatzteile. Entscheidend ist bei ersteren jedoch weniger der Diebstahl von technischem Know-How als die Situierung über den Markennamen und andere Beglaubigungen, die dem Produkt zunächst äußerlich sind. Wenn Theisohn davon ausgeht, dass Plagiatsdiskussionen »ein ›inneres Verhältnis‹ von Text und Autor verhandeln«[14], geht es bei Fälschungen gleichsam um deren äußeres. Fälschungen betreffen, wie Maria E. Reicher definiert, zunächst die »Produktionsgeschichte«.[15] Gibt die Produktionsgeschichte im unterstellten Normalfall die tatsächlichen Gegebenheiten wieder und bürgt damit für die entsprechende Autorschaft, erweist sie sich bei Fälschungen als absichtsvolles, strategisch eingerichtetes Fabrikat. Im Falle der Markenpiraterie sind damit jedoch auch der Wert und die Funktion des Produkts zumindest als Prestigeobjekt radikal infrage gestellt. In einem weiteren Sinne betreffen Fälschungen deshalb auch als Fälschungen und nicht nur mit ihrem Plagiatsanteil die Produkte und Texte selbst. Denn sie machen deutlich, dass zumindest bei Wertungsfragen, recht betrachtet aber auch bei der Interpretation, ganz im Sinne der Hermeneutik Schleiermachers oder Diltheys, eine Kongruenz zwischen Werk und Autorschaft vorausgesetzt wird, die bei Fälschungen gestört ist.[16] Sollen die Kongruenz zwischen Text und Autorschaft und damit die Regeln der Semantisierung intakt bleiben, muss mit dem Vorwurf der Fälschung daher auch eine Aussage über den Text verbunden werden. Zunächst gilt dieser ebenfalls als strategisch und planvoll-rationales Fabrikat, während – und das ist damit impliziert – ›echte‹ Autoren in einem originären Schöpfungsprozess ihre Werke

---

12 Philipp Theisohn: Plagiat. Eine unoriginelle Literaturgeschichte. Stuttgart: Kröner 2009 (= Kröners Taschenausgabe 351), S. 22.
13 Vgl. zur Begrifflichkeit und den (europäischen) Rechtsgrundlagen: Organisation for Economic Co-operation and Development (OECD): Die wirtschaftlichen Folgen von Produkt- und Markenpiraterie. Paris: OECD 2008, S. 21–24. Online zugänglich unter: http://www.oecd-ilibrary.org/trade/die-wirtschaftlichen-folgen-von-produkt-und-markenpiraterie_9789264048973-de (1. März 2014).
14 Philipp Theisohn: Plagiat. Eine unoriginelle Literaturgeschichte (Anm. 12), S. 18, im Original kursiv.
15 Maria E. Reicher: Vom wahren Wert des Echten und des Falschen. In: Julian Nidda-Rühmelin/Jakob Steinbrenner (Hg.): Original und Fälschung. Ostfildern: Hatje Cantz 2011, S. 51–70, hier S. 54.
16 Vgl. Niels Werber: Ein Fall der Hermeneutik. George Forestiers Leben, Werk und Wirkung. In: *komparatistik online* 1.2 (2010), S. 26–37, http://www.komparatistik-online.de/2010-1-2 (1. März 2014).

auf eine natürliche Art empfangen, austragen und zur Welt bringen. Die Unterstellung, ein Werk sei planvoll fabriziert und auf den Erfolg berechnet worden, geht deshalb meist mit einer ästhetischen Kritik einher, die die Normabweichung innerhalb der bestehenden Regeln beurteilbar werden lässt. So wie die natürliche Autorschaft und damit ein natürliches Werk Voraussetzung der Wertschätzung sind, führen falsche Autorschaft und Gemachtheit unmittelbar zur Abwertung. Um noch einmal auf die Markenpiraterie zur Verdeutlichung zurückzukommen: Die Fälschung stellt die Berechtigung der hohen Preise des echten T-Shirts, der echten Handtasche oder des echten Parfüms durch deren intrinsische Eigenschaften infrage. Auch bei literarischen Fälschungen kann man oft beobachten, dass die Bewertungsmaßstäbe für literarische Produkte, die sich als einfach zu fälschen erwiesen haben, irritiert werden. Meist erfolgt aber bald die neuerliche Befestigung, indem dem gefälschten Text mangelnde literarische Qualitäten zugeschrieben werden, die von der Autorschaft – so die Logik – gänzlich unabhängig seien. Ganz so wie Produzenten und Käufer echter Markenprodukte gern auf deren innere Qualitäten verweisen, um deren Wert zu rechtfertigen.

2. Historische Typologie literarischer Fälschungen

Am Beginn neuzeitlicher literarischer Fälschungen steht in den meisten Darstellungen James Macphersons *Ossian* (1760ff.), ein erfundener gälischer Barde, der mit seinen Gesängen das politische, kulturelle und wissenschaftliche Bedürfnis nach einem vorchristlichen Homer des Nordens befriedigte und dessen ungeheure Wirkung sich nicht zuletzt an Goethes *Werther* (1774) ablesen lässt.[17] Zunächst können *Ossians Gesänge* als philologische Fälschung verstanden werden. Dafür ließen sich vielfältige vergleichbare Beispiele anführen von Philologen als Fälschern und dem Entstehen der Philologie als Wissenschaft zur Abwehr von Fälschungen, wie das Anthony Grafton in seinem Buch *Forgers and Critics* getan hat.[18] *Ossian* könnte man versuchsweise auch als eine Art Kunstfälschung rubrizieren, bei der einem mehr oder weniger bekannten Schöpfer oder einer bestimmten Stilrichtung und Epoche ein weiteres Werk untergeschoben und dann als solches (teuer) verkauft wird. Auch für solche Fälschungen gibt es einige zeitgenössische literarische Beispiele: William Henry Irelands Shakespeare-Fälschungen (das Drama *Vortigern* wurde 1796 als neu aufgefundenes Shakespeare-Stück uraufgeführt), der *Wallodmar* (1824) »frei nach dem Englischen des Walter Scott«, den eigentlich Willibald Alexis schrieb, und dem er auch noch einen zweiten Band in gleicher Manier, *Schloss Avalon* (1827), folgen ließ, oder Johann Friedrich Wilhelm Pustkuchens

---

17 Vgl. Wolf Gerhard Schmidt: »Homer des Nordens« und »Mutter der Romantik«. James Macphersons Ossian und seine Rezeption in der deutschsprachigen Literatur. 4 Bände. Berlin/New York: De Gruyter 2003/04.
18 Vgl. Anthony Grafton: Fälscher und Kritiker. Der Betrug in der Wissenschaft. Aus dem Englischen übersetzt von Ebba D. Drolshagen. Frankfurt/M.: S. Fischer 1995.

Goethe-Fälschungen: *Wilhelm Meisters Wanderjahre* (1821), *Wilhelm Meisters Tagebücher* (1822) und *Wilhelm Meisters Meisterjahre* (1824).

Wie die philologische Fälschung größeren Ausmaßes, stirbt auch die Fälschung eines bekannten Autors im Bereich der Literatur im Laufe des 19. Jahrhunderts weitgehend aus. Selbstredend gibt es weiterhin – und mit dem Aufkommen der bürgerlichen Dichterverehrung sogar verstärkt – Autografenfälschungen. Dabei handelt es sich jedoch meist um Briefe oder vergleichbar kurze Texte und kaum um eigentliche literarische Werke. Der Grund dafür ist einfach. Der Aufwand, ein umfangreiches literarisches Werk zu fälschen, und das Risiko, dabei entdeckt zu werden, sind viel zu groß im Hinblick auf den zu erwartenden Gewinn. Literatur muss im Unterschied zur bildenden Kunst veröffentlicht und vervielfältigt werden, um überhaupt als Literatur wirksam und einträglich zu werden. Zum einen vervielfältigen sich so auch die Möglichkeiten, dass die Fälschung durchschaut und damit unwirksam wird. Zum anderen, und dies hängt mit der Öffentlichkeit von Literatur zusammen, sind literarische Autografen von viel geringerem Wert als Werke der bildenden Kunst. So ist beispielsweise das wertvollste Einzelstück des Deutschen Literaturarchivs im Marbach nicht die 1994 für eine Million Britische Pfund ersteigerte *Prozess*-Handschrift Franz Kafkas, sondern viel eher ein Ölgemälde Max Beckmanns, das mit dem Nachlass Rudolf G. Bindings ins Haus kam. Nelson Goodman hat im Hinblick auf den ontologischen Status die bildende Kunst als »autografische« von den »allografischen« Künsten unterschieden, zu denen die Literatur zählt. Bei den allografischen Künsten gelten Kopien, im Falle der Literatur wären das die jeweils identischen Zeichenfolgen in Manuskripten, Vorabdrucken, Buchausgaben oder Dateien, als »echte Einzelfälle eines Werkes«.[19] Dem literarischen Manuskript kommt damit kein genuin eigener ästhetischer Wert zu, sondern bestenfalls der eines Fetischs.[20]

Als Indikator für den Umbruch im literarischen Fälschungswesen kann der 1825 unter dem Autornamen H. Clauren erschienene *Mann im Mond* gelten. Unmittelbar nach Erscheinen des Buches verklagte der hinter dem Pseudonym H. Clauren stehende Preußische Hofrat Karl Heun den Stuttgarter Verleger Franckh, da er das Buch nicht geschrieben hatte. Nach einem öffentlich beachteten Prozess, der kompliziert wurde durch die nur pseudonyme Autorschaft Heuns, verurteilte man den Verlag schließlich zu einer vergleichsweise geringen Geldstrafe und zur Rücknahme der Bücher von sich möglicherweise getäuscht fühlenden Lesern.[21] Damit war die Sache jedoch noch nicht ausgestanden, denn der eigentliche Urheber, der

---

19 Nelson Goodman: Sprachen der Kunst. Entwurf einer Symboltheorie. Aus dem Englischen übersetzt von Bernd Philippi. Frankfurt/M.: Suhrkamp 1997 (= suhrkamp taschenbuch wissenschaft 1304), S. 114.

20 Vgl. dazu und zur Kritik an Goodmans Unterscheidung Maria E. Reicher: Vom wahren Wert des Echten und des Falschen (Anm. 15), S. 63.

21 Vgl. zur öffentlichen Resonanz Erhard Schütz: Die Parabel vom angenehmen Mann. Hauffs Clauren und die Strategie des Namens. In: Ernst Osterkamp/Andrea Polaschegg/Erhard Schütz (Hg.): Wilhelm Hauff oder Die Virtuosität der Einbildungskraft. Göttingen: Wallstein 2005, S. 115–133, hier S. 121f.; zum Ausgang des Prozesses vgl. Friedrich Pfäfflin: Kein Mann hinterm Mond. Nachwort. In: Wilhelm Hauff: Der Mann im Mond. Roman. Ostfildern: Schwabenverlag 1983, S. 223–229, hier S. 228.

mittlerweile ungleich bekanntere Wilhelm Hauff, behauptete nun, es habe sich keineswegs um ein Imitat H. Claurens gehandelt, sondern um eine Parodie, mit der er die Methode Claurens habe bloßstellen wollen. Diese Methode schilderte Hauff als die fabrikmäßige Produktion aus stets gleichen Versatzstücken, die sich zudem an die niederen Bedürfnisse des Publikums wende. Die »Ingredienzien und Zutaten für Männer« ließen sich etwa »leicht« in »zwei Klassen« teilen: »1. Zutaten, die das Auge reizen, 2. Zutaten, die den Gaumen kitzeln.«[22] Diese minderwertige Fabrikation habe er mit seinem Buch bloßstellen und auf diese Weise den Geschmack des Publikums heben wollen. Mit dem Umweg über die Parodie wird damit der Autor H. Clauren zum minderwertigen Textproduzenten ab- und der Fälscher Hauff zum ernsthaften Autor aufgewertet. Der Zusammenhang des Autors, der als junger Künstler mit erzieherischen Absichten wahrgenommen werden will, mit seinem Werk wird ebenfalls befestigt, denn das soll nun nicht mehr als Unterhaltungsliteratur konsumiert, sondern als entlarvende Aufklärung reflektiert werden.[23]

3. Literarische Fälschungen im Literaturbetrieb

Wenn also echte Fälschungen eines bekannten, zeitgenössisch erfolgreichen Autors in Zeiten einer informierten literarischen Öffentlichkeit weder ökonomisch noch symbolisch erfolgversprechend sind, bleibt immerhin die Erfindung einer Autorschaft und damit einer Produktionsgeschichte, die – wie bei Macphersons *Ossian* – die Gemachtheit des eigenen Produkts und damit dessen Berechnung auf den Markt der symbolischen wie ökonomischen Güter verschleiert. Dass dies tatsächlich funktioniert, legen zumindest die nachträglichen Berichte, die Fälschungserzählungen, nahe, die stets versichern, es sei mit den Fälschungen möglich gewesen, erfolgreich in der Literaturkritik und auf dem Buchmarkt zu sein. Dieser Zusammenhang zwischen Text, Autorschaft, Konsekrationsinstanzen und Buchmarkt sei im Folgenden an drei in Motiven, Genres und Konsequenzen für die Fälscher gänzlich unterschiedlichen deutschsprachigen Fälschungen aus der zweiten Hälfte des 20. Jahrhunderts veranschaulicht.

1990 erschien bei *Zsolnay* in Wien *Winterende*, eine Erzählung, die mit kleinem Satzspiegel, großer Schrift und raumgreifend gesetzten Dialogen gerade einmal 90 Seiten füllte. Auf der U4 hieß es:

---

22 Wilhelm Hauff: Controvers-Predigt über H. Clauren und den Mann im Monde. In: H. Clauren: Mimili. Eine Erzählung. Hg. von Joachim Schöberl. Stuttgart: Reclam 1984, S. 79–114, hier S. 92, im Original teilweise kursiv.
23 Auch dies stellte freilich eine strategische auktoriale Intervention dar. Vgl. dazu ausführlicher Erhard Schütz: Die Parabel vom angenehmen Mann. Hauffs Clauren und die Strategie des Namens (Anm. 21).

> Vom glücklosen Leben und frühen Ende eines Dichters berichtet eine junge Autorin. Die literarische Indiziengeschichte, die verhüllend die Biographie des früh verstorbenen Südtiroler Lyrikers Norbert C. Kaser enthüllt, ist ein seltenes Beispiel hoher zeitgenössischer Prosakunst und eine literarische Entdeckung.[24]

Norbert C. Kaser, entlaufener Mönch und Mitglied der Kommunistischen Partei Italiens, der 1978 mit 31 Jahren an den Folgen einer Leberzirrhose gestorben war, galt zumindest im österreichischen Literaturbetrieb jener Tage als avantgardistischer Lyriker, repräsentativ für eine moderne Südtiroler Literatur. Zur Autorin vermeldete der Klappentext: »Luciana Glaser wurde 1958 in Rovereto als Tochter eines österreichischen Vaters und einer italienischen Mutter geboren. Sie wuchs in Bozen auf und studierte in Wien. *Winterende* ist ihre erste größere Prosaarbeit.«[25] In der Verlagsvorschau war zusätzlich angemerkt, dass sie so zurückgezogen lebe, dass ein Foto leider nicht zur Verfügung stünde.[26] Inhalt und Autorinnenbiographie umspielen also das Thema Südtirol, das die Verfasserin – als äußerer Beleg für die innere Zerrissenheit – auch in ihrem italienisch-deutschen Namen trägt. *Winterende* erhielt einige positive Rezensionen im Qualitätsfeuilleton. Die Autorin wurde mit Ingeborg Bachmann, Norbert Gstrein oder Thomas Bernhard, ihr Buch mit Büchners *Lenz* verglichen.[27] Fast übereinstimmend rühmte man die »souveräne« Sprachbeherrschung dieser »Wortbegnadeten«, erkannte eine Prosa, »die stets über dem Schwerpunkt ihrer formalen und stilistischen Möglichkeiten«[28] sei. Ende März 1990 wurde *Winterende* zum Buch des Monats April der Darmstädter Jury gewählt.[29]

Drei Monate später folgte die Offenlegung der eigentlichen Autorschaft öffentlichkeitswirksam im *Spiegel*. Den Text verfasst und Luciana Glaser erfunden hatte Walter Klier (zu 20 Prozent beteiligt an der Ausarbeitung war auch Stefanie Holzer), ein regional bekannter Innsbrucker Schriftsteller und Publizist, mithin ein versierter und erfahrener Schreiber, der

---

24 Luciana Glaser: Winterende. Erzählung. Wien: Zsolnay 1990, U 4.
25 Ebd., Klappentext.
26 Vgl. zum Fall ausführlicher und mit weiteren Literaturhinweisen Stefanie Holzer/Walter Klier: Luciana Glaser. Eine Karriere. Dokumentation des Experiments »Winterende«. Innsbruck: Edition Löwenzahn 1991; David Oels: Luciana Glaser: Das Fräuleinwunder ohne Fräulein. Weibliche Autorschaft um 1989. In: Christiane Caemmerer/Walter Delabar/Helga Meise (Hg.): Fräuleinwunder literarisch. Literatur von Frauen zu Beginn des 21. Jahrhunderts. Frankfurt/M. u.a.: Peter Lang 2005 (= Inter-Lit 6), S. 213–229.
27 Vgl. Brigitte Haberer: Todeslauf eines Dichters. »Winterende« – eine Erzählung rätselhafter Herkunft. In: *Süddeutsche Zeitung* (19. Mai 1990); K.K. [= Kurt Kahl]: Der Todeslauf eines Dichters. In: *Kurier* (12. Februar 1990), letzteres zitiert nach: Stefanie Holzer/Walter Klier: Luciana Glaser. Eine Karriere. Dokumentation des Experiments »Winterende« (Anm. 26), S. 44. Der Hinweis auf *Lenz* findet sich bereits im Klappentext.
28 Rüdiger Görner: Dichterlegende. Luciana Glasers Erzählung Winterende. In: *Neue Zürcher Zeitung* (22. Februar 1990); Gerald Schmickl: Grausame Tiroler Hackordnung. Ein literarischer Ratekrimi aus Österreich: Wer ist Luciana Glaser? In: *Die Weltwoche* (15. Februar 1990).
29 Vgl. Stefanie Holzer/Walter Klier: Luciana Glaser. Eine Karriere. Dokumentation des Experiments »Winterende«. (Anm. 26), S. 49f.

mit *Winterende* laut eigener Auskunft hatte beweisen wollte, dass es für ihn kein Problem sei, ein erfolgreiches und von der Kritik angenommenes Buch zu schreiben. Den Text bezeichnete der Autor nun als »hochgestochene Trivialität«, die absichtsvoll berechnet gewesen und in einer Woche »hingesülzt« worden sei: konstruierter Kitsch.[30] Willi Winkler konstatierte daraufhin im *Spiegel*, an dem Buch sei kein Wort »echt« und fügte zur Erläuterung an:

> Die Erzählung bietet nichts über das hinaus, was jeder Baukasten für die Literatur unserer Zeit bereithält: ein leidender Künstler, der am eigenen und dem Elend der Welt zugrunde geht, die Einsamkeit der Berge, dazu der Schnee, der jeglichen Tag fällt, eine Prosa, hingetupft von einer sensiblen Autorin, die in ihr Idol fast hineinkriecht.[31]

Ein gemachtes, aus Versatzstücken des »Baukastens für die Literatur« zusammengesetztes Buch, das in der Folge nicht mehr als Literatur gelten gelassen werden konnte. Für große Beunruhigung sorgte der Fall trotzdem nicht, da der Text ja nun sogar vom Autor diskreditiert worden war. Umgehend versicherte die seriöse Literaturkritik, beispielsweise Sigrid Löffler, dass nur »ein paar leichtgläubige Kritiker« das rundweg schlechte Buch (»Kitsch as Kitsch can«[32]) gelobt hätten. Dabei finden sich in einer Bibliografie, die Holzer und Klier in einer Dokumentation des Falls zusammengestellt haben, nicht weniger als 80 »Zeitungsartikel, Pressenotizen und ähnliches« aus der Zeit vor der Enthüllung, darunter eine überaus lobreiche und ausführliche Rezension in der *Süddeutschen Zeitung*.[33] *Winterende* sei, so Hermann Luger in besagter Dokumentation, ein »überaus gelungenes und aufschlussreiches literatursoziologisches Experiment«[34], mit dem das Funktionieren des Literaturbetriebs veranschaulicht worden sei. Nur gehört zu dessen Funktionieren auch, sich von Fälschungen nicht nachhaltig beeindrucken zu lassen, sofern der Zusammenhang von Autor und Text durch die nachträgliche Abwertung intakt blieb.

Im September 1952 wurde der deutschen Öffentlichkeit ein Autor auf folgende Weise präsentiert:

> George Forestier
> Sohn eines Franzosen und einer Deutschen, wurde 1921 in der Nähe von Kolmar im Elsass geboren. Nach einer schweren Kindheit, die unter der Zerrissenheit des Elternhauses litt, studierte er in Straßburg und Paris.
> Kaum zwanzigjährig, meldete er sich freiwillig und nahm in Russland an den Kämpfen um Wjasma, Woronesch und Orel teil.

---

30 Zitiert nach: Willi Winkler: Enthüllung. Markt der Körper. In: *Der Spiegel*, Nr. 27 (2. Juli 1990), S. 162–166, hier S. 166.
31 Ebd., S. 165.
32 Sigrid Löffler: Kitsch as Kitsch can. In: *profil*, Nr. 27 (9. Juli 1990), S. 83.
33 Vgl. Stefanie Holzer/Walter Klier: Luciana Glaser. Eine Karriere. Dokumentation des Experiments »Winterende« (Anm. 26), S. 101–105.
34 Hermann Luger: »Literaturkritiker, die Zentral-Sonnen der Intelligenz«. Polemische Anmerkungen zur Literaturkritik, anlässlich der »Affäre Luciana Glaser«. In: Stefanie Holzer/Walter Klier: Luciana Glaser. Eine Karriere. Dokumentation des Experiments »Winterende« (Anm. 26), S. 84–100, hier S. 89.

Der Zusammenbruch bringt ihn vorübergehend in amerikanische Gefangenschaft. Er flieht und hält sich einige Zeit unter falschem Namen in Marseille auf, wird von der Polizei gestellt und meldet sich 1948 »freiwillig« zur Fremdenlegion, die ihn nach Indochina abkommandiert. In der Garnison beginnt er einen Roman; einige Erzählungen entstehen und dazwischen die wenigen Gedichte, die er den Briefen an seine Freunde in Frankreich und Deutschland beilegt. Seine letzten Verse finden sich zwischen Gedichtblättern Gottfried Benns in einer kleinen schmutzigen Kladde, die er einem Kameraden übergibt, bevor seine Truppe im Herbst 1951 erneut in Marsch gesetzt wird. Seit diesem Zeitpunkt fehlt von ihm und seiner Vorpostengruppe jede Spur.[35]

Forestier wirkt mit seiner deutsch-französisch-elsässischen Zerrissenheit beinahe wie der große Bruder Luciana Glasers. Doch auch darüber hinaus ist der Lebenslauf kunstvoll auf das deutsche Publikum der 1950er Jahre berechnet. Zweimal meldete sich Forestier freiwillig. 1941 war sein Ziel die Waffen-SS, zu der die Elsässer zu dieser Zeit vor allem Zutritt hatten.[36] 1948 ist es die französische Fremdenlegion, nun steht das »freiwillig« jedoch in Anführungszeichen und spielt auf eine verbreitete Legende an, dass sich nicht wenige Deutsche, gerade SS-Angehörige zur Fremdenlegion meldeten, um der Kriegsgefangenschaft zu entkommen und damit mehr oder weniger zwangsweise rekrutiert wurden.[37] Zwischen den beiden Armeeeintritten wechselt auch das Tempus des Lebenslaufs. Präzise mit dem »Zusammenbruch« wird statt dem Präteritum das Präsens benutzt. »Wjasma, Woronesch und Orel« sind die Orte bekannter Schlachten des Zweiten Weltkriegs aus den Jahren 1941–1943. Der Krieg in Indochina und insbesondere die heldenhafte und opferreiche Beteiligung der deutschen Freiwilligen darin waren überaus präsent in der Öffentlichkeit der 1950er Jahre.[38] Gottfried Benn schließlich darf, nachdem er 1951 den *Georg-Büchner-Preis* bekommen und seine berühmte Rede *Probleme der Lyrik* gehalten hatte, als der unbestritten anerkannteste Dichter der Zeit gelten. Forestier gehörte im Unterschied zum arrivierten Benn und zur entstehenden Wohlstandsgesellschaft jedoch weiterhin zur Avantgarde, dessen Dichterblut, so konnte man annehmen, nun keine Seiten mehr füllte, sondern den Dschungelboden tränkte. Im Kontrast zu dieser sorgsamen Komposition steht nur der Vorname. Für den deutschen Georg ist ein ›e‹ zu viel angehängt, für den französischen Georges fehlt ein ›s‹ und englisch sollte man sich die Aussprache wohl kaum vorstellen. Vielleicht zeigte der Name mit dieser Unvollkommenheit auch das Stehen zwischen allen Fronten an.

Diese klug komponierte Biografie findet sich auf der letzten Seite des im *Eugen Diederichs Verlag* erschienenen Gedichtbands *Ich schreibe mein Herz in den Staub der Straße*, der mit einem Umfang von 48 Seiten sogar die Definitionskriterien der UNESCO für ein Buch

---

35 Karl Friedrich Leucht: George Forestier. In: Karl Friedrich Leucht (Hg.): George Forestier: Ich schreibe mein Herz in den Staub der Straße. Düsseldorf: Diederichs 1952, S. 48.
36 Vgl. Lothar Kettenacker: Nationalsozialistische Volkstumspolitik im Elsass. Stuttgart: DVA 1973, S. 217f.
37 Vgl. Eckard Michels: Deutsche in der Fremdenlegion 1870–1965. Mythen und Realitäten. 5., durchgesehene Aufl. Paderborn/München/Wien/Zürich: Schöningh 2006 (= Krieg in der Geschichte 2), S. 142–169.
38 Ebd., S. 170–209.

verfehlt, die 49 Seiten fordern.³⁹ Der verlegerische Erfolg war für ein Lyrik-Bändchen geradezu schwindelerregend. Bis zum Sommer 1955 waren in sieben Auflagen angeblich 21.000 Exemplare verkauft. Auch die Literaturkritik reagierte enthusiastisch auf diesen, so Stefan Andres, deutschen Rimbaud. Der *Rheinische Merkur* konstatierte, »die erschütternde Deutlichkeit des poetischen Ausdrucks« sei »dichterisch, wie Mörike dichterisch ist und Eliot, Kafka, Valery und Garcia Lorca.« Gottfried Benn selbst bemerkte in der *Neuen Zeitung*: »Wunderbar zarte, gedämpfte melancholische Verse.« Schon zuvor hatte er in einem Brief an den Verlag notiert: »Zweifellos stehen wir vor einer dichterischen Begabung«.⁴⁰ Und im *Spiegel* vom 18. August 1954, dessen legendäres Titelbild ganzseitig Ingeborg Bachmann zierte, wurde Forestier in eine Reihe gestellt mit Paul Celan, Walter Höllerer und eben Bachmann.⁴¹ Im gleichen Jahr nahm Benno von Wiese Forestier-Gedichte in die renommierte Anthologie *Deutsche Gedichte* auf, das erste Heft der *Akzente* erschien ebenfalls mit Forestier-Gedichten und Hans Egon Holthusen würdigte den »poetische[n] Vagabund und Bänkelsänger, der gelegentlich herrliche Treffer erzielt«, auch wenn er »grundsätzlich von der Strenge des dichterischen Berufs kaum etwas weiß«. Holthusen schloss seine Kritik, Kunst und Leben zur Deckung bringend, mit dem Hinweis Forestier habe »in der Unrast und Bitterkeit seines Erdenlebens einige echte Goldkörner der Poesie ans Licht gehoben«.⁴²

Der dritte Forestier-Band, *Briefe an eine Unbekannte*, erschien 1955 indes nicht mehr bei *Diederichs*, sondern im extra zu diesem Zweck gegründeten *Georg Büchner Verlag*. Da der Dichter weiterhin verschollen war und neue Produkte also nicht zu erwarten waren, publizierte man nunmehr Briefe aus Russland und wählte eine faksimilierte Handschrift als Cover. Erst jetzt machte Peter Diederichs im Buchhandel bekannt, dass es sich bei Forestier um das Pseudonym eines Lebenden handelte. Der Verleger fügte, künftiges Ungemach antizipierend, an:

> Der Ruhm einer solchen Leistung […] ist nicht an das Zufällige des Persönlichen gebunden. Er bleibt auch dann bestehen, wenn sich nun – zu unserer eigenen Überraschung – herausgestellt hat, dass der Name Forestier nur das Symbol für das Werk eines Ungenannten ist.⁴³

---

39 Vgl. zu dem Gedichtband und zu Forestier Jürgen Reulecke: »Ich möchte einer werden so wie die…« Männerbünde im 20. Jahrhundert. Frankfurt/M.: Campus 2001, S. 233–248; Niels Werber: Ein Fall der Hermeneutik. George Foresters Leben, Werk und Wirkung (Anm. 16); David Oels: George Forestier: Ich schreibe mein Herz in den Staub der Straße. In: Elena Agazzi/Erhard Schütz (Hg.): Handbuch Nachkriegskultur. Literatur, Sachbuch und Film in Deutschland (1945–1962). Berlin/Boston: De Gruyter 2013, S. 234–237.
40 Beide Rezensionen zitiert nach: Christian Sturm: Abrechnung mit einem Pseudonym. In: George Forestier: Am Ende der Straßen bleibt jeder allein. Opladen: Argus 1974, S. 7–19, hier S. 10–12.
41 N.N.: Stenogramm der Zeit. In: *Der Spiegel,* Nr. 34 (18. August 1954), S. 26–29, hier S. 27.
42 Hans Egon Holthusen: Fünf junge Lyriker. In: *Merkur* 8.73/74 (1954), S. 284–294, S. 378–390, hier S. 382, 384.
43 Zitiert nach: N.N.: Hinter einer frischen Leiche. In: *Der Spiegel,* Nr. 41 (5. Oktober 1955), S. 39–45, hier S. 39. Vgl. Peter Diederichs: Zum Fall Forestier. In: *Christ und Welt* (3. November 1955).

Kurz darauf meldete der *Spiegel*, dass hinter dem Pseudonym Karl Emrich Krämer stand, ehemals Hersteller und Lektor bei *Diederichs*, der den Krieg zuletzt als »Sonderbeauftragter« im Oberkommando der Wehrmacht überstanden hatte und nach der Entlassung aus der Kriegsgefangenschaft mit einem Schreibverbot belegt worden war. Dies sei der Ausgangspunkt gewesen, verschiedene Pseudonyme und Autorenidentitäten auszuprobieren.[44] Krämer selbst verteidigte sich provokant, indem er Lyrik und Vita als konstruiertes Gesamtprojekt eines »Managerverlegers« bezeichnete, für den es stets darum gehe, ob ein Buch zu verkaufen sei: »Ich gehöre einer Generation an, die genau weiß, was Managertum wert ist. Deshalb Forestier statt Förster.« In den Gedichten selbst habe er versucht, einen »Hemingway-Stil« in die Lyrik einzuführen und dafür eigene, bereits geschriebene Texte dem vermuteten Geschmack von Publikum und Literaturkritik angepasst.[45]

Die öffentliche Aufregung war, obgleich Gerüchte über die gefälschte Autorschaft schon zuvor kursiert waren, groß. Für die professionelle Literaturkritik war unmittelbar klar, dass Text und Autorschaft getrennt gehören, man im Falle Forestiers jedoch gegen diese Grundregel verstoßen habe. Friedrich Sieburg konstatierte etwa in der *Frankfurter Allgemeinen Zeitung*:

> Einen Autor mit einer so drohenden Biografie, die eine einzige Anklage gegen die Zeit darstellt, kritisch unter die Lupe zu nehmen, ist heutzutage eine heikle Sache. Das Schlagwort von der »verlorenen Generation« lässt jeden Kritiker, der es wagen sollte, unbeirrt sein Amt auszuüben, zum »restaurativen« Kritikaster herabsinken.[46]

Sieburg schreckte dies freilich nicht und so konnte er bei der Gelegenheit nicht nur mit Forestier, sondern auch mit dem Literaturbetrieb und der jüngeren Literatur, namentlich etwa Wolfgang Borchert abrechnen, bei dem vor dem frühen Tod ebenfalls berechtigte Kritik verstummt sei. Trotz der angeblich vollzogenen Trennung von Autor und Text erkannte man nun allerdings, dass die Gedichte ebenso schlecht seien wie die Biografie falsch. Hugo Hartung etwa fragte sich, »ob Leben und Persönlichkeit des Autors bei der Beurteilung seines Werkes in Ansatz zu bringen sind. […] Wir möchten diese Frage ohne langes Zögern verneinen.« Allerdings sei dies bei Forestier getan worden:

> Dem naiven Leser verfließt die Aura des Namens und Schicksals des Autors mit dem künstlerischen Gebilde, und wenn er etwa bei Forestier vom »Schicksalswind« las, wird er unwillkürlich das Schicksal des verschollenen Legionärs mitgedacht und mitempfunden haben. Es kann also wohl sein, dass er sich nun, da die Mystifikation aufgedeckt ist, ein wenig als das Opfer eines literarischen Betrugs vorkommt. In Wahrheit aber müsste er sich eingestehen, dass seine naive Einstellung erst die Voraussetzung für diesen Betrug geschaffen hat. Er hätte zu begreifen, dass der Legionär auf den Kampffeldern Indochinas immer bedeutungslos war, wenn der literarische Wert seiner Lyrik zur Diskussion stand […]. Was das Gedicht schuldig bleibt, dafür kann das Leben nicht einstehen.[47]

---

44 N.N.: Hinter einer frischen Leiche (Anm. 43), S. 42.
45 Ebd., S. 44.
46 Friedrich Sieburg: In einer kleinen, schmutzigen Kladde. In: *Frankfurter Allgemeine Zeitung* (1. August 1959).
47 R[udolf]. H[artung].: Der Legionär und der Dichter. In: *Kritische Blätter* 1 (1955/56), S. 1f.

Dabei wird allerdings an den naiven Leser delegiert, was eigentlich ein Problem der Literaturkritik selbst war. Denn während nicht wenige Leser den Wert der Gedichte trotz falscher Autorschaft verteidigten[48], war es auch Hartung unmittelbar klar, dass Forestiers Lyrik »gewiss nicht außerordentlich«[49] sei. Benno von Wiese entfernte die Gedichte wieder aus seiner Anthologie und bekräftigte damit ebenfalls den Zusammenhang von nunmehr falschem Autor und unwertem Werk.[50]

1995 erschien im zu *Suhrkamp* gehörenden *Jüdischen Verlag* das Buch *Bruchstücke. Aus einer Kindheit* unter dem Autornamen Binjamin Wilkomirski. Darin war die fragmentarische Autobiografie eines Kindes zu lesen, das die Lager Majdanek und – vermutlich – Auschwitz überlebte und nach dem Krieg in die Schweiz gebracht wurde. Dort habe seine Geschichte niemand glauben wollen.[51] Zu *Bruchstücke* finden sich mehrere positive Rezensionen. Insbesondere in der *Neuen Zürcher Zeitung* konnte man von einem »schmalen Buch« lesen, das »das Gewicht dieses Jahrhunderts« trage. »Ohne literarischen Anspruch, hält es in seiner Dichte, Unabänderlichkeit und Bildkraft dennoch allen literarischen Kriterien stand«.[52] Das Buch erhielt einige Preise und wurde in mehrere Sprachen übersetzt, der Autor trat vor Schulklassen und Opferverbänden auf, Dokumentarfilme wurden gedreht und namentlich mit Zeugnisliteratur befasste Wissenschaftler verschiedener Disziplinen schätzten *Bruchstücke* sehr. Symbolischer und ökonomischer Erfolg waren also deutlich, jedoch keinesfalls so groß, wie später oft unterstellt.[53] In der *New York Times* wurde beispielsweise gemutmaßt, dass *Bruchstücke* »the biggest global success for a Swiss book since ›Heidi‹«[54] gewesen sei, dabei waren von der deutschsprachigen Ausgabe 1998 gerade einmal 10.000 Exemplare verkauft, mittlerweile sollen es weltweit 67.000 sein.[55] Im Sommer 1998 erschien in der Schweizer

---

48 Vgl. Peter Diederichs: Zum Fall Forestier (Anm. 43); Albin Lössner [Leserbrief]. In: *Der Spiegel,* Nr. 44 (21. Oktober 1955), S. 5.
49 R[udolf]. H[artung].: Der Legionär und der Dichter (Anm. 47), S. 1.
50 Vgl. Niels Werber: Ein Fall der Hermeneutik. George Forestiers Leben, Werk und Wirkung (Anm. 16), S. 14.
51 Die Literatur zum Fall ist nicht mehr zu überschauen. Die weiterhin maßgeblich Rekonstruktion findet sich bei Stefan Mächler: Der Fall Wilkomirski. Über die Wahrheit einer Biografie. Zürich: Pendo 2000. Einige neuere Aufsätze mit Literaturhinweisen: Hans-Edwin Friedrich: Gefälschte Erinnerung. Binjamin Wilkomirski: Bruchstücke. Aus einer Kindheit 1939–1948 (1995). In: Hans-Edwin Friedrich (Hg.): Literaturskandale. Frankfurt/M. u.a.: Peter Lang 2009, S. 203–216; Martin A. Hainz: »Kein Schrei kommt aus seiner Kehle, aber ein mächtiger, schwarzer Strahl schießt aus seinem Hals«. Zu Binjamin Wilkomirski. In: Stefan Neuhaus/Johanna Holzner (Hg.): Literatur als Skandal. Fälle – Funktionen – Folgen. Göttingen: Vandenhoeck & Ruprecht 2009, S. 613–623.
52 Taja Gut: Mit nichts zu verbinden. In: *Neue Zürcher Zeitung* (14. November 1995).
53 Vgl. dazu: David Oels: »A real-life Grimm's fairy tale«. Korrekturen, Nachträge, Ergänzungen zum Fall Wilkomirski. In: *Zeitschrift für Germanistik* N.F. 14.2 (2004), S. 373–390.
54 Doreen Carvajal: A Holocaust Memoir in Doubt. Swiss Records Contradict Book on Childhood Horror. In: *The New York Times* (3. November 1998), http://www.nytimes.com/1998/11/03/books/a-holocaust-memoir-in-doubt-swiss-records-contradict-a-book-on-childhood-horror.html (1. März 2014).
55 Vgl. Philipp Theisohn: Plagiat. Eine unoriginelle Literaturgeschichte (Anm. 12), S. 484.

Weltwoche eine Recherche Daniel Ganzfrieds, der der Identität Wilkomirskis, beziehungsweise Bruno Dössekkers, so der bürgerliche Name des Autors, nachgegangen war, und feststellte, dass diese lückenlos dokumentiert für die in *Bruchstücke* geschilderten Erlebnisse keinen Raum lasse.[56] Das erzeugte über rund zwei Jahre eine intensive Diskussion im betroffenen Literatur- und Wissenschaftsbetrieb. Nach den Recherchen, die Stefan Mächler im Auftrag der Literaturagentur *Liepman* durchführte und die die Ergebnisse Ganzfrieds bestätigten, nahm der Verlag das Buch im Herbst 1999 vom Markt. Umstritten war in der Öffentlichkeit eine Zeit lang, ob die Geschichte, da sie ja immerhin wahr sein könnte, nicht doch einen aufklärerischen Effekt habe, und offensiv diskutiert wurde besonders in Deutschland – teilweise parallel lief die Walser-Bubis-Debatte – wie man künftig mit dem Gedenken an den Holocaust umgehen solle, da offenbar Schwindler sich eine allzu unkritische Öffentlichkeit leicht zunutze machen könnten.

Bezogen auf den Text war nun verdächtig, dass *Bruchstücke* genau erfüllte, was von einer Opfer-Autobiografie erwartet wurde. Vorgeworfen wurde Wilkomirski/Dössekker in der Berichterstattung in diesem Zusammenhang schon von Ganzfried, und viele weitere Kommentatoren sind ihm gefolgt, dass er für sein Buch aufwendig recherchiert, eine umfangreiche Bibliothek zusammengestellt und versucht hatte, seine Geschichte durch externe und planvoll gesammelte Informationen, Reisen an die vermuteten Orte und in Gesprächen mit Experten zu plausibilisieren. Auch wenn Wilkomirski dies bereits im Nachwort seines Buches dargelegt hatte und ein solches Vorgehen für jemanden, der glaubt »bruchstückhafte Erinnerungen«[57] an seine Kindheit zu haben und an deren Rückgewinnung interessiert ist, keinesfalls abwegig ist. Im Dezember 2002 teilte die Zürcher Bezirksstaatsanwaltschaft mit, die über die Anzeige eines Rechtsanwalts zu entscheiden hatte, der die Rückerstattung des Kaufpreises für das Buch und eine Entschädigung für die während der Lektüre entgangene Lebenszeit verlangte: »Es haben sich keine Anhaltspunkte finden lassen, wonach Bruno Dössekker mit arglistiger Vorgehensweise darauf hingewirkt hätte, seine amtliche Identität zu verheimlichen oder Abklärungen dazu zu vereiteln.« Man fügte an, ohne dieses Verhalten zu inkriminieren, Wilkomirski/Dössekker »setzte seiner amtlichen Identität seine Erinnerungen entgegen, die er auch zu untermauern suchte.«[58] In der Diskussion um *Bruchstücke* diente die Recherche, die umfangreiche Einarbeitung ins Thema und die konsultierte Forschungsliteratur nun jedoch dem Nachweis, dass hier nicht erlebt und erinnert, sondern fabriziert und arrangiert worden war. »Aus diesem Datensatz«, betont Theisohn auf das zusammengetragene Material hinweisend, »hat Dössekker also seine Vergangenheit rekrutiert, hat abgeglichen, ob das, was er gelesen hat, sich zu dem fügte, was seine Erinnerung ihm angeblich gesagt hat, und hat es

---

56 Vgl. Daniel Ganzfried: Die geliehene Holocaust-Biografie. In: *Die Weltwoche* (27. August 1998).
57 Vgl. Binjamin Wilkomirski: Bruchstücke. Aus einer Kindheit 1939–1948. Frankfurt/M.: Suhrkamp 1998, S. 143.
58 Lucienne Fauquex: Medienmitteilung der Bezirksstaatsanwaltschaft V für den Kanton Zürich vom 12. Dezember 2002.

seinem Ich Wilkomirski eingefügt.«[59] Zu Beginn des Abschnitts ist vom »Bausatzcharakter seiner Biografie«[60] die Rede.

Ganz sicher war man sich im Feuilleton allerdings bereits unmittelbar nach Erscheinen von Ganzfrieds erstem Artikel, dass eine »denkfaule« und »politisch überkorrekte Kritik« von »ästhetischen Kriterien anscheinend vollkommen unberührt«, dafür von der erschütternden Biografie geblendet, *Bruchstücke* mit einer »Flut hymnischer Besprechungen« zum »Bestseller«[61] hochgejubelt hätte. Nun sehe man, worum es sich eigentlich handele, um »gnadenlosen Kitsch«.[62] Der falsche Autor kann nur einen schlechten Text fabriziert haben.

4. Plagiat und Fälschung revisited

Zunächst lässt sich aus den drei Fällen eine gewisse Fälschungspragmatik ableiten. Durchweg waren es sehr kurze Texte, die sich als gefälscht erwiesen. Auch *Bruchstücke* umfasste nur 143 Seiten. Diese Texte erschienen in überaus renommierten Verlagen. Naheliegender Weise handelte es sich um die Debüts bislang unbekannter Autoren, die zudem mit Bescheidenheitsgesten in Bezug auf den literarischen Eigenwert auftraten: Bei Wilkomirski findet sich in einer Art Einleitung der Satz: »Ich bin kein Dichter, kein Schriftsteller«[63], und Forestier schätzte, wie der Herausgeber seinen Lesern mitteilte, seine Lyrik geringer als sein »erzählerische[s] Werk«[64], das allerdings nicht überliefert sei. Allen drei falschen Autoren wird eine Biografie zugeschrieben, die historisch und kulturell spezifisch politische Relevanz beanspruchte und Anteilnahme erzeugte. Alle Texte legen in unterschiedlichem Ausmaß autobiografische Bezüge nahe, ohne dabei allerdings zu konkret zu sein. Diese Lesart scheint auch gar nicht entscheidend mit bestimmten Gattungskonventionen verknüpft zu sein. Selbst Wilkomirskis Text ergibt keine geschlossene und im Detail überprüfbare Geschichte, und umgekehrt erfolgt eine autobiografische Lesart auch bei Luciana Glaser, obwohl die Lebensdaten der Autorin deutlich machen, dass sie mit der innerhalb der Erzählung auftauchenden Geliebten des Dichters nicht identisch sein kann. Entscheidender ist vielmehr eine unterstellte Kongruenz zwischen Autorschaft und Text, die jenseits konkreter autobiografischer Bezüge liegt und die auch die Lektüre der Forestier-Gedichte begleitete.

---

59 Philipp Theisohn: Plagiat. Eine unoriginelle Literaturgeschichte (Anm. 12), S. 48.
60 Ebd.
61 Andreas Breitenstein: Auschwitz als Therapie? In: *Neue Zürcher Zeitung* (9. September 1998); Ina Hartwig: Falsches Leben im richtigen. In: *Frankfurter Rundschau* (10. September 1998); Silke Mertins: Von der Sehnsucht, Opfer zu sein. In: *die tageszeitung* (10. Oktober 1998).
62 Jörg Lau: Lebensroman. Vom Wunsch, ein Opfer zu sein: Der Fall Wilkomirski. In: *Die Zeit* (10. September 1998).
63 Binjamin Wilkomirski: Bruchstücke. Aus einer Kindheit 1939–1948 (Anm. 57), S. 8.
64 George Forestier: Ich schreibe mein Herz in den Staub der Straße (Anm. 35), S. 48.

Der Fälschungsdiskurs beziehungsweise die Fälschungserzählung beinhaltet den literarischen und kommerziellen Erfolg vor der Enttarnung, der oft übertrieben dargestellt wird. Dass der Erfolg sich einstellte, wird einer unkritischen Öffentlichkeit und einer deformierten Literaturkritik zugeschrieben, die angesichts der besonderen Biografie Literatur und Leben, Text und Autorschaft vermischt habe. Nachdem die Fälschung nun offenbar sei, erkenne man auf der einen Seite einen planvoll fabrizierenden und auf Gewinn rechnenden Fälscher, der gegebenenfalls auch Agenten, Lektoren, Verlage und den Literaturbetrieb zu seinen Komplizen zählen kann, und auf der anderen Seite ein unwertes Machwerk und Fabrikat, vor dem insbesondere naive Leser zu schützen seien. Damit wird *ex negativo* genau jene Relation zwischen Autor und Text bestätigt, die man – basierend auf einer nicht selten angedeuteten Vorstellung vom autonomen Kunstwerk und seiner originalen Schöpfung – gerade als kategorialen Fehler verabschiedet hatte. »Das Happy-End der Fälscher-Geschichte«, so meint Anne-Kathrin Reulecke, »liegt in dem tröstlichen Versprechen an den Leser, dass es eine gesicherte Grenze zwischen Original und Fälschung gibt.«[65] Noch tröstlicher ist aber wohl das Versprechen, dass diese Grenze mit der zwischen echter Kunst und gemachtem Kitsch zusammenfällt und auf diese Weise ein Literaturverständnis bestätigt, das auf einer quasi-natürlichen Verbindung zwischen Autorschaft und Text beruht.

Diese Verbindung bestimmt allerdings auch Fälle, die mit Fälschungen vorderhand nichts zu tun haben. Die Aufregung um Helene Hegemann und ihr Buch *Axolotl Roadkill* (2010) scheint zunächst in Plagiaten zu gründen. Die Autorin hat einige Teile ihres Buches wörtlich abgeschrieben und sich in anderen intensiv zu »Analogiebildungen«[66] anregen lassen. Mit Entschuldigungen des Verlags und der Autorin, den nachträglich eingeholten Abdruckerlaubnissen, gezahlten Lizenzgebühren, ins Buch eingefügten Nachweisen sowie einer Neuausgabe des plagiierten Buches im gleichen Verlag ist die urheberrechtliche Seite des Falls mittlerweile ausgestanden. Sollte das Werk indes weiterhin als ernstzunehmende Literatur geschätzt werden, galt es ebenfalls die Autorin neu zu erfinden. Denn hatte man das Buch bis dahin auf das Erleben einer Siebzehnjährigen hin gelesen, teilweise autobiografisch die Protagonistin Mifti mit der Autorin gleichgesetzt, zumindest aber vergleichbare Erfahrungen und deren Verarbeitung unterstellt, musste nun eine andere Autorschaft erdacht werden, um den Text als Literatur zu retten. Denn mit dem Plagiat wurde offenbar, dass diese »erzählerische Kraft, die ungeheuerlich ist«, das »virtuose[], oft uferlose[] Schreiben«, das diesen »großen Coming-of-age-Roman der Nullerjahre« auszeichnet, nicht als originäre Folge des

---

65 Anne-Kathrin Reulecke: Fälschungen – Zu Autorschaft und Beweis in Wissenschaften und Künsten. Zur Einleitung. In: Dies. (Hg.): Fälschungen. Zu Autorschaft und Beweis in Wissenschaften und Künsten (Anm. 2), S. 7–46, hier S. 12.
66 Philipp Theisohn: Literarisches Eigentum. Zur Ethik geistiger Arbeit im digitalen Zeitalter. Essay. Stuttgart: Kröner 2012 (= Kröner Taschenbuch 510), S. 51. Dort findet sich auch eine umfassende Darstellung des Falls Hegemann.

Lebens und Erlebens dieser Heranwachsenden verstanden werden konnte.[67] Mit der Neuinszenierung als Autorin, die ihr Schreiben als eine Mischung aus angewandter Intertextualität und offensivem Copy and Paste verstanden wissen wollte, gelang es, die Einheit von Autorin und Text wieder herzustellen. Diese Einheit bestätigen damit beide inzwischen kondensierte Positionen der Debatte: Diejenigen, die Text und Autorin weiterhin goutieren, akzeptieren die neue Autorschaft, die »zeitgemäß« die schizophrenen Ansprüche von »Originalität, Einzigartigkeit und Echtheit« vorführt, »mit denen sich moderne Individuen konfrontiert« sehen und die sich »psychisch kaum anders einlösen« lassen, »als durch ein Kopieren von Individualitätsmustern«.[68] Die Gegenseite lehnt den Text als Machwerk ab und mit ihm die Neuerfindung der Autorin als postmoderne Scharade.[69]

Im Hinblick auf Plagiatsdiskussionen kann der Fälschungsaspekt also die Perspektive verschieben und erweitern. Denn die Bewertung von Textähnlichkeiten ist stets von Kontexten abhängig, deren vielleicht wichtigster die Autorschaft ist. Niemand würde schließlich Thomas Manns »höheres Abschreiben« als Plagiat denunzieren[70], obwohl die feststellbaren Textähnlichkeiten das durchaus hergeben würden. Thomas Wegmann führte als Vergleichsgröße für *Axolotl Roadkill* denn auch Goethes *Werther* an, der »zum Teil abgeschrieben« sei, »denn Goethe übernahm längere Passagen aus einem Brief seines Freundes Kestner – und das ohne jeden Hinweis und zum Teil wortwörtlich.«[71] Intrinsisch und textintern, also durch einen Vergleich von abgeschriebenen oder nachgeahmten Passagen lassen sich zwar Indizien sammeln, die Wertung und Bewertung bleibt jedoch an das Verhältnis zur Autorschaft mindestens ebenso gebunden.[72]

Bezeichnenderweise kann eine Art Fälschungsvorwurf sogar erhoben werden, wenn weder eine falsche Autorschaft behauptet noch ein Text abgeschrieben wurde. Nachdem Kathrin Passig 2006 den *Ingeborg-Bachmann-Preis* gewonnen hatte und danach freimütig bekannte, ihren Text absichtsvoll auf den Preis hin geschrieben zu haben, wiederholten sich die bekannten Argumente und Strukturen. So warf Jana Hensel kurz danach in der *Zeit* dem Siegertext vor, er sei »ohne Relevanz«, eine »Fingerübung, nichts weiter als eine Schreibkurs-Arbeit. […] Kathrin Passig hat keine Autorenstimme. Die macht aber einen Schriftsteller

---

67 Mara Delius: Mir zerfallen die Worte im Mund wie schlechte Pillen. In: *Frankfurter Allgemeine Zeitung* (22. Januar 2010); Nadine Lange: Torpedo Girl. Ich ist ein Drogentrip. In: *Der Tagesspiegel* (23. Januar 2010).
68 Thomas Wegmann: Plagiatsdebatte. Die Leihen des jungen W. In: *Der Tagesspiegel* (16. Februar 2010).
69 Vgl. etwa Philipp Theisohn: Literarisches Eigentum. Zur Ethik geistiger Arbeit im digitalen Zeitalter. Essay. (Anm. 66), S. 51–66.
70 Vgl. hierzu Eckhard Heftrich: Vom höheren Abschreiben. In: Eckhard Heftrich/Helmut Koopmann (Hg.): Thomas Mann und seine Quellen. Festschrift für Hans Wysling. Frankfurt/M.: Vittorio Klostermann Verlag 1991, S. 1–20.
71 Thomas Wegmann: Plagiatsdebatte. Die Leihen des jungen W. (Anm. 68).
72 Vgl. dazu Philipp Theisohn: Plagiat. Eine unoriginelle Literaturgeschichte (Anm. 12), der zu ähnlichen Ergebnissen kommt.

aus.«[73] Auf *Spiegel Online* las man, dass es sich um einen »kalkulierte[n] Text«[74] gehandelt habe und Wieland Freund mutmaßte in der *Welt*, dass es »Passig & Co. […] keineswegs um eine Literatur gegangen« sei, »in der sich ein Individuum mit den Mitteln Kunst Ausdruck verschafft«. Vielmehr habe man »durch schiere Fabrikation des Verlangten das schiere Funktionieren des Systems Bachmann-Preis bloßstellen« wollen. Er fügte an, dass der Text sich daher »als künstlerischer Fake begreifen«[75] lasse. Der erstaunliche Vorwurf, dass es eigentlich keine Literatur, ja ein »Fake« sei, wenn jemand einen Text für einen Wettbewerb schreibt, um den Preis tatsächlich zu gewinnen, ist nur zu verstehen, wenn man jene natürlich-originäre Kongruenz zwischen Autor und Text voraussetzt, die von einer Individualität ausgeht, die sich im Werk und seiner Autorschaft verwirklicht.

Offenbar benötigt das Umgehen mit Literatur im Literaturbetrieb der Gegenwart in Wert- und Wertungsfragen eine Kongruenz zwischen Autor und Werk, die aber nicht eingestanden und zum Text hin aufgelöst wird. Insofern ist es nur folgerichtig, dass eine zweifelhafte Autorschaft unmittelbar ein Verdikt über den Text nach sich ziehen muss, würde doch sonst offenkundig, dass die ursprüngliche Wertung nur scheinbar ausschließlich an rein textinternen Kriterien orientiert war, eigentlich aber ebenfalls schon auf Annahmen zur Autorschaft beruhte. Der Versuch, Plagiatsdiskussionen ausschließlich über Textbefunde zu führen, illustriert das ebenfalls. Denn beim so verstandenen Plagiat befindet man sich stets auf der richtigen, gleichsam der zu Tage liegenden Seite jener nicht eingestandenen Verbindung.

---

73 Jana Hensel: Sieger ohne Relevanz. In: *Zeit Online* (26. Juni 2006), http://www.zeit.de/online/2006/26/klagenfurt-hensel (1. März 2014).

74 Harald Staun: Und nächstes Jahr den Nobelpreis. In: *Spiegel Online* (2. Juli 2006), http://www.spiegel.de/kultur/literatur/literatur-und-naechstes-jahr-den-nobelpreis-a-424652.html (1. März 2014).

75 Wieland Freund: Virus im Betriebssystem der Literatur In: *Die Welt Online* (5. Juli 2006), http://www.welt.de/print-welt/article227197/Virus-im-Betriebssystem-der-Literatur.html (1. März 2014).

»Das Plagiat ist notwendig. Der Fortschritt impliziert es.«

Vincent Kaufmann

»Das Plagiat ist notwendig. Der Fortschritt impliziert es.« Mit dieser provokanten Aussage von Guy Debord (1931–1994), dem französischen Theoretiker der ›Gesellschaft des Spektakels‹, soll versucht werden, ein Gegengewicht zu der gegenwärtig dominanten Kultur zu setzen, in der das ›Plagiat‹ zu einem schweren Verbrechen und das ›geistige Eigentum‹ zu einer sakrosankten Größe geworden ist. Dies ist nicht zuletzt auf das Aufkommen einer Kultur- und Wissenschaftsindustrie zurückzuführen, die als Copyright-Industrie bezeichnet werden kann. Ein Gegengewicht wird hier auch entworfen, um an die Phase der 1970er und 1980er Jahre zu erinnern, in der es Autoren wie Guy Debord und Roland Barthes gab, die vor allem die Unmöglichkeit des geistigen Eigentums theorisiert haben und dementsprechend das Denken selbst als Aneignung oder eben das Plagiat als Fortschritt, als bessere Benutzung des Textes, aufgefasst haben. Wem gehören die Wörter, die Ideen; wer darf sie sich aneignen, wer darf sie *benutzen*? Dieser letzte Begriff weist freilich darauf hin, dass, wenn man an die Benutzer der digitalen Medien denkt, genau diese Diskussion heute weniger denn je abgeschlossen ist.

»Plagiarism is necessary. Progress implies it.« With this provocative statement by Guy Debord (1931–1994), French theorist of the ›society of spectacle‹, one tries to find a counterbalance to the current dominant culture in which ›plagiarism‹ has become a major crime and ›intellectual property‹ is worshiped more than ever, a phenomenon which can be linked to the contemporary culture industry as well as to the research industry which could both be defined as copyright industry. This reminds us on the era in the 1970s and 1980s in which authors like Guy Debord and Roland Barthes tried to theorize the impossibility of intellectual property, authors who considered thinking itself as a way of acquirement or even plagiarism as a kind of progress, as a better use of texts. To whom do words and ideas belong? Who has the right to appropriate them or the right to *use* them? With this last notion and with regard to the users of the digital media, it becomes clear that today this discussion is far from over.

»Das Plagiat ist notwendig. Der Fortschritt impliziert es.«[1] Dies ist eine berühmte Aussage des Schriftstellers und Filmregisseurs Guy Debord (1931–1994), der vor allem als treibende Kraft der situationistischen Avantgarde und Theoretiker der Ultra-Linken in den 1960er und 1970er Jahren bekannt geworden ist. Debords provokante Position ist eine perfekte Kombination aus einem radikalen Anarchismus, einem post-leninistischen Kommunismus und einer post-dadaistischen Ästhetik.[2] Die Aussage ist in seinem meistrezipierten theoretischen Werk zu finden, dem 1967 erschienenen Buch *Die Gesellschaft des Spektakels*, die in mehr als zwanzig Sprachen übersetzt und jahrelang auf der Bestsellerliste der Klassiker der

---

1 Guy Debord: Die Gesellschaft des Spektakels. Aus dem Französischen übersetzt von Wolfgang Kukulies und Jean-Jacques Raspaud. Berlin: Tiamat 1996, S. 175.
2 Zu Debords Persönlichkeit und Werk vgl. Vincent Kaufmann: Guy Debord. Die Revolution im Dienste der Poesie. Aus dem Französischen übersetzt von Wolfgang Kukulies. Berlin: Tiamat 2004 (= Critica diabolis 116); Greil Marcus: Lipstick Traces. Von Dada bis Punk. Eine geheime Kulturgeschichte des 20. Jahrhunderts. Aus dem Englischen übersetzt von Hans M. Herzog und Friedrich Schneider. Reinbek bei Hamburg: Rowohlt 1996 (= rororo sachbuch 60102); Anselm Jappe: Guy Debord. Berkeley: University of California Press 1999.

68-Bewegung stand. Heute noch wird der Begriff der ›Gesellschaft des Spektakels‹ immer wieder aktualisiert.³ Oft wird Debord sogar eine fast prophetische Vision zugeschrieben, zumal sich die Gesellschaft eben mehr und mehr zu einem Spektakel entwickelt hat, so lautet jedenfalls die zentrale These.

Nun ist es aber so, dass dieser Satz gar nicht von Guy Debord stammt, sondern von einem französischen Dichter aus dem 19. Jahrhundert abgeschrieben wurde, und zwar von Lautréamont (1846–1870), der zwischen 1868 und 1869 die beinahe von allen Avantgarden des 20. Jahrhunderts hochverehrten *Chants de Maldoror* (*Gesänge des Maldoror*)⁴ verfasst hat. Nein, auch falsch: Der Satz stammt von Isidore Lucien Ducasse, da Lautréamont (oder auch: Comte de Lautréamont) ja nur ein Pseudonym Ducasses war. Als Lautréamont hat er die *Gesänge des Maldoror* geschrieben; als Isidore Ducasse hat er 1870 in Paris, kurz vor seinem Tod, zwei kleine Bände viel weniger bekannter *Poésies* (*Dichtungen*) herausgegeben. Diese bestehen weitgehend aus Parodien, Plagiaten und Entwendungen insbesondere von Blaise Pascals *Pensées*, und dort erst findet man die Originalversion des hier zitierten Satzes sowie diesen anderen berühmt gewordenen Satz: »Die Dichtkunst muss von allen geschaffen sein.«⁵ Dieser Gedanke hat als Leitfaden die gesamte Geschichte der französischen Avantgarde des 20. Jahrhunderts geprägt, zumal sich ihre Vertreter – seien es die Surrealisten, die Gruppe *Tel Quel*, die Situationisten oder die Gruppe *Oulipo* – stets für einen »literarischen Kommunismus« oder einen »Kommunismus des Schreibens«⁶ ausgesprochen haben, der im Pariser Mai 1968 in zahlreichen Experimenten kollektiver Autorschaft umgesetzt wurde (nicht nur im Bereich der Literatur, sondern auch in der Sparte des Theaters und Films). Der ursprüngliche Autor dieses Gedankens ist also ein etwa zwanzigjähriger junger Mann, von dem es lange nur eine nachträgliche Zeichnung des Malers Félix Valloton gab; ein junger Autor, der 1870 zur Zeit der Pariser Kommune verschwand und starb, ohne dass man genauere Informationen hätte, was mit ihm geschehen ist.

Debord, der Anführer einer Avantgarde-Bewegung, die sich in den 1960er Jahren für Plagiat und Entwendung als Mittel einer kulturellen Revolution einsetzt, bezieht sich theoretisch und praktisch auf einen fast anonymen Dichter aus dem 19. Jahrhundert, der seinerseits für eine Ästhetik der Parodie, der Entwendung und des Plagiats bekannt war, und zwar zur Zeit der Pariser Kommune, also im goldenen und zugleich tragischen Zeitalter der tatsächlichen

---

3   Guy Debord hat den Begriff selbst 1988 aktualisiert. Vgl. Guy Debord: Kommentare zur Gesellschaft des Spektakels. In: Ders.: Die Gesellschaft des Spektakels (Anm. 1), S. 189–280.
4   Nachdem Ducasse 1868 den ersten Gesang anonym in Paris publizierte, erschien die erste Gesamtausgabe mit allen sechs Gesängen 1869 bei Albert Lacroix in Brüssel; sie wurde allerdings nicht ausgeliefert. Für die deutsche Fassung vgl. Lautréamont [= Isidore Lucien Ducasse]: Das Gesamtwerk. Die Gesänge des Maldoror, Dichtungen (Poésies), Briefe. Aus dem Französischen übersetzt von Ré Soupault. 3. Aufl. Reinbek bei Hamburg: Rowohlt 2009.
5   Ebd., S. 287.
6   Der Ausdruck stammt von Maurice Blanchot. Vgl. Maurice Blanchot: La Communauté inavouable. Paris: Les Éditions de Minuit 1983, S. 9–12.

Umsetzung des kommunistischen Ideals in Paris, an das die 68er-Bewegung hundert Jahre später versucht hat anzuknüpfen. Genau wie die Pariser Kommune das Modell vieler 68er-Aktivisten war, ist Isidore Ducasses Ästhetik das oder zumindest ein Modell der Situationisten, von denen sich sagen lässt, dass sie der 68er-Bewegung eine originelle Ästhetik zur Verfügung gestellt haben, dass sie dem Pariser Mai 1968 sozusagen seinen *Stil* gegeben haben.[7] Und die Originalität dieser Ästhetik besteht gerade aus ihrer Unoriginalität, aus Entwendung, Recycling und Plagiat. Man könnte sie auch mit Kenneth Goldsmith als *Uncreative Writing*[8] bezeichnen. Ihre Voraussetzung ist in diesem Sinne auch das Verschwinden des Autors oder, um es mit Roland Barthes fassen: *Der Tod des Autors*.[9] So lautet der Titel seines berühmten Aufsatzes von 1968, der oft im Zusammenhang mit Michel Foucaults Aufsatz von 1969 – *Was ist ein Autor*[10] – gebracht wird. Das Verschwinden des Autors und dessen Autorität, das Prinzip ›Free Speech Movement‹, kollektive und anonyme Autorschaften beziehungsweise Benutzungen: mit diesen Stichworten ist auch der Weg für die Praxis der Entwendung und des Plagiats geebnet.

In der in mehr als zwanzig Sprachen übersetzten Schrift *Die Gesellschaft des Spektakels* bezieht sich Debord also nicht nur theoretisch, sondern auch praktisch auf Ducasse: Seine Aussage ist ein Plagiat, wie es auch zahlreiche weitere Aussagen in seinen Schriften und Filmen sind. Dabei ist erstens festzuhalten, dass sich Debord zu allen seinen Plagiaten *bekennt*, dass er für sie die Verantwortung übernimmt, wenn man es denn kann; dass bei ihm die Praxis des Plagiats öffentlich ist, auch wenn er freilich seine Quellen nicht angibt (sonst wäre es ja kein Plagiat mehr). Es geht ihm nicht um einen – mehr oder weniger heimlichen – Diebstahl, sondern um die Herausforderung, um das Hinterfragen der bürgerlichen Kultur der Autorschaft, des geistigen Eigentums und der geschützten Urheberrechte. Von seinem letzten, 1981 entstandenen Film *In Girum imus nocte et consumimur igni,* in dem er – wie in allen seinen Filmen – einen langen Text liest, schlägt Debord 1990 sogar eine »edition critique«, eine »kritische Ausgabe« vor, in der er alle seine ›Anleihen‹ auflistet, nicht etwa, weil er sich des Plagiierens schuldig bekennen würde, sondern aus Kulturpessimismus: Debord geht davon aus, dass seine Zeitgenossen nun so ungebildet geworden sind, dass sie nicht mehr fähig sind, die Entwendungen zu erkennen.[11] Zu vermerken ist zudem, dass die Situationisten konsequent nie auf Copyrights bestanden haben, dass beispielsweise nie etwas gegen die auf Piraterie

---

7 Vgl. Vincent Kaufmann: Guy Debord. Die Revolution im Dienste der Poesie (Anm. 2), S. 182–186.
8 Kenneth Goldsmith: Uncreative Writing. Managing Language in the Digital Age. New York: Columbia University Press 2011.
9 Roland Barthes: Der Tod des Autors. Aus dem Französischen übersetzt von Matias Martinez. In: Fotis Jannidis/Gerhard Lauer/Matias Martinez/Simone Winko (Hg.): Texte zur Theorie der Autorschaft. Stuttgart: Reclam 2000, S. 185–193.
10 Michel Foucault: Was ist ein Autor? Aus dem Französischen übersetzt von Michael Bischoff. In: Fotis Jannidis/Gerhard Lauer/Matias Martinez/Simone Winko (Hg.): Texte zur Theorie der Autorschaft (Anm. 9), S. 198–229.
11 Guy Debord: In Girum imus nocte et consumimur igni. Edition critique. In: Ders.: Œuvres. Paris: Éditions Gallimard 2006, S. 1761–1789.

basierenden Ausgaben beziehungsweise gegen die Übersetzungen von Debords Hauptwerk *Die Gesellschaft des Spektakels* unternommen wurde, und dass in der situationistischen Zeitschrift *L'Internationale Situationniste* der Verzicht auf Copyright immer ausdrücklich vermerkt wurde.[12] Entsprechend sind in dieser Zeitschrift auch zahlreiche nicht unterzeichnete Beiträge zu finden, die auf eine geteilte, zugleich kollektive wie auch anonyme Autorschaft hinweisen. Von allen französischen avantgardistischen Gruppierungen des 20. Jahrhunderts haben die Situationisten bestimmt auf die konsequenteste Weise auf ihren Autorenstatus verzichtet, was vor allem nachträglich problematisch geworden ist, als bei Neuausgaben von gemeinsamen Werken die Urheberrechte doch wieder ein Thema wurden.

Zweitens ist festzuhalten, dass es bei Debords Praxis des Plagiats meistens um *Entwendungen* (fr.: *détournements*) geht. Der Satz von Ducasse zum Plagiat ist in diesem Sinne eine Ausnahme. Gemeint ist mit dem Begriff der Entwendung, dass Texte oder Bilder nicht eins zu eins übernommen, sondern stets leicht abgeändert werden. Damit würden die situationistischen Plagiate vermutlich den gegenwärtigen, von digitaler Software abhängigen Plagiatsjägern größtenteils entgehen. Die Ästhetik der Situationisten lässt sich in diesem Sinne als Gratwanderung zwischen Plagiat und Recycling beschreiben. Es geht um den neuen Einsatz, die neue Benutzung von alten Texten und Bildern, und genau deshalb schließt Plagiat den Fortschritt mit ein. Bei der Wiederbenutzung eines Textes soll dieser verbessert, besser benutzt oder besser eingesetzt werden als in der Originalversion.

Plagiat, aber mit minimalen Änderungen – so funktioniert also die Entwendung. Als Beispiel können wir hier auf den ersten Satz aus Debords Buch *Die Gesellschaft des Spektakels* zurückgreifen: »Das ganze Leben in den Gesellschaften, in welchen die modernen Produktionsbedingungen herrschen, erscheint als eine ungeheure Sammlung von Spektakeln.«[13] Dieser Satz unterscheidet sich lediglich durch ein paar Wörter von dem ersten Satz im *Kapital* von Karl Marx, was der gebildete Leser sofort erkennen wird: »Das ganze Leben in den Gesellschaften, in welchen kapitalistische Produktionsweise herrscht, erscheint als eine ungeheure Warensammlung.«[14] Mit dieser minimalen Änderung wird Debords ganzes politisch-philosophisches Programm ausgelegt, zumal er versucht, den modernen Kapitalismus nicht nur – wie es Marx gemacht hat – als eine Akkumulation von Waren zu beschreiben, sondern auch als eine Akkumulation von Selbstinszenierungen des Kapitalismus oder eben Spektakeln. Der Begriff des Spektakels ist bei Debord grundsätzlich als eine Synthese von Begriffen wie Warenfetischsimus, Entfremdung und Ideologie zu verstehen.[15] Auf Marx' *Kapital* bezogen, eine damals bereits hundertjährige Theorie, ist Debords *Die Gesellschaft des Spektakels* ein Fortschritt, eine theoretische Verbesserungen, die dem neuen Stand der Dinge entspricht, die jedoch auf dem Prinzip des Plagiats, der Übernahme, der Aneignung beruht.

---

12 L'Internationale Situationniste 1958–1969. Paris: Champ-Libre 1975.
13 Guy Debord: Die Gesellschaft des Spektakels (Anm.1), S. 13.
14 Karl Marx: Das Kapital. Buch I: Der Produktionsprozess des Kapitals. Hamburg: Otto Meissner 1867, S. 20.
15 Vgl. Anselm Jappe: Guy Debord (Anm. 2), S. 1–43.

»Das Plagiat ist notwendig. Der Fortschritt impliziert es.«　　75

Abbildung 1:
Situationistische Entwendung von Comics als ›Werbung‹ *für Die Gesellschaft des Spektakels* (1967)

Neben Texten haben die Situationisten auch oft Bilder entwendet: Filme, Fotos sowie mit besonderer Vorliebe auch die amerikanischen Comics, bei denen sämtliche Texte durch Auszüge aus dem Werk *Die Gesellschaft des Spektakels* ersetzt worden sind (vgl. Abbildung 1). Auch in diesem Fall geht es um eine Art Aneignung oder Entwendung; in dieser Aneignung wird die billigste amerikanische ›kapitalistische‹ Volkskultur zu einem revolutionären Propagandainstrument. Ob sich eine solche Umnutzung und Aneignung tatsächlich als Fortschritt bezeichnen lässt, bleibt natürlich eine offene Frage.

Die situationistische Ästhetik verkörpert jedenfalls um 1968 den Mythos des Todes des Autors auf die radikalste Weise, wobei Vergleiche und Bezüge zu anderen Avantgarden möglich sind. Weder Foucault noch Barthes waren Situationisten; Barthes hat sich jahrelang der Gruppe *Tel Quel* angeschlossen, die mit dem Tod des Autors etwas sanfter umgegangen ist und sich vor allem auf das auf Julia Kristeva zurückgehende theoretische Konstrukt der Intertextualität berufen hat, d.h. auf die Idee, dass der oder das Andere in mir immer zur

Sprache kommt, dass sozusagen in mir andere Stimmen sprechen.[16] Kristevas Überlegungen beziehen sich dabei wiederum insbesondere auf Michael Bachtins Theorie der Polyphonie.[17]

Wer spricht, wenn ich spreche? Wer schreibt, wenn ich schreibe? Wer denkt, wenn ich denke? Die Avantgardisten wie die Strukturalisten oder Poststrukturalisten haben sich in den 1960er und 1970er Jahren auf solche Fragen konzentriert und Begriffe wie Originalität oder die damit verbundenen Parameter des Autors und der Urheberrechte unermüdlich hinterfragt. Ich bin ein anderer, in mir spricht ein anderer oder sogar mehrere andere: So lautet der Tenor in dieser Zeit. Zu seinem 1970 erschienenen Buch *S/Z* erklärt Roland Barthes in einem Interview:

> Mein Rückgriff auf die Sprache der Psychoanalyse, wie auf jedes andere Idiolekt, ist ein Spiel mit Zitaten, und ich bin überzeugt, dass es beim Schreiben allen, die guten Glaubens sind, so ergeht. Man ist nie der Besitzer einer Sprache. Eine Sprache kann man sich nur ausleihen und weitergeben, wie eine Krankheit oder eine Münze. Sie haben gesehen, dass ich in *S/Z* meine Quellen nicht angegeben habe, im Gegensatz zu jeglicher Deontologie. Wenn ich die Namen meiner Gläubiger nicht angebe (Lacan, Kristeva, Sollers, Derrida, Deleuze, Serres u.a.), und ich weiß, dass die es verstehen werden, dann tue ich es, weil in meinen Augen mein ganzer Text durch seine Zitathaftigkeit geprägt ist.[18]

Barthes zitiert nicht, und seine Gläubiger sollen es verstehen. Er zitiert nicht, weil er eigentlich bei jedem Satz eine Quelle angeben müsste, weil alle seine Aussagen von Zitaten durchdrungen sind. Wer zitiert, gibt zu glauben, dass der Rest seines Textes originell ist, und gerade dieser Art der Aneignung verweigern sich sowohl Barthes als auch Debord. Eine weitere Annahme, die bei der Aussage eines sechzigjährigen berühmten Essayisten nicht unbedeutend ist, wäre, dass Barthes sich immer noch in einem *Lernprozess* befindet (er lernt immer noch von Lacan, Kristeva etc.), und im Gegensatz zum ›wissenschaftlichen Arbeiten‹ setzt Lernen Inspiration und Nachahmung voraus. Aber gerade diese Werte oder Einstellungen werden jedenfalls durch die in der gegenwärtigen wissenschaftlichen Kultur dominante Wahrnehmung von Originalität marginalisiert, sie erwecken sofort – oder zumindest viel zu schnell – den Plagiatsverdacht. Die Angst vor dem Plagiat hat einiges damit zu tun, dass man sich eigentlich mit der Tatsache nicht abfinden kann, dass man viel mehr von anderen als von sich selbst lernt – ein Argument, das der Komparatist und Buchhistoriker Peter Stallybras auf den Punkt gebracht hat:

> Learning requires imitation and inspiration, which today are marginalized by a concept of originality that produces as its inevitable double the specter of plagiarism, a specter rooted in the fear that we might have more to learn from others than from ourselves.[19]

---

16 Vgl. hierzu Julia Kristeva: Séméiôtiké: recherches pour une sémanalyse. Paris: Éditions du Seuil 1969, S. 143–173.
17 Vgl. Mikhail Bakhtin: Problems of Dostoevsky's Poetics (Theory and History of Literature). Minneapolis: University of Minnesota Press 1984.
18 Roland Barthes: Sur ›S/Z‹ et ›L'Empire des signes‹. In: Ders.: Œuvres complètes. 3 Bde., Bd. III: Livres, textes, entretiens 1968–1971. Paris: Éditions du Seuil 2002, S. 657–670, hier S. 663 (Übersetzung von Vincent Kaufmann).
19 Peter Stallybras: Against Thinking. In: *Publications of the Modern Language Association of America* 122.5, S. 1580–1587, hier S. 1584.

Aber wie genau sollen nun die Lern- und Wissenschaftspraxis aussehen, wenn es nicht um die zum Teil sehr standardisierten Sozialwissenschaften geht, sondern um beispielsweise literarische Hermeneutik, in der die wissenschaftliche Praxis nicht von Kommentartechniken zu lösen ist? Wie kommentiere ich, ohne zu wiederholen? Die Hermeneutik ist freilich eine wissenschaftliche Methode, aber sie entspricht auch immer einem Lernen, einem Sich-Befassen mit fremdem Gedankengut, das man sich nicht nur aneignen kann, sondern in einem gewissen Maße aneignen muss.

Man kommt nicht daran vorbei, bei der oben zitierten Aussage von Barthes auch an das immer offensichtlichere Problem zu denken, das mit der Eröffnung der gegenwärtigen Plagiatsjagd insbesondere bei vielen Studierenden entstanden ist: Sie trauen sich kaum noch etwas zu schreiben, sie sind beim Schreiben völlig blockiert, aus Angst, dass man ihnen Plagiate vorwirft, von denen sie gar nichts wissen. Studierende müssen heute ab dem ersten Tag ihres Studiums das wissenschaftliche Arbeiten beherrschen – wieso eigentlich? Aber wie sollen sie das *Lernen* beherrschen, d. h. eben auch das Übernehmen, Nachahmen, das Sich-Aneignen?

Vor einiger Zeit wurde von einem Experiment berichtet: Jemand schreibt über ein Thema, bringt dazu seine Meinung ein, argumentiert, ohne auf die geringste Quelle zu schauen. Am Schluss sagt die Plagiats-Software, dass 40 Prozent des Textes Plagiat seien. Genau gegen diesen Druck, gegen diese Zuordnung von geistigem Eigentum haben sich Debord, Barthes und viele andere aktiv gewehrt. Ja, wenn wir uns nicht wehren, wirft man uns demnächst Plagiat vor, wenn wir einfach ›guten Tag‹ oder ›ich liebe Dich‹ sagen. Das scheint auf den ersten Blick übertrieben zu sein, aber sind wir nicht mittlerweile sehr nah an diesem absurden Szenario? Warum wird in einer französischen Reality-Show eine junge Frau mit einer absolut banalen Aussage, die sie zudem sofort durch Copyright schützen lässt, über Nacht (welt)berühmt?[20]

Im Kontext der gegenwärtigen Bemühungen, das geistige Eigentum zu stärken oder zu retten, wird grundsätzlich vorausgesetzt, dass jedermann weiß oder wissen kann, was Originalität ist, oder was in diesem Sinne ein (origineller) Autor ist und wie er sich vom Plagiator unterscheiden lässt, als ob man das Problem einfach mit korrektem Zitieren lösen könnte. Demgegenüber ist die Auffassung, dass das *Ich* (und folglich der Autor) keine originelle und auch keine authentische Größe ist, in den 1960er und 1970er Jahren sehr präsent und weit verbreitet: Die Sprache, die Wörter gehören mir nicht, ich leihe sie mir nur aus, ich benutze sie und gebe sie weiter. Als theoretischer Hintergrund war bei allen Avantgarden der 1960er Jahren auch Marx erkennbar, und zwar nicht nur der Marx, von dem Guy Debord den Begriff der ›Gesellschaft des Spektakels‹ ableitet, sondern vor allem der Marx, der in seinem *Kapital* zwischen dem Tauschwert und dem etwas mythischen Gebrauchswert unterscheidet: Indem einer Ware ein Tauschwert zugeschrieben wird, wird deren Gebrauchswert sozusagen

---

20 Am 13. März 2013 wurde eine gewisse Nabila, die sich an der Reality-Show *Les Anges de la téléréalité* (Sender *NRJ 12*) beteiligte, mit folgender Aussage berühmt: »Allô, t'es une fille et t'as pas de shampoing.« Nabilas Agent hat diesen Satz sofort mit einem Copyright versehen lassen, wahrscheinlich aus der Überlegung heraus, der Shampoo-Produzent könnte sich diesen Ausdruck aneignen.

konfisziert, übergangen, und der Produzent dieser Ware damit zum Proletarier degradiert. Oder anders ausgedrückt: Das ganze gesellschaftliche Übel entsteht Marx zufolge mit der Differenz zwischen dem Gebrauchswert und dem Tauschwert und mit der Konfiszierung dieser Differenz durch eine dominante soziale Klasse.[21] Das Übel entsteht mit dem Übergang von einer Gesellschaft des Gebrauchs, der Benutzung, wo jeder über das verfügt, was er braucht und benutzt, zu einer Gesellschaft des Tausches, der sich verselbstständigt, zum Selbstzweck wird und zu einem sinnlosen Konsum führt, den Debord als Spektakel beschreibt. Mit dem Lob des Plagiats wird also eine Gesellschaft des Gebrauchs und des Benutzens ins Auge gefasst, und nicht eine Gesellschaft, in der endlos Waren gegen andere Waren beziehungsweise gegen Geld getauscht werden. Das Thema des Todes des Autors und die damit verbundene Praxis des Plagiats und der Entwendung stehen grundsätzlich im Dienste eines bereits erwähnten »Kommunismus des Schreibens«; im Dienste einer Kultur, die auf Gebrauch, Benutzung, Ver- oder Entwendung setzt, die sich als systematische Attacke gegen den durch Copyright und feste Zuschreibungen von Autorschaft geregelten Tausch der geistigen Eigentümer versteht. Der Wert eines Werkes entsteht, indem ich es benutze; das Werk besteht in meinen Gebrauch und definiert sich durch seinen Gebrauchswert, nicht durch seinen Tauschwert[22], der ihm einerseits in der symbolischen Ökonomie der kulturellen Güter (also in einer Ökonomie der Autorschaft und der Autorität), andererseits in der finanziellen Ökonomie zukommt, die heute ihrerseits so dominant ist, dass es eigentlich kaum noch notwendig ist, von einer symbolischen Ökonomie zu sprechen.[23]

Das sind jedenfalls die Positionen, die Autoren wie Debord oder Barthes vertreten. Die Situationisten stehen für eine Kultur ohne Autorschaft, ohne Urheberrechte; für eine Kultur, in der die Ideen, Bilder und Texte frei zirkulieren und frei benutzt werden, und in der entsprechend Plagiat und Entwendung eine positive Bewertung erfahren. Plagiat und Entwendung sind die Mittel eines »Kommunismus des Schreibens«, eines *Mit-Teilens*, das im Zentrum des 68er-Kultur stand. Noch präziser ausgedrückt: Sie sind die Mittel einer Subversion, sie entsprechen einer kulturellen *Aneignung,* die durch die kapitalistische Dynamik der Entfremdung notwendig gemacht wurde. Ich bin durch die kapitalistische Kultur, durch ihr Spektakel entfremdet, d. h. von mir selbst getrennt. Um aus dieser Entfremdung auszubrechen und zu meiner Authentizität zurückzufinden, muss ich mir das aneignen, was mir das Spektakel anbietet beziehungsweise was es mir zu verkaufen versucht. Ich benutze das, was mir nicht gehört, ich kehre die bürgerliche oder die kapitalistische Massenkultur gegen sie selbst um, ich bediene mich der Wörter und der Bilder des kapitalistischen Feindes, um zu

---

21 Vgl. hierzu Karl Marx: Das Kapital (Anm. 14), insbesondere S. 20–52.
22 Die Übertragung der marxistischen Begrifflichkeit auf den Bereich der Literaturtheorie spielt in den Überlegungen der Gruppe *Tel Quel* eine zentrale Rolle. Vgl. dazu beispielsweise Jean-Joseph Goux: Marx et l'inscription du travail. In: Tel Quel: Théorie d'ensemble. Paris: Éditions du Seuil 1968, S. 188–211.
23 Vgl. Pierre Bourdieu: Die Regeln der Kunst. Genese und Struktur des literarischen Feldes. Aus dem Französischen übersetzt von Bernd Schwibs und Achim Russer. Frankfurt/M.: Suhrkamp 2001 (= suhrkamp taschenbuch wissenschaft 1539).

mir selbst, zu meiner Souveränität zu finden. In seiner Schrift *Die Gesellschaft des Spektakels* schreibt Debord: »Wo wirtschaftliches *Es* war, muss *Ich* werden.«[24] Jedermann erkennt hier sofort eine Entwendung von Sigmund Freuds berühmtem Satz, der sich mehr oder weniger als *cogito* der Psychoanalyse deuten lässt: »Wo *Es* war, soll *Ich* werden.«[25] Anstelle des *Es* – und dieses *Es* ist für Debord ökonomischer, kapitalistischer Natur – soll ein souveränes, freies, nicht entfremdetes *Ich* treten, und ironischerweise sind Plagiat und Entwendung der königliche Weg zu der hier vorausgesetzten Subjektivierung. Nur durch Aneignung finde ich zu mir selbst, nur durch die Benutzung des Fremden breche ich aus der Entfremdung heraus. Das Plagiat ist die Bedingungsmöglichkeit meiner Subjektivität und gerade deshalb eignen sich Plagiat und Entwendung besonders gut für die autobiografischen Aufzeichnungen, die ungefähr die Hälfte von Guy Debords Gesamtwerk ausmachen. Sein erstes Buch *Mémoires* ist 1953 erschienen, als Debord erst 22 Jahre alt war; es besteht nur aus entwendeten Texten und Bildern, die auf mehr oder weniger verschlüsselte Erlebnisse hinweisen.[26]

Analog funktioniert die Aneignung übrigens auch in den sogenannten psychogeografischen Experimenten der Situationisten, d. h. im kollektiven Ab-Driften durch bestimmte Stadtviertel – beispielsweise in Paris oder Amsterdam. Die Psychogeografie ist wie die Allegorie des Plagiats, sie ist die räumliche Version dessen, was bei der Entwendung im Bereich der Texte oder der Bilder geschieht. Bei solchen Experimenten wird die Stadt selbst zum Text; auch hier geht es um eine Kunst ohne Autorschaft – und sogar ohne Werke. Und das vor allem, weil das Ab-Driften in der Stadt ebenfalls den Sinn einer Aneignung, einer Zurückeroberung des öffentlichen, durch das Spektakel konfiszierten oder vereinnahmten Raumes hat. Genau wie die Praxis des Plagiats und der Entwendung eine Antwort auf die in den 1960er Jahren durch das Fernsehen angetriebene Kulturindustrie darstellen, ist die Psychogeografie und ihre Umsetzung im Ab-Driften eine Widerstandsstrategie gegen die moderne Raumplanung, die insbesondere in Paris dazu führt, dass dessen Einwohner die Stadtmitte, in der zahlreiche Büros, Boutiquen und Einkaufszentren entstehen, verlassen und in die Banlieues, in die Vorstädte, ziehen müssen. Nicht nur der öffentliche Diskurs wird durch das Spektakel konfisziert, was dann Plagiat als Antwort hervorruft, sondern auch der öffentliche Raum wird konfisziert, mein Recht, da zu leben, wo ich bin, wo ich sein will.[27] Die Abbildung 2 – ein von Debord konzipierter psychogeografischer Reiseführer von Paris – veranschaulicht, worum es hier geht: Es geht um die Zurückeroberung, die Aneignung der Stadt, die durch das Subjektive, durch die Leidenschaft neu strukturiert oder konfiguriert wird.

24 Guy Debord: Die Gesellschaft des Spektakels (Anm. 1), S. 41.
25 Sigmund Freud: Das Ich und das Es. 31. Vorlesung. In: Ders.: Gesammelte Werke in 18 Bänden mit einem Nachtragsband. Bd. 15: Neue Folge der Vorlesungen zur Einführung in die Psychoanalyse. Hg. von Anna Freud u.a. Frankfurt/M.: S. Fischer 1933, S. 1–197, hier S. 151.
26 Guy Debord: Mémoires. In: Ders.: Œuvres (Anm. 11), S. 375–444. Dieser Ausgabe der Œuvres ist zum ersten Mal eine »*kritische Ausgabe*« hinzugefügt, in der auf die Quellen von allen Entwendungen hingewiesen wird.
27 Simon Sadler: The Situationist City. Cambridge (Mass.): MIT Press 1998.

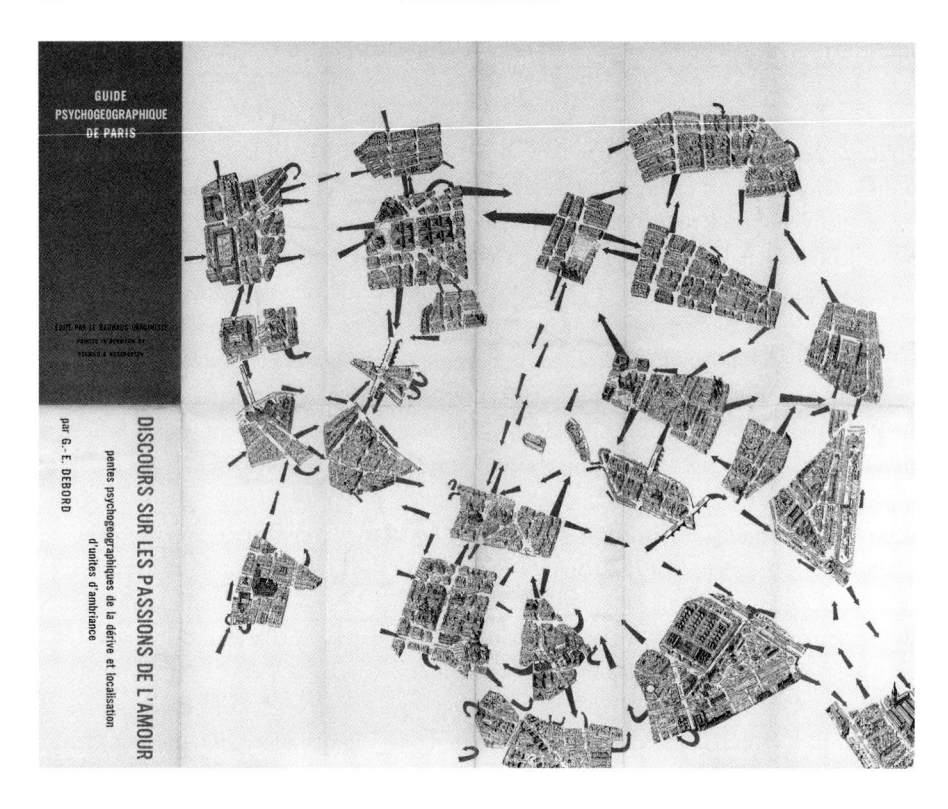

Abbildung 2:
Guy Debord, *Plan psychogéographique de Paris* (1957)

Das Plagiat – oder das Ab-Driften – als Zurückeroberung, als Aneignung, als Subjektivierung, als Mittel der Souveränität; diese Konzepte sind bei Debord sowie bei Vertretern weiterer avantgardistischer Bewegungen der 1960er Jahre nachzulesen. Man kann diese Praxis als steril und entsprechend infantil einstufen, wobei Debord auch für den Infantilismus die Verantwortungen übernommen hätte, was wieder ziemlich widersprüchlich klingt. Die Situationisten haben sich explizit als ›the lost children‹, als ›die verlorenen Kinder‹ der Revolution bezeichnet. Sie waren die Peter Pans der Revolution; sie haben sich geweigert, erwachsen zu werden, was der frühere 68er-Aktivist und erfolgreiche Filmregisseur Bernardo Bertolucci in seinem Film *The Dreamers* (2003) bestens nachgezeichnet hat. Trotz oder gerade wegen dieser Infantilität entspricht die situationistische Praxis einer radikalen Kritik an der in den 1960er Jahren aufkommenden Kulturindustrie, die sich mittlerweile auf eine unaufhaltsame

Weise durchgesetzt hat.[28] Kultur ist ein ernstes Geschäft geworden; sie ist keine ›Toolbox‹ mehr, die da ist, um benutzt zu werden. Entsprechend wird heutzutage alles mit Copyrights oder Lizenzen versehen. Und wenn die kulturellen Artefakte nur noch mit Suchmaschinen an ihrem Markterfolg gemessen werden – denn so ist es grundsätzlich –, dann ist auf jeden Fall die Zeit der Plagiate, Entwendungen und Fälschungen, die im Rahmen des Kulturmarktes etwa der Falschmünzerei entsprechen, vorbei. Auch für Pseudo- oder verschwundene Autoren ist es zu spät. Wenn sich das Spektakel überall durchgesetzt hat, wie das heute der Fall zu sein scheint, dann muss der Autor auch im Spektakel auftreten, er muss sich selbst sichtbar machen, an Talk-Shows aller Art beteiligen und damit beweisen, dass es ihn gibt, dass er er selbst ist – authentisch beziehungsweise pseudo-authentisch. In diesem Sinne ist es kaum ein Zufall, dass die avantgardistische Befürwortung des Plagiats auf einen Autor wie Isidore Ducasse zurückzuführen ist, von dem man kaum etwas weiß, der einen Pseudonym benutzt hat und buchstäblich hinter seinen Plagiaten und Entwendungen verschwunden ist. Und auch Debords Übernahme von Ducasses Thesen ist kein Zufall, zumal er sich sein Leben lang geweigert hat, im Spektakel, sprich: in den Medien aufzutreten und sich konsequent als ›Feind des Spektakels‹ inszeniert hat.

Wir leben in einer Kultur, die sich als Kulturindustrie definiert, die einem Vermarktungsprinzip entspricht, bei dem es strategisch scheint, die Marken durch Copyrights und Lizenzen zu schützen, dies auch in dem sogenannten wissenschaftlichen Bereich, wo es noch sehr viel über die eiserne Allianz zwischen teuren Top-Universitäten und teuren Top-Journals zu sagen gäbe. In dieser Kultur wird Plagiat zu einem Quasi-Verbrechen – die Plagiatoren werden heute noch schneller an den Pranger gestellt als die Pädophilen, was wahrscheinlich damit verbunden ist, dass sich Pädophilie nicht einfach mit digitaler Software feststellen lässt. Um es in Debords dialektischer Begrifflichkeit auszudrücken: Das Plagiat funktioniert in der gegenwärtigen Vermarktungskultur als deren absolute *Negativität*. Es ist das Emblem der Negativität, und hier sei darauf hingewiesen, dass Debord und viele andere Akteure der 1960er Jahre ihre gesamte Praxis als soziale Negativität gedeutet haben.

Nun, die Avantgarden sind verschwunden. Was um 1968 stattgefunden hat, lässt sich bestimmt nicht wiederholen, und wir können nur bedauern, dass wir alle diese Fehler der 68er-Generation nicht mehr machen können oder dürfen. Aber wie sieht es mit der Negativität aus? Ist sie auch verschwunden? Gibt es sie nicht mehr? Ist die Kulturindustrie derart unanfechtbar geworden, dass sie sich widerstandslos in ihrer eigenen Selbstgefälligkeit betrachten kann? Das möchte sie zwar, aber es gelingt ihr nicht ganz, es klappt mit der Verriegelung immer noch nicht; einerseits, weil es noch Autoren gibt, die sich Barthes' oder Debords Widerstand anschließen, die sich gegen den Zwang der Authentizität und Sichtbarkeit wehren, andererseits vor allem auch, weil es das ›Web 2.0‹ gibt. Die mittlerweile zwanghaft gewordene Plagiatsjagd

---

28 Zur Beschreibung der global gewordenen Kulturindustrie vgl. Frédéric Martel: Mainstream. Wie funktioniert, was allen gefällt. Aus dem Französischen übersetzt von Elsbeth Ranke und Ursel Schäfer. München: Albrecht Knaus Verlag 2011.

in allen Bereichen versteht sich ja freilich auch als die Konsequenz der mit der Digitalisierung entstandenen Benutzungsmöglichkeiten von kulturellen Artefakten. Noch nie waren Texte, Bilder, Musikstücke so leicht kopierbar und verwendbar wie heute. ›Copy and Paste‹-Verfahren, ›Mashup‹-Kultur: Es ist faszinierend zu beobachten, wie fast alle Voten der Avantgarden aus den 1960er und 1970er Jahren zugunsten kollektiver Autorschaft, Intertextualität, partizipativer Kunst, zugunsten des Aufbrechen des Buches durch endloses Schreiben, zugunsten des Gebrauchswerts anstelle von Konsum, sich heute mit den digitalen Technologien umsetzen lassen, und zwar grundsätzlich durch alle, die über einen Internetzugang verfügen.[29] Und als Rückkopplung ist auch festzustellen, dass sich ›Benutzungen‹, die möglicherweise als Plagiat zu verurteilen sind beziehungsweise als solche identifiziert und angeprangert wurden, wie z. B. im Fall von Helene Hegemanns Roman *Axolotl Roadkill* (2010), sehr gut mit Argumenten aus der Literaturtheorie der 1960er und 1970er Jahre rechtfertigen lassen.

Wir wissen, dass sich Millionen oder sogar Milliarden von *Benutzern* solche Gelegenheiten nicht entgehen lassen. Neben oder unter der offiziellen Kulturindustrie mit ihren Copyrights, Lizenzen und ›Digital Rights Management‹-Maßnahmen, die sich mit gewissem Know-How immer knacken lassen, hat sich eine Gegenkultur der Benutzung entwickelt, eine Kultur der Piraterie, der sich wahrscheinlich ein Guy Debord heute begeistert anschließen würde. Jedenfalls haben sich in den letzten Jahren mehrere Internet- und Pirateriespezialisten als Nachfolger von Guy Debord zu Wort gemeldet: Sie gehen davon aus, dass die Fortsetzung der Kritik und der Bekämpfung der ›Gesellschaft des Spektakels‹ im Internet und genauer noch via Hacking stattfinden soll.[30] Der Hacker ist in diesem Sinn die Verkörperung der kulturellen Negativität, sozusagen der Held der Subversion 2.0, was freilich nicht bedeutet, dass alle Hacker im Dienste der kulturellen Revolution stehen. Es gibt natürlich auch solche mit etwas zweifelhaften Zielen; nicht alle Hacker sind so sympathisch wie die literarische Figur von Lisbeth Salander in Stieg Larssons Trilogie *Millenium*, NSA & Co lassen grüßen.[31] Aber gerade bei solchen Phänomenen ist auch auf die Negativität hinzuweisen, die von einem Julian Assange oder einem Eric Snowden verkörpert wird. Auch hier gibt es die Helden, die Subversiven, diejenigen, die die Verschlüsselungen knacken, die sozusagen der Öffentlichkeit das zurückgeben, was den Leuten hinter ihrem Rücken konfisziert wurde. Snowden ließe sich nicht nur zur Reinkarnation von Guy Debord erklären, sondern auch von Robin Hood. Interessanterweise hat der NSA-Chef, Keith Alexander, erklärt, man müsse Snowden unbedingt neutralisieren; es sei nicht akzeptabel, dass dieser zahlreiche Dateien an die Medien *verkaufe*. Fatale Fehleinschätzung: Snowden hat nichts verkauft, sondern alles weiter*gegeben*, und gerade deshalb ist er so populär. Snowden ist – auf die Überwachungsgesellschaft bezogen – das, was der Plagiator auf die Kulturindustrie bezogen ist: grundsätzlich eher sympathisch.

---

29 Vgl. Vincent Kaufmann: La Faute à Mallarmé. L'aventure de la théorie littéraire. Paris: Éditions du Seuil 2011, S. 193–224.
30 Vgl. McKenzie Wark: A Hacker Manifesto. Cambridge (Mass.): Harvard University Press 2004.
31 Evgeny Morozov: The Net Delusion. How Not to Liberate the World. London: Person 2011.

»Für eine neue Literaturgeschichte«?
Zum ›plagiat par anticipation‹ bei *Oulipo* und Pierre Bayard[1]

Stefanie Leuenberger

Wenn die sprachexperimentelle Gruppe *Oulipo* feststellt, dass eine ›contrainte‹, die sie selbst erfunden zu haben glaubte, schon früher verwendet worden ist, bezeichnet sie diesen Sachverhalt als ›plagiat par anticipation‹. Die Vorstellung von der Umkehrbarkeit des Geschichtsverlaufs stammt aus der 'Pataphysik, die Alfred Jarry (1873–1907) zufolge von seiner Figur Ubu Roi (König Ubu) gegründet wurde. Der Literaturwissenschaftler Pierre Bayard versuchte 2009, die Idee des ›plagiat par anticipation‹ für die Entwicklung eines neuen, flexibleren Konzepts von Literaturgeschichte fruchtbar zu machen. Seine Thesen wurden kontrovers diskutiert und als wenig schlüssig kritisiert. *Oulipo* selbst allegorisierte diesen Begriff in einer Reihe aufeinander bezugnehmender Erzählungen, die sich den Themen Plagiat, Erinnerung und Vergessen widmen.

Members of the experimental group *Oulipo* use the term ›plagiat par anticipation‹ when they discover that a ›contrainte‹, which they thought to have invented themselves, has already been used before. The idea of the reversibility of the course of history has emerged in 'Pataphysics, which, according to Alfred Jarry (1873–1907), was founded by his character Ubu Roi (King Ubu). Pierre Bayard, professor of French literature, introduced the idea of ›plagiat par anticipation‹ in order to develop a new and more flexible concept of literary history. However, his assumptions were controversially discussed and criticized as not completely conclusive. *Oulipo* itself allegorized the ›plagiat par anticipation‹ in a series of stories, all referring to each other, which address matters of plagiarism, memory, and oblivion.

»Das Plagiat ist notwendig. Der Fortschritt schließt es mit ein.«[2] Diese Sätze aus der Feder von Lautréamont werden in François Le Lionnais' *Le second manifeste* zitiert und erscheinen damit im Rahmen der Reflexion der sprachexperimentellen Gruppe *Oulipo* über ihre Arbeitsweise. Der provokatorische Gestus ist kennzeichnend für den ironischen Umgang der beiden *Oulipo*-Manifeste mit den Erwartungen des Lesers. *Oulipo* (*L'Ouvroir de Littérature Potentielle/Werkstatt für potenzielle Literatur*) hat sich schon früh mit den Möglichkeiten auseinandergesetzt, die sich aus bestimmten Formen des Plagiats für das künstlerische Schaffen ergeben. Gegründet wurde *Oulipo* 1960 in Paris von Raymond Queneau und François Le Lionnais. Den Impuls zur Gründung gaben Gespräche, die die beiden über Queneaus Arbeit an seinem Sonett-Ensemble *Cent mille milliards de poèmes* führten. Die Autoren befassten sich mit dem Problem, wie dieser formal komplex angelegte Gedichtzyklus vollendet werden

---

1 Die Frage bezieht sich auf den Titel des dritten Teils der Arbeit von Bayard. Pierre Bayard: Le plagiat par anticipation. Paris: Les Éditions de Minuit 2009, S. 103.
2 »Le plagiat est nécessaire. Le progrès l'implique.« François Le Lionnais: Le second manifeste. In: Oulipo. La literature potentielle (Créations Re-créations Récréations). Paris: Éditions Gallimard 1973, S. 23–27, hier S. 27. Vgl. auch die deutsche Fassung: François Le Lionnais: Das zweite Manifest. In: Heiner Boehncke/Bernd Kuhne (Hg.): Anstiftung zur Poesie. Oulipo – Theorie und Praxis der Werkstatt für potenzielle Literatur. Aus dem Französischen übersetzt von Heiner Boehncke, Bernd Kuhne und Lilo Schweizer. Bremen: Manholt Verlag 1993, S. 23–28, hier S. 27.

könne, und davon ausgehend viel weitreichender mit der Frage, welche Möglichkeiten sich eröffnen, wenn man literarischen Werken mathematische Strukturen zugrunde legt.[3] *Oulipo* vereinigte in der Folge Dichter und Mathematiker, die es sich zur Aufgabe machen, »systematisch und wissenschaftlich«[4] und dabei immer in Kollaboration der Gruppenmitglieder die Möglichkeiten zu erforschen[5], die sich für die Literatur bieten, wenn sie sich einschränkenden Regeln unterwirft – was sie ja im Grunde immer schon getan hat, etwa durch »Beschränkungen des Vokabulars und der Grammatik«[6] sowie durch bestimmte Gattungsvorgaben. Die Gruppe *Oulipo* nimmt sich jedoch vor, ihre Zahl möglichst zu vermehren und sie poetisch fruchtbar zu machen. Die ›contrainte‹, also die selbstauferlegte formale Einschränkung, ist daher das Hauptprinzip der »Forschungen«[7] von *Oulipo*: Während sich die »synthetische Richtung« dieser Studien den Texten früherer Epochen widmet und untersucht, ob bestimmte Dimensionen der ›contrainte‹ den damaligen Autoren gar nicht bewusst geworden sind, versucht die »analytische Richtung«, »neue Wege zu eröffnen«, die den »Vorgängern unbekannt gewesen sind.«[8] Betont wird dabei die Potenzialität, die Latenz, das Kommende. Diese Richtung bezeichnet denn auch das Spezifische von *Oulipo*: Der Fokus liegt nicht auf den schon bestehenden Texten, sondern auf den noch zu schaffenden.[9] Das Experiment mit Formen der Einschränkung steht also im Zentrum des Interesses.[10] Doch welche Gestalt können diese ›contraintes‹ haben? Sie zeigen häufig Formen der Buchstabenpermutation, der Buchstaben- und Wortersetzung oder des Weglassens von Buchstaben im sogenannten Leipogramm und schließen damit an die Tradition der Kombinationskunst an, die die Gelehrten seit dem Mittelalter beschäftigt.[11] ›Contraintes‹ im Bereich der Syntax haben oft Auswirkungen auf der Ebene der Semantik, wie sich etwa in Walter Abishs 1974 erschienenen Roman *Alphabetical Africa* zeigt, wo leipogrammatische Restriktionen über die An- oder Abwesenheit von Figuren bestimmen. Weitere Formen der ›contrainte‹ sind die Texterweiterung durch Einschübe, die Mischung von Strukturen, etwa bei der Kombination von Teilen bestimmter Sprichwörter, sowie die Übersetzung, und zwar meist innerhalb einer Sprache, wodurch antonymische, homolexikale oder semo-definitionale Texte entstehen.[12]

---

3 Vgl. Harry Mathews/Alastair Brotchie (Hg.): Oulipo-Compendium. Revised and Updated. 3. Aufl. London: Atlas Press 2011, S. 205.
4 François Le Lionnais: Das zweite Manifest (Anm. 2), S. 20.
5 Jacques Roubaud: Introduction. In: Harry Mathews/Alastair Brotchie (Hg.): Oulipo-Compendium (Anm. 3), S. 37-44, hier S. 39.
6 François Le Lionnais: Das zweite Manifest (Anm. 2), S. 19.
7 Ebd., S. 20.
8 Ebd., S. 21.
9 Harry Mathews/Alastair Brotchie (Hg.): Oulipo-Compendium (Anm. 3), S. 213.
10 François Le Lionnais: Das zweite Manifest (Anm. 2), S. 25.
11 Vgl. Jacques Roubaud: Introduction (Anm. 5), S. 40, sowie Harry Mathews/Alastair Brotchie (Hg.): Oulipo-Compendium (Anm. 3), S. 180.
12 Harry Mathews/Alastair Brotchie (Hg.): Oulipo-Compendium (Anm. 3), S. 236.

Beliebt ist auch die Komposition bilingualer Texte, etwa des Franglais[13], das Verstecken von Texten oder Wörtern in anderen Texten sowie das Cento, d.h. ein Text, der aus Versen oder Sätzen anderer Autoren zusammengesetzt ist, die Substitutionen und Manipulationen standhalten können, ohne ihre Wiedererkennbarkeit zu verlieren.[14] Erzielt wird damit häufig die Parodie bestehender Texte. Eine besondere Form der Einschränkung wird als ›Canada Dry‹ bezeichnet: Ihr unterworfene Texte sehen aus, als würde ihnen eine ›contrainte‹ zugrunde liegen, obwohl dies gar nicht der Fall ist.[15]

Die ›contraintes‹ sind zwar künstliche Strukturen, nach Ansicht von *Oulipo* aber durchaus lebensfähig: Die Gruppe vergleicht ihre Arbeit mit dem Versuch der »künstlichen Herstellung lebendiger Materie im Labor«[16], die vielleicht einmal gelingen werde. Zu dieser experimentellen Arbeit gehört laut Le Lionnais auch die Lust, bestehende Texte »zu verbessern«, ihnen »Prothesen«[17] anzupassen. Dies passiert durch bestimmte Formen der Bearbeitung, etwa der »homophonischen Übersetzung«[18], die eher den Klang als die Bedeutung des Originals wiedergeben will. Und im Zusammenhang mit dieser ›contrainte‹, die er zur Bearbeitung eines Gedichts von Keats anwandte, zitierte Le Lionnais Lautréamont: »Das Plagiat ist notwendig. Der Fortschritt schließt es mit ein. Es geht dem Satz eines Autors zu Leibe, bedient sich seiner Ausdrücke, streicht einen falschen Gedanken aus und ersetzt ihn durch den rechten Gedanken.«[19] Das Thema Plagiat wird hier von Le Lionnais unter einer besonderen Perspektive diskutiert:

> Es gelingt uns manchmal zu entdecken, dass eine Struktur, die wir für vollkommen originell gehalten haben, bereits in der Vergangenheit, bisweilen bereits in einer weit zurückliegenden Vergangenheit, entdeckt worden ist. Wir machen es uns zur Aufgabe, einen solchen Sachverhalt anzuerkennen, indem wir die fraglichen Texte als ›vorweggenommene Plagiate‹ (plagiats par anticipation) bezeichnen. So widerfährt allen Gerechtigkeit, und jeder erhält, was er verdient.[20]

Jacques Roubaud hat auf den paradoxen und provokativen Charakter der Vorstellung des ›vorweggenommenen Plagiats‹ hingewiesen und zum Vergleich auf das Vorgehen der französischen Mathematikergruppe *Bourbaki* und der Surrealisten verwiesen, die jeweils die Mathematiker und Dichter der Vergangenheit als Bourbakisten und Surrealisten ›avant la

---

13 Ebd., S. 152.
14 Ebd., S. 120.
15 Ebd., S. 119.
16 François Le Lionnais: Das zweite Manifest (Anm. 2), S. 26.
17 Ebd., S. 27.
18 Harry Mathews/Alastair Brotchie (Hg.): Oulipo-Compendium (Anm. 3), S. 158.
19 François Le Lionnais: Das zweite Manifest (Anm. 2), S. 27.
20 Ebd., S. 27f.

lettre< bezeichnen.²¹ Auch manche der von *Oulipo*-Mitgliedern verehrten >Meister< seien große »anticipatory plagiarists«²², etwa Lewis Carroll, Raymond Roussel und Alfred Jarry.

Dass der Name Alfred Jarrys hier genannt wird, ist kein Zufall. Er verweist auf die Herkunft der Idee des ›plagiat par anticipation‹, die auf der Vorstellung von der Umkehrbarkeit des Geschichtsverlaufs basiert. Diese Vorstellung stammt aus der 'Pataphysik, »der Wissenschaft der Wissenschaften«²³, als deren Gründer Jarry seine Figur Ubu Roi (König Ubu) bezeichnete und deren weitere Ausarbeitung er seinem Doktor Faustroll zuschrieb. Ende des 19. Jahrhunderts, »zu einer Zeit, als die Wissenschaft, die Kunst und die Religion einander in die Finsternis zu stoßen begannen«²⁴, schrieb Jarry sein Drama vom verfressenen, grausamen und feigen Ubu Roi, dessen Uraufführung 1896 in Paris sogleich einen Skandal hervorrief. Erst 1911, nach Jarrys Tod, wurde dann auch der »neowissenschaftliche Roman« mit dem Titel *Heldentaten und Ansichten des Doktor Faustroll, Pataphysiker* veröffentlicht. Jarry interessierte sich gleichermaßen für die Literatur, den Okkultismus, die Entwicklung der zeitgenössischen Wissenschaften und den Anarchismus, und er führte diese verschiedenen und häufig verbindungslosen Bereiche in der 'Pataphysik zusammen.²⁵ Laut Roger Shattuck kann man die 'Pataphysik ansehen als »eine Disziplin, ein Verhalten, einen Ritus, einen Standpunkt, eine Mystifikation. Sie ist das alles und nichts davon.«²⁶ Oder anders formuliert, von Faustroll selbst: »Die Pataphysik […] ist die Wissenschaft von dem, was zur Metaphysik hinzukommt, sei es innerhalb derselben, sei es außerhalb derselben, und die sich genau so weit über diese erhebt, wie jene über die Physik.«²⁷ Und noch einfacher ausgedrückt: »Die Pataphysik ist die Wissenschaft…«²⁸. Sie »hat ihre eigenen Bestimmungen, ihre eigenen Gesetze, die sie jederzeit verwirft und, wenn es ihr beliebt, in ihr Gegenteil verkehrt.«²⁹

Jarrys *Heldentaten Faustrolls* beigefügt ist ein Anhang mit dem Titel *Nutzbringende Erläuterungen zum sachgemäßen Bau einer Maschine zur Erforschung der Zeit*. Diese Maschine ermöglicht es, die Zeit zu durchreisen:

---

21 Vgl. Jacques Roubaud: Introduction (Anm. 5), S. 40.
22 Ebd.
23 Roger Shattuck: An der Schwelle der 'Pataphysik. In: Klaus Ferentschik: 'Pataphysik – Versuchung des Geistes. Die 'Pataphysik & das Collège de 'Pataphysique. Definitionen, Dokumente, Illustrationen (= Batterien 77). Berlin: Matthes & Seitz 2006, S. 57–69, hier S. 60.
24 Ebd., S. 59.
25 Ebd., S. 61.
26 Ebd.
27 Alfred Jarry: Heldentaten und Ansichten des Doktor Faustroll, Pataphysiker. Neowissenschaftlicher Roman. Nutzbringende Erläuterungen zum sachgemäßen Bau einer Maschine zur Erforschung der Zeit. Aus dem Französischen übersetzt von Klaus Völker. Frankfurt/M.: Zweitausendeins 1987, S. 35.
28 Ebd., S. 173.
29 Klaus Ferentschik: 'Pataphysik – Versuchung des Geistes (Anm. 23), S. 70.

> Die Fahrt in die VERGANGENHEIT besteht in der Wahrnehmung der Umkehrbarkeit der Phänomene. Man wird den Apfel wieder von der Erde auf den Baum springen, oder den Toten wiederauferstehen, schließlich die Kugel in die Kanone zurückkehren sehen. Dieser visuelle Aspekt der Abfolge ist schon bekannt als etwas, das man theoretisch erreichen kann, indem man das Licht überholt und sich dann mit einer konstanten Geschwindigkeit, die der des Lichtes gleich ist, weiter entfernt.[30]

Weiter heißt es im Kapitel *Die Zeit von der Maschine aus gesehen*:

> Es muss noch gesagt werden, dass es für die MASCHINE zwei VERGANGENHEITEN gibt: die Vergangenheit, die vor unserer Gegenwart liegt oder die reale Vergangenheit, und die *von der Maschine konstruierte* Vergangenheit, wenn sie zu unserer GEGENWART zurückkommt, und die nichts anderes als die Umkehrbarkeit der ZUKUNFT ist.[31]

Um im Sinne der ’Pataphysik Studien zu betreiben, wurde 1948 in Paris das *Collège de ’Pataphysique* gegründet. Diese »Gesellschaft der gelehrten und unnützen Forschungen«[32], wie sie sich selbst bezeichnet, beschäftigt sich mit der »Wissenschaft imaginärer Lösungen«.[33] Sie besteht aus zahlreichen Kommissionen und Unterkommissionen und hat sich eigene Statuten verliehen. Ihr hierarchischer Aufbau gleicht dem »einer Akademie oder Fakultät, des Vatikans oder Militärs«: So wäre sie »durchaus als eine Persiflage auf diese« anzusehen, wenn man davon ausgeht, dass sie »überhaupt persiflierende Absichten«[34] hat. Auch ein neuer Kalender mit eigenen Monatsnamen wurde von der Gesellschaft eingeführt, Ausgangspunkt der Zeitrechnung ist der 8. September 1873, der Geburtstag Jarrys. Die vom *Collège de ’Pataphysique* herausgegebene eigene Schriftenreihe *Viridis Candela* vervollständigt das Erscheinungsbild der bis in die Gegenwart bestehenden Gesellschaft. Die Mitgliederliste umfasst zahlreiche Namen aus der Literatur- und Kunstgeschichte: Von Marcel Duchamp über Man Ray, Miro, Prévert, Le Lionnais, Queneau, Ionesco, Max Ernst, die Marx Brothers, René Clair, Boris Vian, Michel Leiris, Baudrillard, Cortazar, Calvino, Perec bis zu Umberto Eco. Das *Collège de ’Pataphysique* erkennt aber auch »Patacessoren« an, d. h. Autoren, »die, wenn auch unbewusst, die ’Pataphysik ausübten, bevor das Collegium gegründet wurde, und zu früh starben, um Mitglieder werden zu können«[35]: u.a. Aristoteles, Lukrez, Luther, Melanchthon, Jacob Böhme, Bosch, Dürer, El Greco, Goya, Rabelais, Swift, Lichtenberg, Grabbe, Nietzsche, Mallarmé, Scheerbart und Raymond Roussel.

---

30 Alfred Jarry: Nutzbringende Erläuterungen zum sachgemäßen Bau einer Maschine zur Erforschung der Zeit. In: Ders.: Heldentaten und Ansichten des Doktor Faustroll, Pataphysiker (Anm. 27), S. 175–192, hier S. 189f.
31 Ebd., S. 191.
32 Klaus Ferentschik: ’Pataphysik – Versuchung des Geistes (Anm. 23), S. 91.
33 Alred Jarry: Heldentaten und Ansichten des Doktor Faustroll, Pataphysiker (Anm. 27), S. 36.
34 Klaus Ferentschik: ’Pataphysik – Versuchung des Geistes (Anm. 23), S. 105.
35 Ebd., S. 101 und 107f. Im Jahr 2000 wurde dann das *London Institute of ’Pataphysics* gegründet, vgl. die entsprechende Webseite unter: http://www.atlaspress.co.uk/theLIP/ (18. Mai 2014).

Aus dem *Collège de 'Pataphysique* ging dann auch die Gruppe *Oulipo* hervor. 1960 hatten sich, eingeladen von Le Lionnais, zehn Pataphysiker zusammengeschlossen, um neue Verfahren der Texterstellung zu erproben, gerade auch mit Hilfe mathematischer Operationen und neuester technischer Hilfsmittel wie des Computers.[36] 1966 wurde *Oulipo* dann zu einer Co-Kommission des *Collège de 'Pataphysique* erklärt. Die Nähe beider Gruppen ist deutlich, denn das für die 'Pataphysik wichtige Thema der Umkehrbarkeit des Zeitverlaufs beschäftigt *Oulipo* intensiv: Im *Ersten Manifest* wurde erklärt, dass »Unterhaltung, Ulk und Betrug noch zur Poesie«[37] gehören, und damit auch in gewisser Weise vorgegeben, wie die paradoxe Vorstellung beziehungsweise kühne Unterstellung des ›plagiat par anticipation‹ aufzufassen sei.

Allerdings – und das ist entscheidend – kommt bei *Oulipo* ein Faktor hinzu, der mit der Diskussion über die Zeit und die Vergangenheit unmittelbar zusammenhängt und den Bereich von Unterhaltung und Ulk übersteigt. Der Pataphysiker Boris Vian hatte 1954 geschrieben, er sei weit davon entfernt, über die Vergangenheit zu klagen, vielmehr schlage er vor, sie zu verbessern. Die 'Pataphysik schaue immer nach vorne, da sie unbeweglich in der Zeit stehe und die Zeit per Definition rückwärts laufe.[38]

Die Versuche zur Verbesserung der Vergangenheit unternimmt *Oulipo* auf ganz eigene Weise: Bernard Magné hat 1979 im Vorwort zu George Perecs Erzählung *Le Voyage d'hiver* durch das Zitat zweier Verse von Raymond Queneau darauf hingewiesen:

> De tous les coups du sort, j'ai su faire une fable.
> Le moins devient le plus : consolante inversion.[39]

Perecs *Voyage d'hiver* erzählt von einem Buch mit ebendiesem Titel, das ein Autor namens Hugo Vernier verfasste. Ein junger Literaturwissenschaftler entdeckt, dass darin zahllose Verse enthalten sind, die ihm aus den Gedichten und Prosatexten bedeutender Parnassiens und Symbolisten, von Catulle Mendès über Lautréamont, Verlaine, Mallarmé bis zu Emile Verhaeren und Gustave Kahn, bekannt sind. Verniers Text erscheint so als eine Kompilation, als ein riesiges Cento aus Teilen von Werken anderer Autoren. Doch die Angabe zum

---

36 François Le Lionnais: La Lipo (Das erste Manifest). In: Heiner Boehncke/Bernd Kuhne (Hg.): Anstiftung zur Poesie. Oulipo – Theorie und Praxis der Werkstatt für potenzielle Literatur (Anm. 2), S. 18–22, hier S. 20.
37 Ebd., S. 22.
38 »Vous avez vu que, loin de lamenter le révolu, je suggère simplement que l'on améliore. […] la pataphysique va toujours de l'avant puisqu'elle est immobile dans le temps et que le temps, lui, est rétrograde par définition, puisque l'on nomme ›direct‹ celui des aiguilles d'une montre.« Boris Vian: Lettre au Provéditeur-Editeur sur un Problème Quapital et quelques autres. In: Viridis Candela. Cahiers du Collège de 'Pataphysique 19. L'Avenir Futur ou Non. 4 Clinamen 82 E. P. Paris: Collège de 'Pataphysique 1955, S. 31–34, hier S. 33.
39 Bernard Magné: Voyages divers. In: Georges Perec: Le Voyage d'hiver/Jacques Roubaud: Le Voyage d'hier. Précédés de Voyages divers, preface de Bernard Magné. Suivis de Voyages d'envers, postface de Julien Bouchard. 2. Aufl. Nantes: Éditions Le Passeur/Cecofop 1997, S. 9–13, hier S. 13. Für das Originalzitat vgl.: Raymond Queneau: Si tu t'imagines. Paris: Éditions Gallimard 1952, S. 29.

Erscheinungsjahr, 1864, erweist diesen Eindruck als falsch, denn Verniers Buch ging denjenigen der anderen Autoren um Jahre voraus. Und damit wird es zur Quelle, ohne die die französischsprachige Literatur der zweiten Hälfte des 19. Jahrhunderts undenkbar ist und aus der sich die anderen Autoren bedienten:

> [...] cela voudrait dire que Vernier avait »cité« un vers de Mallarmé avec deux ans d'avance, plagié Verlaine dix ans avant ses »Ariettes oubliées«, écrit du Gustave Kahn près d'un quart de siècle avant lui! Cela voudrait dire que Lautréamont, Germain Noveau, Rimbaud, Corbière et pas mal d'autres n'étaient que les copistes d'un poète génial et méconnu qui, dans une œuvre unique, avait su rassembler la substance même dont allaient se nourrir après lui trois ou quatre générations d'auteurs![40]

Die Autoren machten aus Vernies Buch »la bible où ils avaient puisé le meilleur d'eux-mêmes«[41]. Das Buch selbst jedoch verschwand im Zweiten Weltkrieg. Die jahrelange intensive Suche des Wissenschaftlers in allen Bibliotheken und Archiven nach einem erhaltenen Exemplar endet ergebnislos und treibt den Suchenden in den Wahnsinn.

Wie Bernard Magné in seiner Lektüre von Perecs Text ausführte, kann man diesen als eine Art »allégorie«[42] des oulipotischen Prinzips des ›plagiat par anticipation‹ verstehen. Wichtig ist dabei meiner Ansicht nach die dreifache Perspektive, die sich aus der Vorstellung vom ›plagiat par anticipation‹ hier ergibt: Vernier erscheint zunächst als Plagiator, dann als Plagiator ›par anticipation‹ und zuletzt als Plagiierter. Dies ist nur möglich durch die ›Plagiatserzählung‹, denn »Plagiate entstehen dadurch, dass man sich von ihnen erzählt«[43], so eine der Thesen in Philipp Theisohns umfangreicher Studie zur Literaturgeschichte des Plagiats. Ob Perecs Figur Hugo Vernier selbst eine solche Erzählung hervorbrachte, ist nicht bekannt, denn über ihr Leben weiß man kaum etwas, es gibt nur wenige Spuren, die sich aber verlieren.

Dafür tritt Perecs Erzähler auf den Plan: Das Verfahren der Buchstabenpermutation im Anagramm ›Vernier‹ (›revenir‹), das aus einem bestehenden Wort etwas Neues, Unerhörtes, der bisherigen Sprache Fremdes macht, ist laut Magné mit dem Erzählen vergleichbar und macht das Prinzip erkennbar, nach dem der Text funktioniert:

> [...] l'écriture, en ses fictions, refait l'histoire, en inverse et le cours et le sens, s'appuyant justement pour avancer et consolider son espace sur tout le négatif ou l'envers d'un vécu : la cassure, le manque, l'absence, la disparition, la perte.[44]

---

40 Georges Perec: Le Voyage d'hiver/Jacques Roubaud: Le Voyage d'hier. Précédés de Voyages divers, preface de Bernard Magné (Anm. 39), S. 15–30, hier S. 24.
41 Ebd., S. 26.
42 Bernard Magné: Voyages divers (Anm. 39), S. 9.
43 Philipp Theisohn: Plagiat. Eine unoriginelle Literaturgeschichte. Stuttgart: Kröner 2009 (= Kröner Taschenausgabe 351), S. 3.
44 Bernard Magné: Voyages divers (Anm. 39), S. 13.

Damit las Magné die zehn Jahre nach *La disparition* erschienene Erzählung in der Linie der Arbeiten Perecs, die, wie etwa die *Alphabets* von 1976, für die Verschwundenen Erinnerungssteine aus Wörtern schaffen.

Der Zusammenhang von Plagiat und Fortschritt, den Lautréamont behauptet hatte, wurde durch Le Lionnais für die Arbeit von *Oulipo* reklamiert. Wenn die Gruppe bereits in der Vergangenheit genutzte ›contraintes‹ als ›plagiat par anticipation‹ bezeichne, schreibt Le Lionnais, »widerfährt allen Gerechtigkeit, und jeder erhält, was er verdient.«[45] *Oulipo* trage durch seine kreative Arbeit zum »Fortschritt der Zivilisation«[46] bei.

Das ist keineswegs nur ironisch gemeint. Das ›refaire‹ der Geschichte, das Neu- und Umschreiben der Vergangenheit, die Permutation ihrer Elemente, die Umkehrung ihres Verlaufs und ihrer Bedeutung ist eine Form der Auseinandersetzung mit dem Geschehen, die dieses präsent hält und an die Abwesenden, die Toten erinnert. Die Beschäftigung mit dem Thema von Erinnerung und Vergessenheit ist für mehrere Mitglieder von *Oulipo* zentral. Einige von ihnen waren im Zweiten Weltkrieg von der Verfolgung durch die Nazis betroffen. Darauf spielt auch Jacques Roubaud in *Le Voyage d'hier* an, einem Text von 1992, der Perecs *Le Voyage d'hiver* von 1979 weiterschreibt. Einer der Protagonisten in Roubauds Erzählung ist von einem Mitstreiter in der Résistance verraten, daraufhin von den Nazis gefangengenommen und in ein Konzentrationslager deportiert worden. Später widmet er sein Leben der Frage, wie der Täter, der nach dem Krieg unbehelligt in Amt und Würden lebt, zur Rechenschaft gezogen werden könnte. Dieser Fall ist nicht nur Teil von Roubauds Fiktion. Er entspricht in vielem den Erlebnissen von Le Lionnais selbst, der als Résistancekämpfer gefangengenommen und in das Außenlager des Konzentrationslagers Buchenwald Dora Mittelbau deportiert worden war.[47] In seinem Buch *La peinture à Dora* beschrieb er, wie er zusammen mit einem Mitgefangenen sein Überleben dadurch zu sichern suchte, dass er sich die Aufgabe stellte, die gesamte Kulturgeschichte aus der Erinnerung erzählend zu rekonstruieren und sich besonders bestimmte Gemälde in ihren kleinsten Details ins Gedächtnis zu rufen.[48]

In Roubauds *Le Voyage d'hier* wird Perec selbst erwähnt und die Hauptfiguren aus seiner Erzählung tauchen hier wieder auf. Roubaud schrieb die Geschichte aber nicht nur weiter, er explizierte vielmehr einiges, was Perec offen gelassen hatte, und damit vereindeutigte er den Text gemäß dessen, was in anderen Arbeiten Perecs als zentrales Thema erscheint: Dass das Schreiben dem Versuch dient, Fragen zu klären, die mit Ereignissen der Vergangenheit verbunden sind, um das Überleben und Weiterleben zu ermöglichen, dass es konstitutiv wird für Beziehungen, für die Bildung einer ›Familie‹, auch wenn manche Protagonisten diese Familienbildung nicht mehr miterleben können, dass gereist wird, um Aufklärung über bestimmte Punkte zu erhalten, dass akribische Ermittlungsarbeit geführt wird, um Klarheit

---

45 François Le Lionnais: Das zweite Manifest (Anm. 2), S. 28.
46 Ebd.
47 Vgl. Harry Mathews/Alastair Brotchie (Hg.): Oulipo-Compendium (Anm. 3), S. 168.
48 Vgl. François Le Lionnais: La peinture à Dora. Paris: L'Echoppe 1999.

zu erlangen, und dass diese Klarheit dennoch nie vollständig zu erreichen ist, dass vielmehr mancher über dieser Arbeit verrückt wird.

Aus Perecs *Le Voyage d'hiver* (*Winterreise*) wird bei Roubaud die *Le Voyage d'hier* (*Reise von gestern*). Einen expliziten Hinweis auf Schuberts Liederzyklus von 1827 nach Texten von Wilhelm Müller gibt es in Perecs Erzählung außer im Titel nirgends. Der kurze erste Teil von Verniers Buch enthält allerdings das Motiv der Reise: Ein junger Mann begibt sich auf eine rätselhafte Fahrt, die ihn auf ein der Böcklinschen Toteninsel ähnliches Eiland und in ein Gemäuer führt, das demjenigen im Turmkapitel von *Wilhelm Meisters Lehrjahren* gleicht. Hier treten jedoch keine Meister auf, die Aufklärung bringen und Zusammenhänge stiften. Vielmehr wird der Initiand völlig allein gelassen und isst ein einsames Mahl aus Suppe und Fleisch.

In Roubauds Erzählung werden die Motive Fremdheit, Erinnerung, Entfremdung, Enteignung deutlich hervorgehoben, die in Perecs anderen Texten häufig vorkommen und auch in Müllers *Winterreise* anklingen: »Fremd bin ich eingezogen, fremd zieh' ich wieder aus.«[49] Roubaud macht zudem explizit, dass Baudelaire der Haupttäter im Plagiatsfall der Symbolisten war: Seine *Fleurs du Mal* sind samt und sonders um Verse aus Hugo Verniers erstem, nie erschienenem Buch konstruiert. Die anderen Symbolisten hatten dann also, wenn sie Baudelaire zum Vorbild nahmen, nur immer Verniers Werk vor sich; und auch der 1864 dann wirklich erschienene zweite Gedichtband Verniers, den dessen Frau an alle zeitgenössischen Dichter geschickt hatte, wurde von jedem von ihnen plagiiert und danach vernichtet.

Damit wirft Roubauds Text ein neues Licht auf Perecs Erzählung. Es ist eine Familiengeschichte, durch die man von der einen ›Voyage‹ zur anderen gelangt. Denn im Laufe der Lektüre wird deutlich, dass die Beziehungen zwischen Vernier, dem Literaturwissenschaftler und dessen Freund sehr wohl familiäre sind. Oder, wie Bernard Magné schreibt: »le livre fantôme de Hugo Verner ›était la cause même de l'existence de cette famille‹«[50]. Es ist also gerade das ›Plagiat‹, das zitierende Um-, Neu- und Weiterschreiben von Texten, und das Neuperspektivieren des Geschichtsverlaufs durch das »refaire« von Texten, das Gemeinschaft stiftet in einer Epoche, in der Verwandtschaft im biologischen Sinn häufig fehlt. Deutlich gemacht wird dies auch durch das häufige Wiederkehren der Buchstaben ›V‹ und ›H‹. Das ›H‹, ›l'Histoire avec sa grande hache‹, und das ›V‹, »la géométrie fantasmatique dont le V dédoublé constitue la figure de base«[51], sind die Grundfiguren der Permutation in diesen beiden Texten wie auch in Perecs Werk überhaupt.[52]

---

49 Vgl. Franz Schubert: Winterreise. Autograf 1827. Online zugänglich unter: http://www.themorgan.org/music/manuscript/115668 (12. Mai 2014).
50 Bernard Magné: Voyages divers (Anm. 39), S. 11. Das hervorgehobene Zitat stammt aus Roubauds Erzählung *Le Voyage d'hier*. In: Georges Perec: Le Voyage d'hiver/Jacques Roubaud: Le Voyage d'hier. Précédés de Voyages divers, preface de Bernard Magné (Anm. 40), S. 52; die Hervorhebung wurde von Roubaud selbst vorgenommen.
51 Bernard Magné: Voyages divers (Anm. 39), S. 12.
52 Vgl. hierzu beispielsweise Georges Perec: *W ou le souvenir d'enfance*. Paris: Denöel 1975. In diesem Roman ist das ›W‹ der Name einer Insel, auf der eine Gesellschaft lebt, die den Sport und die Körperlichkeit

Im Jahr 2009 nahm der Literaturwissenschaftler Pierre Bayard den Begriff des ›plagiat par anticipation‹ auf. Er vertrat die Ansicht, die Mitglieder von *Oulipo* hätten den Begriff zu allgemein aufgefasst.[53] Er diene bei ihnen lediglich dazu, so Bayard, durch eine Hommage an frühere Autoren daran zu erinnern, dass einige Ideen der Gegenwart schon in vorangehenden Epochen geäußert worden seien, impliziere jedoch nicht, dass diese Autoren die entschiedene Absicht hatten, sich von erst später entstehenden Werken inspirieren zu lassen.[54]

Genau davon gehe er selbst jedoch aus, denn so könne man etwas sichtbar machen, was den *Oulipo*-Mitgliedern verborgen geblieben sei und was den Begriff des ›plagiat par anticipation‹ für die Literaturwissenschaft fruchtbar werden lasse: Zentral für das ›plagiat par anticipation‹ ist Bayard zufolge zunächst die »intentionalité.«[55] Dazu kommen »ressemblance«, »dissimulation«, »ordre temporel« und »dissonance«[56], wobei der letzte Punkt der wichtigste ist: Ein Motiv, Gedanke oder Verfahren wirkt in seiner Zeit beziehungsweise im Werk eines bestimmten Autors fremd und gleichsam anachronistisch und weist somit auf einen späteren Text voraus.[57] Bayard nannte dafür das Beispiel von Voltaires Figur Zadig: Ihre Methode des logischen Schlusses, die zu Wissen über etwas führt, was man selbst gar nie gesehen hat, mache Anleihen bei Conan Doyles Sherlock Holmes.[58]

Die Frage des Literaturwissenschaftlers müsse daher immer lauten, bei welchem Autor ein bestimmtes Thema oder Verfahren kennzeichnender für sein ganzes Werk sei. Dies ermögliche die Unterscheidung zwischen »texte majeur« und »texte mineur«, wobei der erfindungsreichere und in Bezug auf das entsprechende Thema wichtigere Text als »texte majeur«[59] zu bezeichnen sei. Es ergebe sich so eine »précédance du texte mineur sur le texte majeur«[60], beispielsweise werde eine Passage in Maupassants *Fort comme la mort* (1883), die die unwillkürliche Erinnerung thematisiert, erst proustisch mit Proust, denn erst jetzt trete der frühere Text überhaupt in die Existenz.[61] Mit der Lektüre ergebe sich eine Transformation des Textes und damit entstehe ein »troisième texte«[62], nämlich das, was der Text von Maupassant geworden sei, nachdem der Leser Prousts Werk kenne, und ebenso ein »quatrième texte«[63], denn jeder Text verdopple sich unter dem Einfluss des plagiierten Textes.

---

idealisiert. Schon bald wird dem Leser deutlich, dass dort Grausamkeit und menschenverachtende Willkür herrschen, der Ort nimmt immer mehr die Züge eines Konzentrations- und Vernichtungslagers an.

53 Pierre Bayard: Le plagiat par anticipation. Paris: Les Éditions de Minuit 2009, S. 27.
54 Ebd., S. 25.
55 Ebd., S. 28.
56 Ebd., S. 35, 36, 37.
57 Ebd., S. 38.
58 Ebd., S. 35.
59 Ebd., S. 45.
60 Ebd.
61 Ebd., S. 46.
62 Ebd., S. 48.
63 Ebd., S. 54.

Im Grunde ist also nach Bayard jedes Plagiat eines in zweifacher, reziproker Richtung. Die Ähnlichkeit zwischen zwei Texten kann aber seiner Ansicht nach nicht nur durch den Einfluss des plagiierten Textes auf den plagiierenden entstehen, sondern auch mittels einer »illusion créatrice«[64], die vom Leser produziert wird, der beide Texte vor sich hat und der auf den ersten eine Ähnlichkeit mit dem zweiten projiziert. Der Leser verursache damit ein Plagiat, das vor seiner Lektüre nicht existierte.

Mit Blick auf die Literaturgeschichte könne man sagen, dass ein bedeutender Autor nicht nur mit einem bestimmten Vorläufer interferiere, der Einfluss auf ihn hatte, sondern auch die Gesamtheit der Linien der bisherige Literaturgeschichte modifiziere, die aufgrund dieses Spiels der imaginären Rekonstruktion durch Lektüre nun so erscheinen, als müssten sie unweigerlich zu ihm hinführen. Die Texte seien, so Bayard, keine stabilen Einheiten, sondern lebendige Organismen, die auf den Kontakt mit jedem Leser reagieren und die sich mit anderen Texten assoziieren könnten, um mit ihnen bis ins Unendliche Ähnlichkeitsspiele hervorzurufen. Diese Auffassung modifiziere das Studium der literarischen Einflüsse, wie es bis in die Gegenwart im Rahmen einer Literaturgeschichte praktiziert werde, die der klassischen Auffassung von der zeitlichen Abfolge verpflichtet sei.

Bayard plädiert daher für vier neue Konzepte: Erstens »pour une histoire littéraire autonome«[65], indem er darauf hinweist, dass man die gesamte Literaturgeschichte seit der Antike neu schreiben müsse, wenn man den Begriff des ›plagiat par anticipation‹ ernst nehmen möchte. Die bisherigen Darstellungen seien in einem zu strengen, eindimensionalen Zeitkonzept gefangen und könnten die Komplexität der Interferenzen zwischen manchmal weit auseinanderliegenden Epochen nicht erfassen. Zweitens »pour une histoire littéraire mobile«[66]: Da man sehe, dass Sterne auf Joyce wie auch auf die Autoren des *Nouveau Roman* folge, müsse man ihm im 20. Jahrhundert Asyl gewähren. Man müsse somit ganz neue Chronologien aufstellen, indem man die Autoren demjenigen Jahrhundert zuordne, dem sie gemäß dieser Auffassung von Literaturgeschichte angehörten. Drittens »pour une histoire littéraire ouverte aux arts«[67]: Der Vorschlag, dass man die »histoire événementielle«[68] von der Literaturgeschichte trenne, müsse auch in anderen Disziplinen aufgenommen werden. Denn es sei unwahrscheinlich, dass nur Dichter originelle Ideen aus späteren Jahrhunderten schöpfen. Und viertens »pour une histoire littéraire d'anticipation«[69]: Kafkas Beispiel zeige, dass das Studium der zukünftigen Literatur für die Literaturwissenschaft ganze neue Bereiche eröffnen könne, vor allem, was die Beschäftigung mit Autoren betreffe, die noch gar nicht existierten. Kafka sei, so liest man bei Bayard, sicher derjenige Autor, der am meisten mit Phänomenen der Antizipation in Verbindung gebracht worden sei. Er sei ein Vorläufer in

---

64 Ebd., S. 57.
65 Ebd., S. 105.
66 Ebd., S. 113.
67 Ebd., S. 123.
68 Ebd.
69 Ebd., S. 133.

dreifacher Weise: Sein Werk wurde von einer Anzahl biografischer Ereignisse beeinflusst, die noch gar nicht stattgefunden hatten. Darüber hinaus sei er bekannt als Autor, der die Umrisse der totalitären Regime vorgezeichnet habe, die in Europa dieser Zeit entstanden. Eine dritte Form der Antizipation betreffe die literarischen Texte, und es stelle sich die Frage, aus welchen Texten zukünftiger Autoren er das Material für seine eigenen schöpfte.

Wenn man in einer zukünftigen Literaturwissenschaft jeden Autor in einer doppelten Temporalität situiere, werde man die Aufmerksamkeit nicht mehr auf das Studium der Vergangenheit beschränken. Indem man mit den Nachfolgern eines Autors in Kontakt trete und ihnen dabei helfe, geboren zu werden, ergebe sich die Chance, mit den zentralen Denkern anderer Epochen in Dialog zu treten. So erlange man eine bessere Kenntnis der literaturgeschichtlichen Entwicklung und könne die Grenzen von Raum und Zeit überwinden, um an der universellen Gemeinschaft der künstlerisch Schaffenden teil zu haben.

Kritik an Bayards Thesen wurde von verschiedenen Seiten formuliert, und im Online-Rezensionsorgan *Acta fabula* entwickelte sich 2009 eine ausführliche Diskussion über seine Vorschläge. Zwei Beiträge sollen hier herausgegriffen werden: Hélène Maurel-Indart, Professorin für französische Literatur in Tours und Spezialistin für Fragen des literarischen Plagiats, betonte, der Begriff des ›plagiat par anticipation‹, wie Bayard ihn verstehe, könne nur dann theoretische Legitimität behaupten, wenn man ihn im Prozess der Rezeption situiere und nicht in dem der literarischen Produktion.[70] Diese Unterscheidung sei essenziell. Der Leser könne den Roman von Maupassant als ein ›plagiat par anticipation‹ einiger Seiten von Proust wahrnehmen, weil es wahrscheinlich sei, dass er das berühmte Werk von Proust vor dem weniger bekannten Text von Maupassant gelesen habe. Daher müsse man, um den Begriff des ›plagiat par anticipation‹ zu verstehen, ohne ihn zu entstellen, unbedingt die rezeptive Chronologie von der kreativen unterscheiden. Die Theorie Bayards wäre überzeugender gewesen, so die Kritik Maurel-Indarts, wenn er diese Unterscheidung vorgenommen hätte.

Tatsächlich gelte es, auf dem rein subjektiven Wert des Begriffs ›plagiat par anticipation‹ zu bestehen. In einem objektiven Sinn verstanden, beschränke sich der Begriff auf einen wenig produktiven Anachronismus. Wenn es legitim sei, eine ›Literaturgeschichte in der Gegenrichtung‹ stark zu machen, dann sei es ganz sicher diejenige der Rezeption der Werke. Fragen müsste man sich dann: Wer liest was als erstes? Welche Texte werden jungen Lesern in der Schule als erste vorgelegt? Wie konstituiert sich die Literaturgeschichte im Bewusstsein des Lesers? Gerade die Theorie der Rezeption sei es, die die Türen öffnen könne für eine neue, ›beweglichere‹ Literaturgeschichte, wie Bayard sie vorschlage.

Nach Bayard geschehe das Plagiat eines noch nicht existierenden Werkes bewusst und intentional im Moment der Entstehung eines früheren Textes. Doch dieser Diebstahl sei einzig in einer Logik der Rezeption des Werkes und nicht in einer der Produktion vorstellbar. Die bekanntesten Handbücher präsentierten bisher eine Geschichte der Produktion und nicht

---

70 Vgl. Hélène Maurel-Indart: Le Précurseur dépossédé. In: *Acta fabula* 10.2 (2009), http://www.fabula.org/revue/document4889.php (18. Mai 2014).

eine der Rezeption. In der Perspektive der Chronologie des literarischen Schaffens sei der Begriff des ›Vorläufers‹ angemessener als der des ›plagiat par anticipation‹. Und im Grunde sei Bayard zuletzt ja selbst bereit, alle Bedeutung dem Leser zuzuschreiben, wenn er feststelle, es sei tatsächlich der Rezipient, der die Texte der Vorläufer bearbeite. Bayard nehme also mit seinem Wunsch, die Ordnung der (zeitlichen) Abfolge umzudrehen, an einem Diskurs teil, der sich objektiv gebärde, um die volle Macht der Subjektivität durchzusetzen. Das unstillbare Verlangen nach Ursprung, Vorrangstellung und Können zeige sich hier im Anspruch auf Originalität in der Literatur, dem sich die eigensinnige Ordnung der Chronologie entgegenstelle.

Die Kritik von Hélène Maurel-Indart wurde von Franc Schuerewegen, Literatur- und Medienwissenschaftler an der Universität Antwerpen, aufgegriffen und um einige Aspekte erweitert. Er vertritt die Auffassung, der eigentliche Trick von Bayards Buch bestehe darin, den Leser glauben zu lassen, er lese ein Plädoyer für eine neue, offenere Literaturgeschichte, obwohl diese Neuheit eigentlich eine sehr relative sei.[71] Im Grunde bewegten sich die Dinge kaum: Man kehre zu den bewährten Werten zurück, zu den bekannten Namen, die in den klassischen Literaturgeschichten stehen. Es werde hier also eher ein bestehender Kanon bestätigt. Zwar behaupte Bayard, im Innern des Kanons ergäben sich Effekte der Simultaneität sowie verblüffende neue Konstellationen, doch überraschten diese letztlich wenig, sondern stützten vielmehr die etablierte Ordnung.

Der Begriff des ›plagiat par anticipation‹ sei bei Bayard nicht mit einem klaren theoretischen Konzept verbunden, so Schuerwegen weiter. Der Ausdruck ›Plagiat‹ werde offenbar vor allem verwendet, um Aufmerksamkeit zu erregen. Zum Plagiat gehöre ja eigentlich die Intentionalität, nur dann könne man von einer betrügerischen Handlung sprechen. Bayard gehe aber auf die juristische Seite des Themas gar nicht ein.

Zwar behaupte Bayards Buch, ein Aufruf zur Dekanonisierung zu sein und die Freiheit des Lesers zu fordern und zu fördern; in Wirklichkeit fürchte es sich aber vor der Subjektivität. Bayard setze den Autor und die Literatur als unveränderliche Größen und transhistorische Gegebenheiten voraus. Damit vertrete er letztlich das romantische Konzept vom Künstler, der in Kontakt mit den vergangenen und zukünftigen Jahrhunderten stehe und dessen Genie ihn über die enge Beschränkung einer linearen Chronologie erhebe, schreibt Scheuerwegen kritisch weiter. Was Bayard eigentlich leiste, indem er den Normalsterblichen unter seinen Zeitgenossen die ›großen Geister‹ gegenüberstelle, sei, ihnen in Zeiten des Werteverlusts Trost zu bieten: »quelque part là-haut, Ils sont présents, Ils travaillent ensemble, Ils veillent sur nous.«[72]

Das *Oulipo*-Kollektiv selbst antwortete auf Bayard nicht mit ebenso beißender Ironie, sondern mit dem Weiterführen seines Hauptgeschäfts: der poetischen Produktion. Insofern geht die Gruppe mit der Krise anders um, und dies vielleicht deshalb, weil die eigentliche Krise

---

71 Vgl. Franc Schuerewegen: Aux grands hommes la patrie reconnaissante. La valeur littéraire selon Bayard. In: *Acta fabula* 10.2 (2009), http://www.fabula.org/revue/document4912.php (18. Mai 2014).
72 Ebd.

nach Auffassung *Oulipos* in der Vergangenheit liegt. Die Entstehung oder Herauslösung der Gruppe aus einer allzu ausschließlich paradoxalen und absurdistischen 'Pataphysik ist nicht zu denken ohne das Bedürfnis nach strenger Analyse, nach Mess- und Rechenbarkeit, nach Re-konstruktion der Elemente einer zerbrochenen Welt durch Kombination und Permutation, wobei die Vergeblichkeit dieser Bemühungen von *Oulipo* herausgestrichen wird durch den ständig erneuerten Versuch: »Créations Re-créations Récréations«[73].

Das ›Plagiat‹ ist ein Ausgangspunkt für die poetische Arbeit. Es bildet bei *Oulipo* kein Element einer breit ausformulierten Theorie, sondern gibt als Denkfigur den Anstoß für die literarische Praxis: spielerisch-ironisch und pataphysisch und damit zugleich ernst. Zentral sind dabei der Blick auf die Geschichte, die Reflexion über das Verhältnis zur Vergangenheit und die Auseinandersetzung mit der Überlieferung, gerade auch mit der literarischen.

Die Allegorie dieses Tuns bildet *Le Voyage d'hiver & ses suites*, eine *Oulipo*-Publikation von 2013.[74] Sie enthält die beiden Erzählungen von Perec und Roubaud sowie zwanzig neue Texte, die diese weiterschreiben: etwa *Le Voyage d'Hitler, Hinterreise, Le Voyage d'Hoover, Le Voyage du ver, Le Voyage du vers, Si par une nuit un voyage d'hiver, Le Voyage du Grand Verre, Le Voyage des rêves, Le Voyage d'Enfer*.

In der Erzählung *Hinterreise* wird von der Hauptfigur die Vermutung geäußert, dass sowohl Jacques Prévert als auch Georges Perec das Buch von Hugo Vernier in die Hand bekommen haben müssen, da sie sich für ihre Verse, die das Motiv des Abschieds ausgestalten, ganz offensichtlich ebenso bei Vernier bedienten wie ihre illustren Vorgänger Ende des 19. Jahrhunderts. »Cela [...] fournissait aussi un éclairage assez nouveau sur *Le Voyage d'hiver* de Georges Perec lui-même!«[75] Im Verlauf der Erzählung stellt sich heraus, dass das Abschiedsmotiv »Gute Nacht«[76], das in Müllers *Winterreise* sowie bei Mozart und Bach auftaucht, ursprünglich aus einem musikalischen Werk mit dem Titel *Hinterreise, weltliche Kantate* stammt. Nachdem dieses 1716 in Weimar erschienen war, hatten zahlreiche berühmte deutsche Komponisten von Bach über Wagner bis Schönberg daraus abgeschrieben. Geschaffen hatte es jedoch ein junger Schriftsetzerlehrling einer Weimarer Druckerei, der unter dem Pseudonym Hugo Wernier zugleich ein hoffnungsvoller Musiker war. Er kam aus Polen, wohin er bald darauf zurückkehrte, da er gehört hatte, dass seine jüdischen Familienmitglieder aufgrund von Ritualmordbeschuldigungen in Gefahr waren. Sein wirklicher Name war Peretz.

---

73 So der Untertitel der gemeinsamen Publikation von 1973: Oulipo. La literature potentielle (Créations Re-créations Récréations). Paris: Éditions Gallimard 1973.

74 Georges Perec/Oulipo: Le Voyage d'hiver & ses suites. Postface de Jacques Roubaud. Paris: Éditions du Seuil 2013.

75 Jacques Jouet: Hinterreise. In: Georges Perec/Oulipo: Le Voyage d'hiver & ses suites (Anm. 74), S. 69–84, hier S. 75.

76 Ebd., S. 76.

Originalitätsdämmerung?
Der Kult ums Neue und sein mögliches Ende

Wolfgang Ullrich

Der Autor diagnostiziert für die Kunst der Gegenwart eine Abschwächung des Strebens nach Originalität. Nach der Rekonstruktion soziologischer und ideengeschichtlicher Gründe für den Originalitäts-Boom zwischen dem späten 18. und dem späten 20. Jahrhundert entwickelt er zwei Deutungen für das Phänomen der Originalitätsdämmerung. Bei der einen Deutung erscheint die Moderne als Sonderfall, die Gegenwart wird als Rückkehr zu vormodernen Standards interpretiert; die andere Deutung sieht in den aktuellen Veränderungen erst den Anfang größerer kultureller Umbrüche, in deren Verlauf nicht nur das Ideal der Originalität, sondern sogar die Idee des Werkes selbst relativiert wird.

The author diagnoses a decreasing pursuit of originality in contemporary art. After reconstructing sociological and ideological reasons for the boom of originality between the late 18th and the late 20th century, he develops two different explanations for the phenomenon of the dawn of originality. In his first interpretation, modernity seems to be a historical exception; the present age would thus be a comeback of pre-modern standards. In his alternative interpretation, the author sees the current changes as the beginning of greater cultural upheavals, which will not only modify the ideal of originality but also the concept of artwork itself.

So sehr Originalität in der westlichen Moderne als eines der höchsten Ziele gilt, so sehr könnte darin eine historische Ausnahme erkannt werden. Der Blick sowohl in die weitere Geschichte wie auch zu anderen Kulturen offenbart sogar zahlreiche negative Einschätzungen von Originalität und dafür reiche Traditionen von Formen der Wiederholung, Variation, Reproduktion. Dass es überhaupt so etwas wie Traditionen gibt, zeugt bereits von einem positiven Verständnis von Überlieferung und damit auch von Wiederholung. Allerdings wird das erst in dem Moment bewusst, in dem die Werte der westlichen Moderne selbst zweifelhaft erscheinen. Dieser Moment ist eingetreten.

Man kann schauen, wohin man will – und stößt auf Zeichen einer Originalitätsdämmerung, auf Indizien, die die Diagnose erlauben, das Streben nach Neuanfang, nach schöpferischen Akten aus einem Ursprung heraus sei im Schwinden begriffen oder werde distanziert betrachtet. Ein paar Beispiele:

1. Das Urheberrecht erfährt eine Kritik, die noch vor wenigen Jahren undenkbar gewesen wäre und mit der Standards der letzten beiden Jahrhunderte infrage gestellt werden. Zwar gab es auch schon in den 1960er Jahren, vor allem ausgehend vom Situationismus[1], lebhafte Debatten über Urheberrecht und geistiges Eigentum, proklamiert wurde gar der ›Tod des Autors‹, doch waren diese Diskussionen angetrieben von der marxistischen Kritik an jeglicher Form von Eigentum, während sie heute – zumal nach der Erfahrung

---

[1] Vgl. hierzu den Beitrag von Vincent Kaufmann in diesem Band.

postmoderner Dekonstruktionen – von einer Skepsis gegenüber Existenz und Stellenwert von Originalität – und damit von Urheberschaft – ausgehen.

2. Allenthalben erscheinen Bücher und werden Ausstellungen veranstaltet, die Mashups und Reproduktionen, Strategien von Wiederholung und Remix, aber auch Techniken des Kopierens in anderen Kulturen, etwa das chinesische Prinzip des Shanzai würdigen.[2] Es wird daran erinnert, wie wichtig die Idee der ›aemulatio‹ – eines Kräftemessens und Wettstreits durch Aneignung und Wiederholung – lange Zeit in der Kunst war[3], und es muss nicht länger mit Verlegenheit quittiert werden, dass auch berühmte Künstler wie Rubens, Van Gogh oder De Chirico in großem Umfang während ihrer gesamten künstlerischen Laufbahn – und nicht nur im Frühwerk – Werke anderer Künstler kopiert oder variiert haben. Vielmehr wird dies zunehmend wissenschaftlich aufgearbeitet.[4] Auch sonst ist eine Neugier auf das Nicht-Neue zu beobachten, weshalb etwa Georg Baselitz viel Anerkennung erhielt – und nicht nur einer Altersmüdigkeit geziehen wurde –, als er 2006 mit einer Serie von Werken an die Öffentlichkeit trat, die, unter dem Titel *Remix*, frühere seiner Motive aufgriffen und wiederholten.[5]

3. Selbst das Mantra der Gegenwart, die Proklamation von Nachhaltigkeit, ist als Absage an lange geheiligte Ziele wie Originalität, Neuanfang und Kreativität zu verstehen. Immerhin geht es dabei um die Bewahrung – Tradierung – eines einmal definierten ökologischen Ausgangszustands, also gerade nicht darum, etwas Neues oder Anderes zu erstreben oder sich auch nur um Fortschritte zu bemühen, die über den ›status quo‹ hinausgehen. Während der gesamten Moderne wäre es ausgeschlossen gewesen, eine derart totalitär

---

2   Vgl. z. B. Hillel Schwartz: Déjà vu. Die Welt im Zeitalter ihrer tatsächlichen Reproduzierbarkeit. Aus dem amerikanischen Englisch von Helmut Ettinger. Berlin: Aufbau Verlag 2000; Wolfgang Ullrich: Raffinierte Kunst. Übung vor Reproduktionen. Berlin: Verlag Klaus Wagenbach 2009; Dirk von Gehlen: Mashup. Lob der Kopie. Berlin: Suhrkamp 2011 (= edition suhrkamp 2621); Byung-Chul Han: Shanzai. Dekonstruktion auf Chinesisch. Berlin: Merve Verlag 2011; Wolfgang Ullrich: Gurskyesque: Das Web 2.0, das Ende des Originalitätszwangs und die Rückkehr des nachahmenden Künstlers. In: Julian Nida-Rümelin/Jakob Steinbrenner (Hg.): Kunst und Philosophie. Original und Fälschung. Ostfildern: Hatje Cantz 2011, S. 93–113. Vgl. außerdem auch folgende Ausstellungskataloge: Silke Wagner: Coverworks (New Works). Kat. Kunstverein Oldenburg 2010; Déjà-vu? Die Kunst der Wiederholung von Dürer bis YouTube. Kat. Staatliche Kunsthalle Karlsruhe 2012.
3   Vgl. z. B. Jan-Dirk Müller/Ulrich Pfisterer/Anna Kathrin Bleuler/Fabian Jonietz (Hg.): Aemulatio. Kulturen des Wettstreits in Text und Bild (1450–1620). Berlin/Boston: De Gruyter 2011 (= Pluralisierung und Autorität 27); Anton W. A. Boschloo/Jacquelyn N. Coutré/Stephanie S. Dickey/Nicolette C. Sluijter-Seijffert (Hg.): Aemulatio. Imitation, Emulation and Invention in Netherlandish Art from 1500 to 1800. Essays in Honor of Eric Jan Sluijter. Zwolle: Waanders 2011.
4   Vgl. z. B. Rubens im Wettstreit mit alten Meistern. Kat. Alte Pinakothek München 2009; Gerd Roos: Im Labyrinth von Giorgio de Chirico. Kopien und Repliken, Varianten und Variationen von eigener und fremder Hand. In: Déjà-vu. Die Kunst der Wiederholung von Dürer bis YouTube (Anm. 2), S. 108–115; Van Gogh Repetitions. Kat. The Philipps Collection Washington 2013.
5   Vgl. Baselitz: Remix. Kat. Pinakothek der Moderne München 2006.

konservative Haltung, eine komplette Absage gegenüber allen Formen utopischen Denkens, ja gegenüber der Idee einer offenen Zukunft so widerstandslos durchzusetzen.

Beschränkt man die Betrachtung auf das Feld der Kunst, fällt auf, dass – soziologisch gesehen – zwei Voraussetzungen verloren gegangen sind, die in der Moderne ein Streben nach Originalität zumindest begünstigten, vielleicht sogar die Grundlage dafür lieferten. Die eine spielte im späten 18. Jahrhundert die größte Rolle, die andere im Zeitalter der Avantgarden, also zu Beginn des 20. Jahrhunderts.

Die erste Voraussetzung bestand darin, dass viele Künstler in prekären sozio-ökonomischen Verhältnissen lebten. Schriftsteller und Komponisten waren durch Raubdrucke geschwächt, bildende Künstler fanden sich abhängig von der Gunst des Adels oder der Kirche. Sie alle mussten versuchen, ihre Leistungen als etwas darzustellen, das wertvoll ist und daher eines besonderen Schutzes sowie einer eigenen Honorierung bedarf. Sie bemühten sich um eine Aufwertung der Kunst. Was ab der Mitte des 18. Jahrhunderts geschah, war also Ausdruck einer beispielhaften Lobbyarbeit derer, die von einer solchen Höherstellung am meisten profitierten. Tatsächlich waren in der entscheidenden Phase der Formierung des modernen hohen Kunstbegriffs fast nur Dichter und Künstler daran beteiligt, ferner viele Philosophen, die ihrerseits Formen des Poetischen zumindest nahe standen: Karl Philipp Moritz und Novalis, Wackenroder und Tieck, Schiller, die Schlegels, Schelling. Sie alle trugen dazu bei, das Kunstwerk als etwas Originelles und Autonomes – als Produkt eines Genies – zu begreifen, das sich keinen Akten von Nachahmung verdankt, sondern eigenständig ist und daher einen klar identifizierbaren Urheber hat. Entsprechend ließ sich etablieren, Künstlern Eigentumsrechte an ihren Werken zuzugestehen, es kam überhaupt erst zu einer ›Geburt des Autors‹.[6]

Zudem gelang es den Lobbyisten der Kunst, den Staat dazu zu bringen, nach und nach mehr Geld für Institutionen wie Kunstakademien, Theater oder Museen auszugeben. Damit deren Finanzierung aus Steuergeldern durchsetzbar war, musste jedoch erst plausibel gemacht werden, dass Kunst nicht nur eine private Angelegenheit ist, sondern dem Einzelnen wie der Gesellschaft im Ganzen wertvolle Dienste erweist und Seelenheil oder Stimulation, Therapie oder Erkenntnis gewährt. Die größte Leistung der Kunstlobbyisten bestand darin, zwar einerseits den Staat in die Pflicht zu nehmen, andererseits aber zu behaupten, Kunst sei besonders nützlich, sofern sie gerade keinen bestimmten Programmen unterworfen werde und von jeglichem konkreten Nützlich-sein-Müssen freigesprochen sei. Nur wer in seiner Originalität und Autonomie unbehelligt bleibe, könne etwas für die Allgemeinheit Relevantes schaffen.

Ferner erlangte Originalität für die Rezipienten der Kunst große Bedeutung. Bei ihnen handelte es sich lange Zeit vor allem um Bildungsbürger, die oft ihrerseits in schwierigen sozialen und ökonomischen Verhältnissen lebten und sich als minderwertig gegenüber dem Adel empfanden. Während dessen Vertreter nämlich jeweils eine lange familiäre Genealogie

---

6   Vgl. Heinrich Bosse: Autorschaft ist Werkherrschaft. Über die Entstehung des Urheberrechts aus dem Geist der Goethezeit. Paderborn/München/Wien/Zürich: Schöningh 1981.

vorweisen konnten und Teil und Summe jahrhundertealter Traditionen waren, besaßen die Bildungsbürger meist keine besondere, zumindest aber keine gepflegte Herkunft. Sie waren Aufsteiger, oft auch Außenseiter; ihnen fehlte es an Rückhalt. Dieses Manko deuteten sie in ein Privileg um, indem sie es zum Ideal erklärten, selbst an einem Anfang und Ursprung zu sein, ja über die Kraft – Originalität – zu verfügen, als Individuum – aus eigener Leistung – zu bestehen. Um an die Macht und Möglichkeiten des Ursprünglich-Seins glauben zu können, brauchten sie jedoch ein Vorbild. Das hatten sie im Künstler – sofern dieser als Originalgenie verstanden wurde. Das Originalgenie stieg für sie zum Leitmodell auf, weil es in seinen Werken vorlebte, was es bedeutet, etwas von Grund auf Neues – Ursprüngliches – zu machen und einer Tradition nicht zu bedürfen.

War die Stärkung der Originalität also aufseiten der Künstler wie aufseiten der Rezipienten einem Akt der Selbstbehauptung geschuldet, so erfuhr sie im Zeitalter der Avantgarden eine weitere Aufladung. Voraussetzung dafür war wiederum eine Konfliktlage, diesmal aber weniger zwischen verschiedenen gesellschaftlichen Milieus als zwischen den Generationen innerhalb der Künstlerschaft. Es herrschte enorme Konkurrenz, denn die Möglichkeiten, öffentliche Aufmerksamkeit zu erlangen, waren gering. So gab es kaum Ausstellungen, und bei den wenigen handelte es sich um messeartige Veranstaltungen, bei denen hunderte von Künstlern jeweils nur ein paar Werke zeigen konnten. Über die Zulassung aber entschieden Jurys, die aus etablierten und damit schon älteren Künstlern – Vertretern der ausrichtenden Künstlervereinigungen – zusammengesetzt waren. Sie wachten eifersüchtig über die freien Wände und überließen sie am ehesten Kollegen, die selbst in Jurys saßen. Die nachwachsende Generation wehrten sie hingegen aggressiv ab, ja äußerten sich fast durchwegs im Stil der Polemik über neue Formen von Kunst. Sie nahmen »die Jungen als Feinde« wahr, die »das Feld für sich«[7] begehrten, schrieb Curt Glaser, damals einer der bekanntesten Kunstkritiker, im Jahr 1913 in einer Ausstellungsrezension. Im selben Jahr hieß es in einem anderen Artikel, es komme zu »leidenschaftlichen Kämpfe[n] zwischen den ›Alten‹ und den ›Jungen‹«.[8]

Tatsächlich blieb den zurückgewiesenen jungen Künstlern nichts anderes übrig, als sich von den Künstlervereinigungen loszusagen; sie gründeten Sezessionen und später Sezessionen der Sezessionen. Vor allem aber radikalisierten sie sich infolge des Drucks, dem sie angesichts des restriktiven Verhaltens der Vätergeneration ausgesetzt waren. Schließlich verwarfen sie alles, was sie an Tradition antrafen, ja lehnten die Zivilisation insgesamt als festgelebt und verkommen ab. Anders als Künstler früherer Jahrhunderte begriffen sie ihr Tun nicht als aufbauend auf bereits Vorhandenem, nicht als ›aemulatio‹, sondern entwickelten den Ehrgeiz, so viel wie möglich loszuwerden, die Tradition abzutragen und gar zunichte zu machen, um in eine

---

7 Curt Glaser: Die XXVI. Ausstellung der Berliner Secession. In: *Die Kunst für alle. Malerei, Plastik, Graphik, Architektur* XXVIII (1913), S. 457–474, hier S. 457.
8 Curt Heinrich: Andacht zur Wirklichkeit. In: *Die Kunst für alle. Malerei, Plastik, Graphik, Architektur* XXVIII (1913), S. 230–244, hier S. 230.

Freiheit, eine Wildnis zurückzukehren. Dort erhofften sie sich archaische Kraft, strebten also nach einem neuen Ursprung, nach unbedingter Originalität.

Leitend wurde ein Verständnis von Künstlertum, wie es Friedrich Nietzsche 1887 in der *Genealogie der Moral* proklamiert hatte. Ihm zufolge treten die Künstler »in die Unschuld des Raubtier-Gewissens *zurück*, als frohlockende Ungeheuer, welche vielleicht von einer scheußlichen Abfolge von Mord, Niederbrennung, Schändung, Folterung mit einem Übermute und seelischen Gleichgewichte davongehen, wie als ob nur ein Studentenstreich vollbracht sei«. Sie wollen hinter alle Konventionen an einen Nullpunkt zurück, an einen Ort urtümlicher, ungebändigter Kräfte. Nietzsche spricht weiter, ziemlich martialisch, von einer »Entladung«: »das Tier muss wieder heraus, muss wieder in die Wildnis zurück…«, um die »lange Einschließung und Einfriedigung in den Frieden der Gemeinschaft« zu überwinden.[9]

Wollten sich die Avantgardisten am Anfang einer Entwicklung und nicht an deren Ende sehen, so wurden ›Anfang‹, ›Reinheit‹, ›Unschuld‹ zu ihren Leitbegriffen. Mit ihrem Credo der Originalität verbanden sie, auf Vatermord fixiert, Rebellion. Damit hatte der Anspruch auf Originalität auch einen anderen Charakter als der bereits seit der Renaissance vorhandene Impetus, sich als Künstler durch ›disegno‹ hervorzutun. Ging es dabei um die Qualität des Neuen, ja darum, Bestehendes zu überbieten oder sich davon zu befreien, so steckt im Begriff der Originalität, wie spätestens die Avantgarden ihn gefasst haben, zugleich ein destruktives Moment: Im Gang zurück an einen Anfang will man alles niederreißen, was unterwegs begegnet.

Man darf mutmaßen, dass das Kunstklima kaum so aggressiv aufgeladen gewesen wäre, hätten schon zur Blütezeit der modernen Avantgarden Kuratoren statt Künstlern über Ausstellungsbeteiligungen und damit über den Zugang zu Aufmerksamkeit und Wertschätzung entschieden. Die Moderne mit ihrem auf Umsturz gepolten Geist und ihren antizivilisatorischen Affekten hätte keine so hohen Ansprüche auf Originalität entwickelt; ihre Vertreter hätten sich leichter getan, Traditionen anzuerkennen.

Doch wirken mittlerweile nicht nur Kuratoren konfliktmindernd; vielmehr haben sich die Verhältnisse zwischen den Generationen insgesamt entspannt. Anders als im frühen 20. Jahrhundert herrscht der Jugend gegenüber heutzutage große Freundlichkeit; die Eltern fördern sie mit Engagement und Toleranz, verlagern ihren Ehrgeiz gar von sich selbst auf die nächste Generation. Und insbesondere versuchen sie, alle Formen von Kreativität zu unterstützen. Gerade damit jedoch mindern sie die Notwendigkeit zu Selbstbehauptung, und sofern diese immer wieder eine starke Triebfeder für die Ausprägung von Originalitätsphantasien war, führt ein derart auf Unterstützung bedachtes Verhalten letztlich eher zum Gegenteil des Gewünschten: Wo Kreativität gefördert wird, leidet das Streben nach Originalität.

---

9 Friedrich Nietzsche: Zur Genealogie der Moral [1887]. In: Ders.: Sämtliche Werke. Jenseits von Gut und Böse. Zur Genealogie der Moral. Mit einem Nachwort von Alfred Bäumler. 10. Aufl. Stuttgart: Kröner 1976 (= Kröners Taschenausgabe 76), Buch 1, § 11.

Auch Konflikte zwischen verschiedenen gesellschaftlichen Milieus sind nicht mehr so klar ausgeprägt wie in den meisten Phasen der Moderne; vor allem werden Individualität und Herkunftslosigkeit kaum noch als Manko, sondern als Chance auf ein Mehr an Optionen begriffen. Insofern fehlt auch in dieser Hinsicht eine Voraussetzung für ein forciertes Streben nach Originalität. Dafür erkennt man umgekehrt, dass dieses Streben in der Moderne nicht nur zu großen künstlerischen Leistungen geführt, sondern auch Probleme geschaffen hat. Drei davon seien hier angesprochen:

1. Im Zuge des Dementis der Tradition galt es schließlich schon als genügend, Regeln zu verletzen und gegen bestehende Standards anzugehen, um als Originalgenie zu erscheinen. Allerdings wurde Originalität damit auf ihr destruktives Moment reduziert; der Originalitäts-Imperativ hat zu einer bloßen Maske der Abgrenzung und des Negierens geführt. Dadurch wurde ein schwacher Begriff von Originalität befördert, die sich auf die Verweigerung des Bestehenden beschränkt. Damit aber kam es dazu, Standards immer weiter zu unterbieten. Nicht selten mündete der auf Regelverletzung konzentrierte Wille zur Originalität in Formen von ermüdendem Dilettantismus.
2. Dank der staatlichen Förderpolitik sowie des guten Ansehens von Kunst, die auch zahlreiche private Sponsoren findet, gibt es mittlerweile so viele Möglichkeiten zur Entfaltung und Darstellung künstlerischer Leistungen, dass sich kaum noch für sie alle ein Publikum finden lässt, zumal wenn es sich um schwache Formen von Originalität handelt. 2012 sorgte ein Buch mit dem Titel *Der Kulturinfarkt* für Aufsehen, in dem die Autoren sich beklagen über ein »System, das einseitig auf Produktion fixiert ist«[10] und über Jahrzehnte hinweg kontinuierlich gewachsen sei. Weder Besucher und Rezipienten noch die staatlichen Kulturetats könnten im selben Ausmaß zulegen, womit immer mehr Institutionen und Kulturschaffende immer weniger Geld bekämen, was schließlich die Arbeitsfähigkeit des gesamten Kulturbetriebs gefährde, der »vor dem finanziellen Zusammenbruch«[11] stehe. Das aber bedeutet, dass der Erfolg der Kunstlobby seine eigenen Kinder zu fressen beginnt.
Tatsächlich setzen Diskussionen darüber ein, ob es genügend gut legitimiert werden kann, dass die Förderung von Kunst – von Kultur insgesamt – ein unbedingtes öffentliches Interesse darstellt. So diagnostizieren dieselben Autoren eine »Selbstüberhöhung und Selbstüberschätzung« der Kulturpolitik. Kritisch wenden sie sich gegen einen Paternalismus, wonach »der Bürger nicht als ein Handelnder [erscheint], der selbstbewusst die Geschicke der Gesellschaft in die Hand nimmt [...], sondern als jemand, der durch Kunst und Kultur gerettet werden muss, der durch sie befreit und mit ihr ästhetisch erzogen

---

10 Dieter Haselbach/Armin Klein/Pius Knüsel/Stephan Opitz: Der Kulturinfarkt. Von allem zu viel und überall das Gleiche. Eine Polemik über Kulturpolitik, Kulturstaat, Kultursubvention. München: Albrecht Knaus Verlag 2012, S. 12.
11 Ebd., S. 19.

wird.«[12] Die Hochschätzung von Kunst, ja die Apotheose der Originalität geht also auf Kosten aller anderen, die selbst keine Künstler sind. Sie erscheinen auf einmal defizitär und unselbständig.

3. Die Missachtung von Traditionen sowie von Formen der Nachahmung und Wiederholung hat dem Neuen und Einmaligen in der Moderne so viel Bedeutung gegeben, dass es für viele schwer geworden ist, sich in ihrer Welt noch hinreichend zu orientieren. Wo sich zu schnell zu viel ändert, gewinnen Unsicherheitsgefühle die Oberhand. Wie es für die Entwicklung des Weltvertrauens von Kindern wichtig ist, dass sie wiederholt dieselben Märchen erzählt und dieselben Lieder vorgesungen bekommen, so benötigt eine Kultur als Ganzes sich wiederholende Ereignisse und Rituale. Die Wiederholungstabus der Moderne haben aber dazu geführt, dass diese als Zeitalter der Entfremdung, Instabilität und Beschleunigung empfunden und daher häufig kritisch-pessimistisch gesehen wurde. Dass der Antimodernismus zu einem Hauptkennzeichen der Moderne werden konnte, ist Folge einer mangelnden Aneignung der eigenen kulturellen Tradition. Man könnte daher von einer Geburt des Kulturpessimismus aus dem Geist des Originalitätszwangs sprechen.

So ist die Bilanz möglich, dass die über einen längeren Zeitraum betriebene Forcierung von Originalität zu verschiedenen Formen von Belastung geführt hat: Künstler wurden auf Regelbrecher fixiert, das Publikum hat den Überblick verloren und wurde entmündigt, die Gesellschaft insgesamt fühlt sich gehetzt und verwirrt. Vor diesem Hintergrund erscheint auch nicht mehr so befremdlich und skandalös, wenn man vernimmt, wie skeptisch oder sogar feindlich einige andere Kulturen dem Neuen und Originellen gegenüberstehen. Vielmehr wird der Gedanke möglich, dass Originalitätstabus die Einzelnen wie die Gesellschaft insgesamt sogar davor schützen können, das Maß zu verlieren und sich auszuzehren.

Nicht auszuschließen ist daher, dass man sich künftig gerade im Westen von den Verboten des Anspruchs auf Originalität etwa innerhalb der islamischen Kultur beeindruckt zeigen wird. So sind im Islam, ausgehend von der Beschränkung Mohammeds auf die Rolle eines Mediums, Bildwerke dann Sünde, wenn ihre Urheber sich eine schöpferische Leistung anmaßen oder ihre Rezipienten eine solche bewundern. Dann nämlich wird das Schöpfungs- und Originalitätsmonopol von Allah in Zweifel gezogen, dieser also beleidigt und eifersüchtig gemacht. Als besonders problematisch gelten Skulpturen, denn sie »ragen wie Gottes Kreaturen in Gottes Gesamtkunstwerk ›Welt‹ hinein und unterteilen wie lebendige Körper den Raum in Ort und Umgebung«.[13] Akzeptabel sind nach einer aktuellen Fatwa hingegen zum Beispiel essbare und verdauliche ›Skulpturen‹, etwa aus Schokolade. Sobald sie aus haltbarerem

---

12 Ebd., S. 94.
13 Dorna Safaian: Über unheilige und verbotene Bilder. Analyse des Bilderverbots und der Legitimität technischer Bilder im Islam. Karlsruhe: HfG-Publikation 2012, S. 58.

Material sind, werden sie jedoch bereits als Anmaßung empfunden; es entsteht der Verdacht, der Urheber habe ein Werk schaffen und sich damit als schöpferisch in Szene setzen wollen.

Die in der zeitgenössischen Kunst des Westens seit einigen Jahren beobachtbare Renaissance von Formen des Wiederholens bietet ihrerseits, anders als Ansätze der 1960er und 1970er Jahre – von Elaine Sturtevant bis zur ersten Generation der Appropriation-Artists –, mehr und anderes als besonders ›originelle‹ Varianten von Originalitätsverweigerung. Diese Formen sind vielmehr als Reaktion auf die Defizite zu deuten, die in der Moderne entstanden sind. Vielleicht markieren sie sogar nicht weniger als das Ende eines kulturellen Sonderfalls – die Rückkehr zu dem, was über Zeiten und Kulturen hinweg üblich war und ist.[14]

Im Wiederholen – vom strengen Kopieren bis zum freien Nachstellen – drückt sich das Bedürfnis aus, als wichtig oder interessant Erkanntes eigens zu studieren, zu reflektieren und sich anzueignen. Neben Werken der älteren Vergangenheit, die in der Moderne häufig vernachlässigt wurden, sind es vor allem deren eigene, Originalität beanspruchende Schöpfungen, die danach drängen, wiederholt zu werden, um in ihnen angelegte Bedeutungen zu offenbaren.

Wenn etwa Klaus Mosettig *Action Paintings* von Jackson Pollock zeitaufwendig und akribisch mit Bleistiftschraffuren nachzeichnet, wird daraus ein Ritual. Die Verlangsamung des Werkprozesses – das Original entstand in wenigen Stunden, für die Reproduktion werden etliche Monate benötigt – lässt sich sogar als Akt der Hingabe deuten. Mit seiner Praxis pedantisch-geduldigen Nachzeichnens unterläuft Mosettig zugleich demonstrativ den Mythos vom schöpferischen Künstler, der von der Überfülle seiner Einfälle getrieben ist. Statt sich selbst als originell zu profilieren, geht er darin auf, sich das Werk Pollocks anzueignen. Gesteigert wird dieses Ritual noch, wenn Mosettig sich nicht damit begnügt, ein Werk nur einmal zu wiederholen. So zeichnete er eine Pollock-Arbeit insgesamt fünfzehn Mal nach, wobei die einzelnen Blätter dank seiner Präzision einander so ähnlich sind, als wären es Druckgrafiken. Doch wird die Möglichkeit effizienten Arbeitens, die druckgrafische Verfahren bieten, ausdrücklich nicht genutzt; vielmehr geht es darum, denselben Aneignungsprozess wieder und wieder zu zelebrieren.

Wenn Fotografen wie Aneta Grzeszykowska oder Hubert Becker sich berühmte Fotografien anderer Künstler vornehmen und deren Sujets nachstellen, übertrifft der Zeitaufwand ebenfalls bei weitem den, der zur Schaffung der Vorbilder von Cindy Sherman, Karl Blossfeldt oder Thomas Struth nötig war. Wiederholt wird also nicht, um es sich leicht zu machen, vielmehr geht es darum, das Werk Schritt für Schritt analytisch und kontrolliert nachzuvollziehen. So wie jemand ein kompliziertes Wort langsam nachbuchstabiert, um es aufzunehmen und zu vergegenwärtigen, üben sich Künstler heute darin, Vorbildern möglichst bewusst erneut zur Gestalt zu verhelfen.

Zugleich handelt es sich dabei um interpretierende und erneuernde Praktiken, vergleichbar denen, die ehedem Kupferstecher anwandten, um ein Vorbild so umzusetzen, dass das Publikum einen konzentrierten Zugang dazu gebahnt bekam. Auch die Stecher benötigten

---

14 Vgl. hierzu Hillel Schwartz: Déjà vu. Die Welt im Zeitalter ihrer tatsächlichen Reproduzierbarkeit (Anm. 2).

für ihre Reproduktionen meist viel länger als die Maler für ihre Originale; umso überlegter trafen sie ihre Entscheidungen, welche Werke sie für wichtig genug hielten, um in das andere Medium übersetzt zu werden. Sie sahen ihre Aufgabe darin, die Qualitäten der Vorbilder sichtbarer zu machen und so zum Ruhm der Künstler beizutragen.

Heutzutage gibt es noch weitere Möglichkeiten, bereits existierende Werke durch Methoden des Reproduzierens neu zur Geltung zu bringen. Dabei fällt auf, dass sich auch berühmte, längst arrivierte Künstler dafür interessieren, die damit ein umso stärkeres Zeichen setzen, Originalitätszwängen abzuschwören. So experimentiert David Hockney seit 2010 mit einer Technik, die er als digitale Restaurierung bezeichnet. Dabei bearbeitet er die Bilddatei eines Gemäldes (etwa von Claude Lorrain), das im Lauf von Jahrhunderten nachgedunkelt oder verblasst ist, am Computer derart, dass es seine ursprüngliche Leuchtkraft zurückerhält: Der Künstler macht sich zum Anwalt eines Generationen vor ihm lebenden Kollegen.

Die Performance-Künstlerin Marina Abramović arbeitet seit 2005 daran, berühmte Stücke aus der Geschichte der Performance-Kunst wiederaufzuführen. Wiederholte sie zuerst nur eigene Performances, ging sie dann dazu über, auch Werke von Joseph Beuys, Valie Export oder Chris Burden zu reinszenieren. Ihr Anspruch besteht darin, Performances ähnlich wie Musikstücke aufzufassen: als etwas, das eine feste Partitur oder Choreografie besitzt und insofern auch jederzeit – beliebig oft – wiederholt werden kann. Wie ein Pianist oder eine Sängerin als Künstler gelten, weil ihre interpretatorische Tätigkeit als Ausdruck einer spezifischen Begabung anerkannt wird, die ein Original wieder real werden lässt, soll nach Abramović auch das Wiederaufführen von Performances zu einer eigenen Form von Kunst werden. Stärker als bei Videoaufnahmen der Original-Performances wird das Publikum bei einer Neuaufführung dank des Live-Charakters emotional einbezogen.

Solche Beispiele zeigen, wie sehr sich der Generationenkonflikt, der zur Dynamik der Avantgarde führte, entspannt hat. So undenkbar es gewesen wäre, dass sich Künstler wie Piet Mondrian oder Max Beckmann um die Vergegenwärtigung von Werken ihnen vorangehender Künstler gekümmert hätten, so wenig wird das Agieren von jemand wie Abramović heute als überraschend angesehen.

Das Phänomen des Wiederholens von Kunst lässt sich jedoch sehr unterschiedlich und geradezu gegenläufig deuten. Zwei Szenarien seien entwickelt:

1.
Der Mentalitätswandel reicht so weit, dass man eine Formulierung, die Denis Diderot auf Reproduktionsgrafiker angewendet hat, genauso für viele heutige Künstler benutzen könnte: Sie fungieren als Apostel und Missionare.[15] Damit erscheinen die Rituale des Wiederholens und Wiederaufführens in religiösem Licht. Statt sich weiter (wie viele Künstler der Moderne) als gottähnliche Schöpfer zu inszenieren, stellen sich die wiederholenden Künstler in die Tradition von Evangelisten: Sie verkünden die frohe Botschaft, die die Kunst mit ihren reichen

---

15 Vgl. Wolfgang Ullrich: Raffinierte Kunst. Übung vor Reproduktionen (Anm. 2), S. 19–33.

Traditionen zu bieten hat. In den Akten des Wiederholens äußern sie Demut und Verehrung, ja verzichten selbst auf Originalität, um sich auf Vorbilder, die ihnen wichtig sind, in Formen von Exegese und Repetition einzulassen.

Indem sie die Werke anderer vermitteln und immer wieder neu vergegenwärtigen, wirken sie festigend und beruhigend. Diese neue Kaste von Aposteln steht zwischen den Schöpfern und dem breiten Laienpublikum; sie bekräftigt eine vor allem in der Romantik weit verbreitete Vorstellung, wonach Kunstwerke ohnehin nur von anderen Künstlern wirklich verstanden und erläutert werden können. Aufgabe dieser Kaste ist es dann also, die Potenziale der Kunst und gerade Formen moderner Kunst, die sonst oft der Schwerverständlichkeit bezichtigt wird, zugänglicher zu machen. Mancher, der mit Pollock Probleme hat oder sich nicht für Beuys interessiert, entdeckt vielleicht durch die Varianten von Mosetig oder Abramović doch noch etwas Schätzenswertes an den Vorbildern.

Aber je mehr Varianten zu einem Original vorliegen, desto eher erfährt dieses auch eine Überhöhung (was vor allem die Protagonisten des Kunstmarktes freuen dürfte). Die Praxis des Wiederholens bedeutet somit gerade kein Ende des Kults um das Originell-Sein; nur werden dessen schwache Formen nicht länger gepflegt und anerkannt. Vielmehr konzentriert sich alles auf diejenigen Künstler und Werke, denen man Originalität im starken Sinn des Wortes attestiert.

Dazu würde passen, dass man den Rang von Künstlern künftig verstärkt danach bemisst, wie oft sie dazu verleiten, reproduziert und nachgeahmt zu werden. Ausgeprägter denn je wird es vermutlich sogar einen Kanon immer wieder variierter Künstler geben. Wie im Theater die Stücke nur weniger Autoren seit Jahrhunderten Neuinszenierung um Neuinszenierung erfahren und in den Konzertsälen immer wieder dieselben wenigen Komponisten gespielt werden, während zweitrangige sowie zeitgenössische Künstler kaum eine Chance haben, auf das Programm gesetzt zu werden, wird sich auch die Auseinandersetzung mit bildender Kunst auf einige kanonisierte Künstler konzentrieren, deren Werke man fortwährend wiederholt.

Diese Praxis würde zugleich ein Verständnis von Kunst bestätigen oder erneuern, das am prominentesten wohl von Immanuel Kant vertreten wurde und das damit aus einer Zeit (knapp) vor der Fixierung auf das Originellsein stammt.[16] Für Kant besitzt ein genialer Künstler zwar »Originalität [als] seine erste Eigenschaft«, bricht also mit Konventionen und Regeln, doch muss sich erst erweisen, ob seine Ursprünglichkeit auch fruchtbar sein kann und neue Konventionen und Regeln konstituiert. Dies zeigt sich nur daran, dass das von ihm neu Errichtete Nachahmer findet, es also anderen »zum Richtmaße oder [zur] Regel der Beurteilung« dient. Andernfalls – man könnte sagen: im Fall schwacher Originalität – entsteht, so Kant, bloßer »Unsinn«.

Genialität kann, folgt man diesem Gedanken, gar nicht sofort erkannt werden, sie muss zuerst geradezu verkannt sein – und zeigt sich immer erst in den nachfolgenden Generationen: wenn das, was ein Künstler neu gemacht hat, aufgegriffen, nachgeahmt, angeeignet, variiert,

---

16 Im Folgenden wird zitiert aus: Immanuel Kant: Kritik der Urteilskraft [1791]. Hg. von Gerhard Lehmann. Stuttgart: Reclam 1963, §§ 47–50.

weiter ausgeführt, Formen der ›aemulatio‹ ausgesetzt wird. Wendet Kant sich damit gegen die Vorstellung, dass ein Regelbruch an sich schon zu bewundern sei, so hat er andererseits durchaus Verständnis dafür, dass das, was ein Genie im ersten Entwurf macht, vielleicht noch ruppig, brachial, unschön ist. Er bewundert »Mut« und »Kühnheit« am Genie, schätzt aber ebenso diejenigen, die es nachahmen und dabei das Brachiale – so seine bemerkenswerte Formulierung – »wegzuschaffen« verstehen. Die nachahmenden Künstler sind gerade insofern Apostel und Missionare, als sie die geniale Eruption nach und nach in Einklang mit den Erwartungen und Geschmacksvorstellungen auch eines breiteren Publikums zu bringen vermögen. Weniger originelle Künstler sind also genauso wichtig wie Originalgenies, denn nur jene lassen diese wirklich wirksam werden; sie vermitteln ihren Ansatz und nutzen ihre Potenziale.

Ein solches Verständnis von Kunst entlastet vom Originalitätszwang; es bestimmt die nachahmenden Künstler nicht als defizitär, sondern spricht ihnen eigene Fähigkeiten wie Geschmack, soziale Intelligenz und Vermittlungskompetenz zu. Ohne sie bliebe große Kunst ohne Resonanz, ja als solche sogar unentdeckt. Daher wird es vielleicht auch einmal als ein spezifisches Problem der Moderne erscheinen, aufgrund des einseitigen Strebens nach Originalität, ja infolge der Negierung von Tradition und der Generationsbrüche der Kunst letztlich nicht gedient zu haben.

Dabei zeichnet sich mittlerweile ab, dass nicht nur zahlreiche Künstler um Formen des Wiederholens bemüht sind, sondern auch Amateure auf den Plan treten. Sie nutzen die – im historischen Vergleich – einmalig guten Bedingungen des Produzierens, Reproduzierens und Distribuierens von Bildern, um vor allem in den sozialen Netzwerken mit Coverversionen und Varianten von Kunstwerken auf sich aufmerksam zu machen. Auf Fotoplattformen wie *Flickr* oder *Tumblr* gibt es Gruppen, die einzelnen Künstlern und Fotografen – David Hockney, Andreas Gursky oder Cindy Sherman – gewidmet sind, zudem viele einzelne Bilder, die sich an bekannten Vorbildern – oder typischen Stilmerkmalen – orientieren. In ihrer Summe – und die Summe ist schon nach wenigen Jahren erstaunlich groß! – liefern diese Bilder vielleicht noch besser als die Aneignungen von Künstlern Indizien dafür, welche Kunst über die Kraft verfügt, prägend zu sein und ästhetische Standards zu setzen. Umso wahrscheinlicher ist, dass man künftig wieder dahin zurückkehren wird, den Rang eines Künstlers gerade auch nach der Zahl derer zu bemessen, die ihm nachfolgen, ja die mit all den kleinen und größeren Adaptionen Verehrung bekunden und insofern ihrerseits als Missionare angesehen werden können.

2.
Der Mentalitätswandel bei heutigen Künstlern ist erst der Beginn der Erosion eines Strebens nach Originalität und eigenen Werken. Sie selbst schätzen nicht mehr als so einmalig ein, was sie machen; vielmehr schwören sie den Topoi des Genie-Diskurses ausdrücklich ab und erheben keinen Anspruch, mit ihren Werken etwas zu erschaffen, das für Individuen oder die Gesellschaft insgesamt von existenzieller Bedeutung sein könnte. Dafür vergnügen sie sich mit Techniken von Remix und Mashup; sie variieren vorhandene Werke oder haben zumindest kein Problem damit, wenn das Publikum eine Nähe zu anderen Positionen feststellt.

Ist ihr Anspruch auf originelle Werke erst einmal geschwunden, entdecken sie auch andere Möglichkeiten, mit ihren Fähigkeiten zu wirken. Hierzu nochmals ein Beispiel von David Hockney. So ist er in den letzten Jahren vermehrt dazu übergegangen, Bilder als Mittel der Kommunikation zu verwenden, sie also wie eine Botschaft oder ein Geschenk zu adressieren. Dabei macht er sich die neueste Kommunikationstechnik zu eigen und begann zuerst, auf dem *iPhone* zu zeichnen und die so entstandenen Bilder an Freunde zu verschicken; mittlerweile nutzt er dafür das *iPad*, das eine größere Fläche besitzt und differenziertere Bilder zulässt.

Generell begünstigen digitale Praktiken sowie das Internet neue – schwächere, offenere – Formen von Werken. Texte, Fotos, Bilder oder Musikclips sind nicht mehr zwangsläufig etwas Abgeschlossenes, sondern lassen sich je nach Anlass und Situation neu formatieren oder weiterentwickeln. Dass sie als Material zur Kommunikation fungieren, wird zur Motivation, an und mit ihnen zu arbeiten. Wer etwas gestaltet, will anderen eine Freude machen oder mehr und engere Freundschaften gewinnen, ja nutzt die eigene Begabung, um sich ein möglichst interessantes und hochwertiges soziales Netzwerk aufzubauen.

Demgegenüber könnte der traditionelle Künstler, der in einer Galerie ausstellt, Bücher veröffentlicht oder CDs produziert, bald altmodisch erscheinen: als Kultur-Nerd, der sozial etwas rückständig und selbstverliebt-eigenbrötlerisch ist und noch nicht kapiert hat, dass die digitalisierte Welt es erlaubt, jegliche Gestaltung offen zu halten und auf so etwas wie eine letzte Fassung zu verzichten. Das Pathos von Vollendung und Abgeschlossenheit, das den Diskurs über den herkömmlichen Werkbegriff bestimmte, wird dann etwas lächerlich wirken. Vielleicht wird es sogar als Kompensation des Unbehagens interpretiert, das Künstler traditionell empfanden, wenn sie gezwungen waren, die Arbeit an einem Werk zu beenden.

Statt Urhebern, die sich als autonom und originell begreifen, gibt es dann Menschen, die mit ihren Gestaltungen vor allem soziale Intelligenz und Tugenden des ›decorum‹ beweisen. Sie besitzen die Fähigkeit, vielfältig und situationsspezifisch zu kommunizieren, und werden so zum Knotenpunkt größerer, vielleicht auch ungewöhnlicher Konstellationen. Für sie gilt, dass sich umso mehr Aufmerksamkeit und Anerkennung finden lässt, je prominenter und unterschiedlicher die Personen sind, mit denen man in Verbindung steht. Die Art und Weise, die eigene Besonderheit zu zeigen, verwandelt sich. Auf einen Werkstolz folgt ein Netzwerkstolz.

Damit werden Verhältnisse denkbar, die zugleich an vormoderne Zeiten erinnern: an Zeiten, als statt des Bürgertums – und insbesondere des Bildungsbürgertums – der Adel maßgeblich über die gesellschaftlichen Werte bestimmte. Ihn prägte – statt eines Werkstolzes – ein Familienstolz, man definierte sich über Rang, Herkunft, Alter, Verdienste der eigenen Familie, ja begriff sich als einzelner weniger über die eigenen Leistungen als über die genealogischen Zusammenhänge, in denen man stand. Anstatt originell und auf sich gestellt zu sein, war man eingebunden in familiäre Netzwerke, befand sich nicht am Anfang, sondern am Ende einer möglichst langen Kette, begriff sich als Wiederholung und Variation eines Familienprinzips.

Wesentliches Identitätssymbol des Adeligen waren Stammbäume und Ahnentafeln. Sie dienten dazu, der jeweils nächsten Generation ein Geschlechtsbewusstsein einzuprägen. Dass man innerhalb einer Familie in jeder oder jeder zweiten Generation dieselben Vornamen vergab, drückt den Wunsch nach Wiederholung und Nachahmung aus. Um die familiäre Reproduktionsleistung präsent zu machen, richteten viele Adelshäuser Ahnengalerien in ihren Residenzen ein oder hatten zumindest Bilder ihrer Vorfahren gegenwärtig. Bei den Porträts der einzelnen Familienmitglieder konnte man vor allem die Ähnlichkeiten herausarbeiten lassen, und wer die Galerie in die Vergangenheit zurück verlängerte, hatte erst recht die Chance, Aussehen und sogar Existenz von Vorfahren zu manipulieren. So war es üblich, den Ursprung des eigenen Geschlechts hochrangig anzusiedeln und in die Mythologie zu verlagern. Auch hier ging es somit darum, ein möglichst interessantes, durch Prominenz veredeltes Netzwerk vorweisen zu können.

In der Idee der Ahnengalerie – des Stammbaums – lässt sich eine frühe Form der Dekonstruktion erblicken: Was auf den ersten Blick individuell oder gar neu zu sein scheint, wird rückverfolgt, sodass es sich als geprägt von einer Vergangenheit zeigt, die ihrerseits auf noch weitere Vergangenheiten zurückverweist. Und selbst wenn ein Ursprung fixiert wird, bleibt er – so weit zurückliegend – ungreifbar; das Originelle wird zum Mythos, und wo man es zu finden glaubt, entpuppt es sich als Illusion.

Die Dekonstruktion denkt nicht nur in Genealogien, sondern sie bereitet auch einer Netzwerk-Logik den Boden. Jeglichem Essenzialismus misstrauend, der einer Sache oder Person ein Wesen ›an sich‹ zuspricht, geht es ihren Vertretern darum, Sensibilität dafür zu entwickeln, wie sich Bedeutungen und Charaktere jeweils durch Kontexte bilden, aber auch verändern. Anders als die streng auf Wiederholung und Fortschritt festgelegte Adelswelt zeichnet die Mitglieder einer vernetzten Gesellschaft eine Vorliebe für Plurales, also für die ständige Erweiterung und Veränderung der eigenen Netzwerke aus. Man genießt es, sich jeweils anders zu erleben, selbst unabgeschlossen – immer im Wandel – zu sein.

So wenig es noch um autonome Werke geht, so wenig also auch um autonome Persönlichkeiten. Was in der bürgerlichen Welt so wichtig war, erscheint auf einmal relativiert: Originalität ist kein besonderer Wert mehr. Eingebunden zu sein, in vielfältigen Beziehungen zu stehen, sich davon bestimmen zu lassen: das gilt als attraktiv. Vielleicht arbeiten künftige Ideenhistoriker sogar heraus, wie viel alte Adels-Logik und neue Netzwerk-Logik gemeinsam haben. Man wird in der Gegenwart dann eine Neoaristokratie erblicken und darauf verfallen, die Moderne mit ihrer Fixierung auf Originale und Originalität als geschichtlichen Sonderfall anzusehen – als Verkehrung von Werten und Konventionen, die in den meisten Kulturen über die meiste Zeit hinweg gelten.

So sehr sich beide Szenarien unterscheiden, in einer Hinsicht stimmen sie überein: Künftig wird vermutlich einer Rechtfertigung bedürfen und Misstrauen wecken, wer mit großer Geste den Anspruch verfolgt, originell zu sein. Er oder sie wird erst beweisen müssen, mehr zu können als nur Regeln zu brechen, oder wird als rückständig und rücksichtslos kritisiert werden. Wer wirklich originell sein will, muss das künftig also gegen Widerstände durchsetzen; es ist nicht mehr das, was man von einem Künstler unbedingt erwartet. Es wird wieder verkannte Genies geben.

Zur Kulturgeschichte der Fotokopie
Die Kopie als große Schwester des Plagiats
Oder: Vom langsamen Verblassen der Bilder

Dominik Landwehr

Die digitalen Medien eröffnen erstmals in der Kulturgeschichte die Möglichkeit des vollständig mühelosen Kopierens. Im digitalen Zeitalter fallen Kopie und Original zusammen – das erklärt die aktuelle Diskussion allerdings nur zum Teil. Ähnliche Kontroversen wie heute gab es auch in der Geschichte der Fotokopie. Die Fotokopie ist eine Kulturtechnik, welche die zweite Hälfte des 20. Jahrhunderts geprägt hat, bisher aber kaum ausreichend gewürdigt wurde. Sie ist nebenbei als ›Copy Art‹ zur Kunstform geworden und hat den Sprung ins digitale Zeitalter ohne Mühe geschafft. Die Vision vom papierlosen Büro ist bis heute jedoch ein Mythos geblieben.

For the first time in cultural history, digital media enable a completely effortless way of making copies. In the digital age, copy and original become one – but this only partly explains the current discussion. In the history of the photocopy there have also been controversies similar to those we are experiencing today. The photocopy is a cultural technique which has heavenly influenced the second half of the 20th century, but so far has hardly been adequately acknowledged. As ›Copy Art‹, it incidentally became an art form and effortlessly made its transition into the digital age. Until today, the vision of the paperless office remains a myth.

In diesem Text geht es nicht um das Plagiat, sondern um die Kopie, ganz besonders um die Fotokopie. Sie ist so etwas wie ein materielles Substrat der heutigen hitzigen Debatte um Urheber- und Nutzungsrechte, um Originale und Kopien. Zwar sind Kopie und Plagiat nicht dasselbe, doch sind die beiden Begriffe im digitalen Zeitalter näher zueinander gerückt. Dass das Thema der Kopie in unserer Kultur wichtig ist, beweist die Vielzahl der verwendeten Begriffe: Neben der Kopie geht es um Imitation, Duplikat, Durchschlag, Klon, Reproduktion, Variation, Fälschung, Plagiat, Nachbildung. Die Reihe könnte fortgesetzt werden. Selbstverständlich bezeichnen diese Begriffe nicht dasselbe und sind in der Regel auch keine Synonyme. Ihre Anzahl steht für die Vielfalt von Ideen und Konzepten, die sich dahinter verbergen.

1. Die Kontroverse um die digitale Kopie

In den letzten Jahren hat vor allem die Frage der digitalen Kopie von Musikdaten und ihre Weitergabe eine scheinbar endlose Diskussion in Gang gesetzt, in der der Ton scharf ist und die Wogen hochschlagen. Als Beispiel mag etwa eine Aussage des deutschen Autors und Musikers Sven Regener dienen:

Es wird so getan, als wenn wir Kunst als exzentrisches Hobby betreiben würden. Und das Rumgetrampel darauf, dass wir darauf beharren, dass wir diese Werke geschaffen haben, ist eigentlich nichts Anderes, als dass man uns ins Gesicht pinkelt und sagt: Euer Kram ist nichts wert. Wir wollen das umsonst haben, wir wollen damit machen können was wir wollen.¹

In dieser Debatte stehen sich Autoren und engagierte Nutzergruppen gegenüber. Die Sachlage ist kompliziert und wird rechtlich nicht in allen Ländern gleich beurteilt. So ist in der Schweiz beispielsweise der Download von Musikdaten von den sogenannten Austauschplattformen erlaubt, in Deutschland ist dieselbe Handlung aber verboten. Der deutsche Poplobbyist Dieter Gorny hat in mehreren öffentlichen Veranstaltungen wiederholt Internetsperren für Leute gefordert, die sich Musikdaten auf solche Art beschaffen, und damit nicht nur mit Kanonen auf Spatzen geschossen, sondern auch einen höchst autoritär-repressiven Ton angeschlagen. Interessant ist ein Blick auf den Sprachgebrauch dieser Debatte: Dirk von Gehlen weist darauf hin, dass der gängige Begriff der Raubkopie im digitalen Zeitalter falsch ist.² Es wird, so führt er aus, gar nichts mehr geraubt, im Gegenteil, es wird ein Gut vermehrt. Auch der Begriff der ›illegalen Downloads‹ müsste – dies eine Folgerung des Verfassers des vorliegenden Beitrags – angesichts der differenzierten Rechtslage im deutschsprachigen Raum wohl zurückhaltender verwendet werden.

2. Kopieren als kulturelle Tätigkeit

Dabei ist das Thema weit größer und älter als die aktuelle Debatte. Originale wie auch Kopien erfüllten – historisch gesehen – verschiedene Funktionen und wurden auch unterschiedlich bewertet. Der Kopie haftete in der Geschichte nicht immer etwas Negatives an. Ganz im Gegenteil: Kopiert wird nur, was Wertschätzung genießt. Bis zum 15. Jahrhundert war der Akt des Kopierens ein normales und wichtiges Geschäft. Die negative Konnotation des Begriffs entstand erst in der Neuzeit, und zwar im Umfeld der neuen Kulturtechnik des Buchdrucks.³ Dabei gehört die Kopie zur Kultur. Von der Musik war schon die Rede, und auch über die Abschreibepraxis ausführlicher zu reden wäre in einem buchwissenschaftlichen

---

1 Sven Regener in der Sendung *Zündfunk* des *Bayerischen Rundfunks* am 21. März 2012. Online zugänglich unter: http://www.br.de/radio/bayern2/sendungen/zuendfunk/regener_interview100.html (1. März 2014). Vgl. hierzu auch Dominik Landwehr: Urheberrecht. Debatte Reloaded. In: *digitalbrainstorming.ch* (2. April 2012), http://www.digitalbrainstorming.ch/weblog/2012/04/urheberrecht_debatte_reloaded_1.html (1. März 2014).
2 Vgl. Dirk von Gehlen: Mashup. Lob der Kopie. Berlin: Suhrkamp 2011 (= edition suhrkamp 2621). Vgl. außerdem die Webseite Dirk von Gehlens unter: http://www.dirkvongehlen.de (1. März 2014).
3 Vgl. hierzu die dem Schwerpunktthema ›Original & Kopie‹ gewidmete Novemberausgabe des *Monatsmagazins von Kulturmanagement Network KM* von 2013. Online zugänglich unter: http://www.kulturmanagement.net/frontend/media/Magazin/km1311.pdf (1. März 2014).

Jahrbuch Wasser in den Rhein tragen. Die Kunst der Antike ist in weiten Teilen Europas durch Gipsabgüsse bekannt geworden. Ob diese Abgüsse die Aura dieser Werke zerstört haben, wage ich hier zu bezweifeln. Wolfgang Ullrich stützt diese Vermutung und stellt sogar die gewagte These auf, dass die Reproduktion dem Original in vielen Fällen sogar überlegen ist. Er diagnostiziert in der Moderne einen »monotonen und monomanischen Kult der Original-Fixierung«.[4] Ullrich hat das Thema der Kopie 2012 zudem in der Ausstellung *Déjà Vu* in der Kunsthalle Karlsruhe thematisiert.[5] Die großen Meister haben ihre Werke selber kopiert, bei nicht wenigen Bildern wissen wir bis heute nicht genau, ob sie der Meister selbst oder seine Schüler gemalt beziehungsweise kopiert haben. Vor der Erfindung der Fotografie kam es schon mal vor, dass vermögende Sammler Kopien und Bildberichte von Ausstellungen bekannter Maler haben anfertigen lassen. Die Ausstellung in Karlsruhe hat dieses Thema auf sorgfältige und unterhaltende Weise dargestellt.

Schließlich spielt die Kopie in der Warenwelt eine große Rolle. In einem weiteren Sinn könnte man bereits die Herstellung von genormten Bauteilen als die Produktion dreidimensionaler Kopien bezeichnen. Die größte Schweizer Detailhandelsorganisation *Migros* hat vor allem in der Pionierzeit aus den Kopien eingeführter Marken ein Geschäftsmodell gemacht und dabei immer wieder bemerkenswerte Originalität bewiesen: Aus dem Malzgetränk *Ovomaltine* wurde *Eimalzin*, aus *Kaffee Hag* hat *Migros* die Eigenmarke *Kaffee Zaun* gemacht. Das Kopieren von Marken funktioniert dabei auf der Ebene der Begriffe – aber auch auf der Ebene der Form. Die bei *Chocolat Frey* produzierte *Migros*-Schokolade mit dem unverfänglichen Produktnamen *Mahony* entpuppt sich bei näherem Hinschauen als ein Dreieck mit gekappter Ecke. Diese Form erinnert an *Toblerone* von *Kraft Food*. Das nachgeahmte Produkt schmeckt genau gleich wie das Vorbild. Das hat dem *Toblerone*-Markeninhaber nicht gefallen und so musste sich *Migros* eine neue Form einfallen lassen. Heute sieht *Mahony* aus wie ein Trapezoid.[6]

Von der Kopie zur Fälschung ist es nicht mehr weit: Der 1951 geborene und 2011 in einem der größten Kunstfälscherprozesse verurteilte Wolfgang Beltracchi etwa hat nicht nur zahlreiche Kunstwerke kopiert, sondern auch verschollene Bilder neu gemalt. Ein anderer

---

4   Wolfgang Ullrich: Raffinierte Kunst. Übung vor Reproduktionen. Berlin: Verlag Klaus Wagenbach 2009, S. 94. Vgl. außerdem auch den Beitrag von Wolfgang Ullrich in diesem Band. Zur Geschichte der Kopie vgl. außerdem Hillel Schwartz: The Culture of the Copy. Striking Likeness, Unreasonable Facsimiles. New York: Zone Books 1996; Hillel Schwartz: Déjà vu. Die Welt im Zeitalter ihrer tatsächlichen Reproduzierbarkeit. Aus dem amerikanischen Englisch von Helmut Ettinger. Berlin: Aufbau Verlag 2000.
5   Déjà-vu? Die Kunst der Wiederholung von Dürer bis YouTube. Kat. Staatliche Kunsthalle Karlsruhe 2012. Informationen zum Projekt und zur Ausstellung sind auch online zugänglich unter: http://www.hfg-karlsruhe.de/features/deja-vu-die-kunst-der-wiederholung.html (1. März 2014).
6   Vgl. Katja Girschik/Albrecht Ritschl/Thomas Welskopp (Hg.): Der Migros-Kosmos. Zur Geschichte eines außergewöhnlichen Schweizer Unternehmens. Baden: hier + jetzt Verlag für Kultur und Geschichte 2003; Regula Bochsler: Kopie als Kampfmittel. Duttweiler, die Migros und das Kopieren. Vortrag beim Colloquium *Kultur und Digitalisierung IV. Lob der Kopie – Zur Kulturgeschichte des Kopierens* vom 23. bis 25. August 2012 in L›Arc Romainmôtier. Online zugänglich unter: http://www.digitalbrainstorming.ch/de/multimedia/audio/copy-004-bochsler (1. März 2014).

Name ist Konstantin Simonides (1820–1867), dessen Biografie Rüdiger Schaper vorgelegt hat.[7] Simonides, der Meisterfälscher des 19. Jahrhunderts, eignete sich die Kunst der Handschriftenproduktion auf dem Berg Athos an und versorgte später mit seinen perfekten Falsifikaten antiker Manuskripte einen wachsenden und gierigen Markt von Sammlern und Museen. Seine Technik war raffiniert und beruhte auf genauen handwerklichen Kenntnissen und der Fähigkeit, Palimpseste zu imitieren.

3. Das internationale Recht und die Kopie

Wenn zwei dasselbe tun, dann ist es doch nicht immer dasselbe. Die Kopie eines alltäglichen Produkts wie *Ovomaltine* ist offenbar nicht dasselbe wie die Kopie eines Luxusgutes, etwa einer *Rolex*-Uhr. Um die Herstellung solcher Produktkopien einzuschränken wurde mittlerweile schweres Geschütz in Stellung gebracht: Stichwort dazu ist das *Anti-Counterfeiting Trade Agreement* (ACTA), welches das Europäische Parlament am 4. Juli 2012 abgelehnt hat.[8] Verschiedene Kopierakte werden folglich mit verschiedenen moralischen Urteilen versehen. Warum tobt die Debatte denn jetzt so heftig, wo doch seit Jahrhunderten kopiert wird? Die Verschärfung der Diskussion hat wohl mit der besonderen Qualität des Kopierens zu tun. Früher war das Kopieren stets mit Arbeit und Mühe verbunden, es erforderte gewisse handwerkliche oder technische Fertigkeiten – das galt gleichermaßen für den Abguss einer antiken Statue, die Reproduktion eines Gemäldes und für den nicht autorisierten Neudruck eines Buches. Heute ist die Situation eine grundsätzlich andere. Die neue Qualität des Kopierens zeigt sich auf zwei Arten: Erstens durch die vollkommene Mühelosigkeit des Kopieraktes, der zweitens vollkommen identische Kopien erzeugt. Eigentlich müsste man von Klonen sprechen, denn im Fall von digitalen Fotografien, Musikstücken, Filmen oder digital erzeugten Dokumenten gibt es keinen (qualitativen) Unterschied mehr zwischen Originalen und Kopien. Zwischen dem aufwendigen und handwerklich anspruchsvollen Nachbilden und dem mühelosen digitalen Kopieren liegt allerdings eine Technologie, die jahrzehntelang unseren täglichen Umgang mit Texten geprägt hat: die Fotokopie. Dabei war sie eben so mühsam in der Bedienung wie unentbehrlich. Und die Kopien, die mit dieser Technologie erzeugt wurden, sind mit jeder Generation schlechter geworden und haben schließlich Texte hervorgebracht, die kaum mehr zu lesen waren.

---

7 Rüdiger Schaper: Die Odyssee des Fälschers. Die abenteuerliche Geschichte des Konstantin Simonides, der Europa zum Narren hielt und nebenbei die Antike erfand. München: Siedler Verlag 2011.
8 Zu *Anti-Counterfeiting Trade Agreement* (ACTA) vgl. die Angaben auf der Webseite des *Eidgenössischen Institut für Geistiges Eigentum* (IGE) unter: http://www.ige.ch/en/legal-info/legal-areas/counterfeiting-piracy/acta.html (1. März 2014).

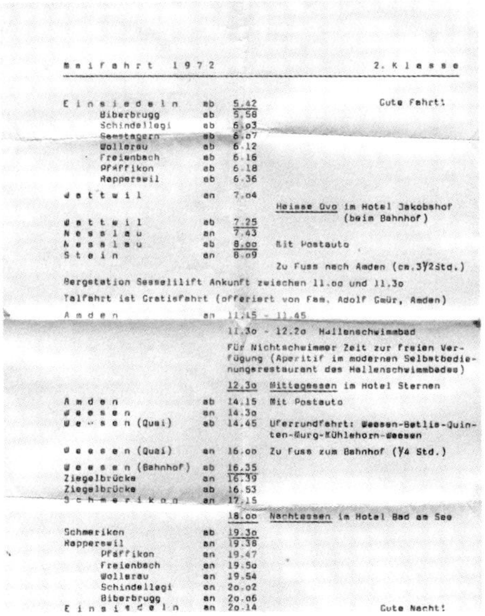

Abbildung 1:
Hektografiertes Programm für eine Klassenfahrt
der Stiftsschule des Klosters Einsiedeln
im Jahr 1972.
Archiv von Dominik Landwehr

4. Geschichte und Praxis der Fotokopie

Die Fotokopie ist im ausgehenden 20. Jahrhundert zu einer derart alltäglichen und selbstverständlichen kulturellen Praxis geworden, dass man sie leicht übersieht. Bei der Fotokopie geht es um etwas höchst Materielles – in einem sehr immateriellen Kosmos.[9] Als die *Neue Zürcher Zeitung* in den 1960er in der Schweiz noch dreimal am Tag gedruckt und ausgetragen wurde, war die Fotokopie bereits erfunden. Trotzdem spielte sie im Alltag Schweizer Büros, Redaktionen und Schulen noch kaum eine Rolle: Kopien wurden mit Kohlepapier hergestellt und spätestens beim dritten Durchschlag war das Geschriebene trotz kräftigem Anschlag auf der Schreibmaschine nur noch schwer zu lesen. Die Fotokopie existierte in der Kindheit des Verfassers dieses Beitrags so gut wie nicht. Und auch während seiner Gymnasialzeit in der Stiftsschule des Klosters Einsiedeln in den Jahren 1970–74 nutzte man nur die sogenannte Schnapsmatrize mit ihrem typischen Blau und dem Geruch nach Brennsprit, der als Lösungsmittel für die Farbe verwendet wurde. Das hier zugrunde liegende Verfahren

---

9 Vgl. hierzu Dominik Landwehr: Die Fotokopie. Vom Verblassen der Bilder. In: *Neue Zürcher Zeitung*, Nr. 189 (23. August 2012), S. 60. Online zugänglich unter: http://www.nzz.ch/aktuell/digital/vom-verblassen-der-bilder-1.17482329 (1. März 2014); ders.: Anmerkungen zur Kulturgeschichte der Fotokopie. Vortrag beim Colloquium *Kultur und Digitalisierung IV. Lob der Kopie – Zur Kulturgeschichte des Kopierens* vom 23. bis 25. August 2012 in L›Arc Romainmôtier. Online zugänglich unter: http://www.digitalbrainstorming.ch/de/multimedia/audio/copy-001-intro (1. März 2014).

Abbildung 2:
Chester F. Carlson (1906–1968), der Erfinder des *Xerox*-Verfahrens
Bild: *Xerox* Corporation

hieß Hektografie; bis zum Siegeszug des Fotokopiergeräts war es stark verbreitet. Die Drucke waren zwar von schlechter Qualität, dafür waren sie sehr billig und einfach herzustellen. In den Ländern des Ostblocks und der Sowjetunion unterlag dieses Verfahren im Kalten Krieg strengsten Einschränkungen. 1975 erfolgte dann für den Verfasser mit dem Wechsel an das Realgymnasium Rämibühl im Zentrum von Zürich der Schritt vom Mittelalter in die Neuzeit. Gleich am Eingang in den lichten Neubau stand ein Fotokopiergerät der Marke *Xerox*. Pro Kopie 20 Rappen, das ging natürlich schnell mal ins Geld und entsprechend zurückhaltend wurde von den Schülern dieser Bote der Moderne genutzt. Dafür waren die Kopien gestochen scharf, egal, ob die Vorlage ein maschinengeschriebenes Blatt oder ein gedrucktes Buch war.

Dass gerade ein Fotokopierer der Marke *Xerox* in der Schule stand, war kein Zufall: Die amerikanische Technologiefirma war die Eigentümerin des Verfahrens, das deshalb auch xerografisches Verfahren genannt wurde. Es war nicht das einzige Kopierverfahren, aber bei Weitem das erfolgreichste, denn es bedruckte ganz normales Papier.

5. Chester F. Carlson und die Erfindung des Fotokopierverfahrens

Das heutige Fotokopierverfahren ist – anders als etwa der Computer – auf die Erfindung eines einzelnen Mannes zurückzuführen: Chester F. Carlson (1906–1968) aus Rochester im US-Bundesstaat New York. Als er sich an der Abendschule in New York zum Patentanwalt

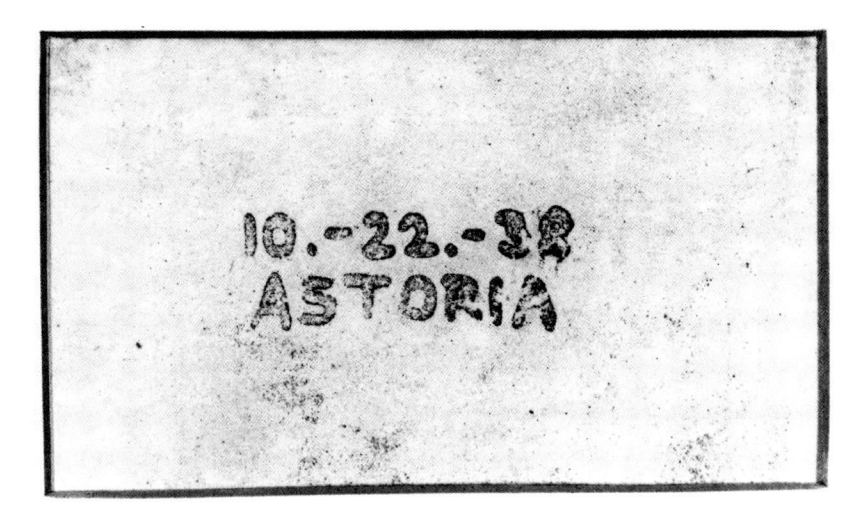

Abbildung 3:
Die erste Fotokopie von Chester F. Carlson
Bild: *Xerox* Corporation

ausbilden ließ, ärgerte sich über die viele Abschreibarbeit und sann auf Abhilfe. Es gab zwar bereits zu seiner Zeit bereits einige (vor allem fotografische) Kopierverfahren für Dokumente sowie Kopierapparate. Dazu zählte etwa der zu Beginn des 20. Jahrhunderts erfundene Photostat, der für ein einzelnes Dokument bis zu 30 Minuten brauchte. Carlson schwebte etwas Einfacheres vor.[10]

Als Patentanwalt war er gewohnt zu recherchieren und so stieß er auf eine Schrift des ungarischen Physikers Pál Selényi (1884–1954). Ihm gelang die Übertragung eines Bildes auf elektrostatischem Weg, indem er zunächst eine speziell beschichtete rotierende Trommel mit einem Ionenstrahl bestrahlte und danach das Bild auf der Trommel mit feinem Staub sichtbar machte. Der ungarische Entdecker hatte diesem Prinzip nach der Publikation offenbar keine weitere Aufmerksamkeit geschenkt. Nicht so Carlson: Besessen von seiner Vision, ein einfaches Kopierverfahren zu entwickeln, mietete er Räume für ein Labor und nahm sich einen Assistenten. Bereits 1937 meldete er ein erstes Patent an. 1938 reproduzierte er mit diesem Verfahren den handgeschriebenen Text: 10–22–38 ASTORIA. Der Name *Astoria* steht dabei für ein Quartier im Stadtteil Queens in New York, wo Carlson mit seinem Assistenten, dem Physiker Otto Kornei (1903–1993), arbeitete. Die Zahl 10–22–38 steht für Datum in amerikanischer Schreibweise: Der historische Moment war also am 22. Oktober 1938.

---

10 Für einen Abriss der Geschichte der Fotokopie vgl. David Owen: Copies in Seconds. Chester Carlson and the Birth of the Xerox Machine. New York: Simon & Schuster 2004.

Von der Erfindung des Verfahrens, das Carlson ›Electrophotography‹ nannte, bis zur Entwicklung einer alltagstauglichen Fotokopiermaschine war es jedoch noch ein weiter Weg: Carlson gelang es zwar, Unterstützung beim gemeinnützig orientierten *Batelle Memorial Institute* in Columbus, US-Bundesstaat Ohio zu finden. Aber auch das fruchtete zunächst nichts: Die großen Firmen von *IBM* bis *Kodak* zeigten alle kein großes Interesse, ebenso wenig war die Armee an dem Verfahren interessiert. Der Durchbruch kam erst im Jahr 1945, als Carlson der damals unbekannten Firma aus Rochester im US-Bundesstaat New York namens *Haloid* das Verfahren vorstellen konnte. Diese Firma konnte auch das Pentagon für die Erfindung begeistern, denn tatsächlich war man dort auf der Suche nach einem Kopierverfahren, das nicht auf fotochemischem Prozess beruhte und deshalb atomkriegstauglich war. Den Namen des Verfahrens ›Elektrofotografie‹ sah die Firma *Haloid* als wenig geeignet für eine Vermarktung an, und so wurde der Name ›Xerografie‹ geschaffen; ein Kunstwort, das sich aus den griechischen Begriffen ›xeros‹ für ›trocken‹ und ›graphein‹ für ›schreiben‹ zusammensetzt. 1949 wurde der erste Fotokopierer ausgeliefert, er nannte sich *Xerox Model A*. Das Gerät war kompliziert, extrem störungsanfällig und überlebte nur, weil man damit perfekte Vorlagen für die Lithografie herstellen konnte, aber dafür war es natürlich nicht gedacht!

Richtig erfolgreich wurde erst das Modell *Xerox 914*; ein Kopierautomat, der 1959 vorgestellt und ab 1961 im großen Stil vermarktet wurde. Der amerikanische Sachbuchautor David Owen schätzt, dass 1955 weltweit nicht mehr als 20 Millionen Fotokopien hergestellt wurden, fast alle auf nicht-xerografischem Weg. 1965, fünf Jahre nach der Einführung des Kopierautomaten *Xerox 914* waren es fast 10 Milliarden Kopien, der Großteil davon wurde xerografisch hergestellt. Danach ging die Entwicklung exponentiell weiter. *Haloid* wurde Ende der 1950er Jahre in *Xerox* umbenannt (in Europa in *Rank Xerox*). Die Firma verdankt ihren Welterfolg auch einer Fehleinschätzung: Der effektive Markt für Fotokopien war sehr viel größer als zunächst angenommen. Die Nachfrage entwickelte sich fast explosionsartig. Bereits Ende der 1970er Jahre lief der Patentschutz von *Xerox* ab, seitdem sind zahlreiche Konzerne wie *Canon*, *Brother*, *Ricoh* u.a. in diesem Markt erfolgreich tätig. Genaue Zahlen über das aktuelle Kopiervolumen zu finden ist schwierig.[11]

Das Fotokopierverfahren ist so tief in unseren Alltag eingedrungen, dass es kaum mehr sichtbar ist. Hinzu kommt, dass im digitalen Zeitalter Fotokopie und Druck aus dem Computer mit dem gleichen Verfahren erzeugt werden. Tatsächlich wird heute jedes Dokument im Kopierer zunächst digital eingescannt, bevor es anschließend nach dem von Chester Carlson entwickelten Elektrofotografieverfahren gedruckt wird. Das vielfältige Angebot an Kopiergeräten ist heute nicht mehr zu überblicken, jeder kann für sein Büro oder Arbeitszimmer ein passendes Gerät finden. Ganz anders ist die Situation in den Entwicklungs- und Schwellenländern. Eine Vielzahl von Läden buhlen dort um Kunden – das Fotokopierverfahren ist deshalb auch in der Öffentlichkeit optisch sehr präsent (vgl. Abb. 4).

---

11 Vgl. ebd., S. 282.

Abbildung 4:
Copy Shop in Indien.
Bild: Bruno Jehle

So schwierig sich die Entwicklung des elektrostatischen Verfahrens zu Beginn gestaltete, so vielseitig und einfach erwies sich seine praktische Anwendung. Der Schritt von der schwarzweißen zur farbigen Fotokopie war einfach: Der Toner lässt sich mit Pigmenten einfärben und mit farbigen Filtern lassen sich die drei Grundfarben trennen. Ein wichtiger Meilenstein war die Entwicklung der digitalen Fotokopie: Die Laserprinter, die in den 1980er Jahren auf den Markt kamen, waren eine Weiterentwicklung der xerografischen Technik. Das Original wurde nicht mehr auf einen Fotoleiter projiziert, sondern auf einen lichtempfindlichen Chip.

6. ›Copy Art‹: Die bildende Kunst adoptiert die Fotokopie

Nicht anders als bei anderen Drucktechniken rief auch das xerografische Verfahren nach Anwendungen in der Kunst: Naheliegende Spielereien wie der Abdruck von Fuß, Hand, Gesicht und auch von Geschlechtsteilen auf der Glasplatte ermunterten die Künstler zu weiteren Experimenten. Mit wenig Aufwand ließen sich ständig neue Generationen von Bildern erzeugen: Erste künstlerische, auf das Fotokopierverfahren zurückgehende Versuche wurden bereits Mitte der 1960er Jahre verzeichnet.[12] Ganz im Sinn der bekannten Aussage von Joseph Beuys (»Jeder ist ein Künstler«) hieß dann die Devise: »Turn your local copier into a personal arts and craft center. Make personal inexpensive greeting cards, T-shirt, presentations, fabrics and much much more«.[13]

---

12   Umfassend dargestellt etwa in: Klaus Urbons: Copy Art. Kunst und Design mit dem Fotokopierer. Köln: DuMont 1991; ders.: Elektrografie. Analoge und digitale Bilder. Köln: DuMonz 1994.
13   Das Zitat stammt aus einer Ankündigung, die auf dem Cover folgender Publikation verwendet wurde: Patrik Firpo/Lester Alexander/Claudia Katanyanagi: Copyart: The First Complete Guide to the Copy Machine. New York: Putnam 1978.

Wer die Kopie kopiert, erlebt auf eine faszinierende Art das langsame Verblassen des Bildes, bis nur noch Rauschen übrig bleibt. Der deutsche Künstler Timm Ulrichs hat 1967 ein Werk geschaffen, das auf diesem Prinzip der Verblassung basiert. Es heißt *Die Fotokopie der Fotokopie der Fototokopie* und zeigt, wie die Qualität des Bildes nach mehrmaligem Kopieren immer mehr abnimmt, bis schließlich nur noch Kontur, nur Rauschen übrig bleibt. Als Vorlage verwendete er eine *Suhrkamp*-Ausgabe des vielzitierten Buches von Walter Benjamin: *Das Kunstwerk im Zeitalter seiner technischen Reproduzierbarkeit*.[14] Auch Joseph Beuys wendete in seinem 1964 geschaffenen Zyklus *Greta Garbo* diese Verblassungstechnik an.

Die ›Copy Art‹ wurde zu einer eigenen Kunstrichtung: Im Jahr 1970 gab die amerikanische Künstlerin Sonia Sheridan in Chicago den ersten Kurs zur künstlerischen Nutzung der Fotokopie. In dem von ihr gegründeten *Programm für generative Systeme* konnte man gar einen Masterabschluss in ›Copy Art‹ erwerben. Sonia Sherian gehört zu den Pionieren der ›Copy Art‹, sie wurde 1970 von der *3M's Color Research Laboratory* als Artist-in-Residence eingeladen. Das zeigt, dass die Industrie die neue Kunstrichtung durchaus ernst nahm.[15] Sehr schnell genutzt wurde das xerografische Verfahren auch im Animationsfilm, denn es erlaubte eine rasche Vervielfältigung von Vorlage-Folien; erstmals angewandt wurde es 1961 bei der Produktion des Disney-Films *101 Dalmatiner*.[16] Auch wenn der Boom der ›Copy Art‹ heute längst Geschichte ist, so hat das Fotokopierverfahren seinen festen Platz in der Kunstszene gefunden. Die Möglichkeiten der Fotokopie haben schnell auch die Jugendkultur begeistert, die mit dieser Technologie ein eigenes Medium geschaffen hat: das Fanzine. Ein Fanzine (der Begriff kombiniert die englischen Wörter ›fan‹ und ›magazine‹) ist eine kleine Broschüre, die, mit einfachsten Mitteln produziert, oft liebevoll von Hand illustriert und in kleiner Auflage fotokopiert wird. Das Fanzine hat die Digitalisierung gut überstanden, wie etwa das Beispiel aus der Schweiz zeigt (Abb. 5).

Der in Zürich lebende Grafiker Ivan Sterzinger hat die Geschichte des Rap in einer Serie von Fanzines dargestellt. Sein Projekt *Rap History* wurde 2008 mit dem *Schweizer Designpreis* ausgezeichnet.[17] Sterzinger erläutert, warum er für dieses Projekt auf das Medium von Fanzine und auf die Fotokopie zurückgegriffen hat:

---

14 Weitere Informationen zu Timm Ulrichs finden sich auf der Webseite der Berliner Wentrup Galerie unter: http://www.wentrupgallery.com/artist/timm-ulrichs/ (1. März 2014).

15 Klaus Urbons: Copy Art. Kunst und Design mit dem Fotokopierer (Anm. 12), S. 105. Weitere Informationen zu Sonia Sheridan finden sich auf der Webseite der Künstlerin unter: http://www.sonart.org (1. März 2014).

16 Für weitere Hinweise zum Animationsfilm und Kopie vgl. Klaus Urbons: Copy Art. Kunst und Design mit dem Fotokopierer (Anm. 12), S. 194.

17 Zum *Schweizer Designpreis* 2008 vgl. http://www.swissdesignawards.ch/federaldesign/2008/ivan-sterzinger/index.html (1. März 2014); zu Sterzingers Projekt *Raphistory* vgl. die Webseite: http://www.raphistory.net. (1. März 2014).

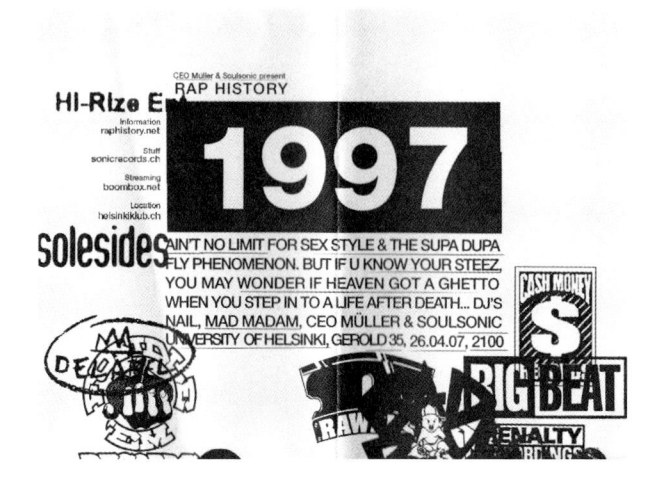

Abbildung 5:
Fanzine *Rap History* von Ivan Sterzinger, ausgezeichnet mit dem *Schweizer Designpreis* 2008.
Bild: Ivan Sterzinger

Das Fanzine war für die Veranstaltungsreihe *Rap History* eine logische Ergänzung, weil es die Vermittlung der thematischen und ästhetischen Aspekte der Geschichte von Rapmusik kostengünstig und in kleiner Auflage ermöglichte. Inhaltlich betrachtet gab es keine vergleichbaren Publikationen, die diese Vermittlungsarbeit bereits hätte leisten konnten; das Fanzine bot sich dafür insofern an, weil es als Mittel der Gegenkultur der 1980er Jahre wesentlich war für die Verbreitung nicht institutionalisierter Kultur. Die mit der Schwarzweißkopie gleichzeitig einhergehende Ästhetik war außerdem eine passende Referenz zu den frühen Flyern und Plakaten.[18]

Es ist interessant zu beobachten, wie sich heute die junge Grafikszene vermehrt für alte Druckverfahren begeistert. Was früher als qualitativer Mangel gesehen wurde, erkennen die Grafiker heute als spezifische Eigenschaft eines Verfahrens an, mit dem sich künstlerisch spielen lässt. Das gilt gerade auch für das Hektografieverfahren, das zwar sehr billig war, aber auch große qualitative Mängel hatte und deshalb meist nur für Gebrauchsdokumente mit kurzem Verfallsdatum, wie etwa Sitzungseinladungen oder Prüfungsaufgaben verwendet wurde. Der Zürcher Grafiker Yves Sablonier hat unter der Bezeichnung *Malheft* vor einigen Jahren begonnen, grafische Arbeiten, die heute mit diesem wiederentdeckten Verfahren hergestellt werden, zu sammeln.[19] Zu seinem Interesse hält er fest:

18 Ivan Sterzinger in einer E-Mail an den Verfasser (26. Februar 2014). Für weitere Projekte Sterzingers vgl. die Webseite: http://www.glashaus.ch (1. März 2014).
19 Die entsprechende Webseite ist heute nicht mehr online.

Abbildung 6a:
Das Umdruckverfahren kommt in der gegenwärtigen Grafik zu neuen Ehren. Das Plakat für eine Aufführung des Theaters Schiffbruch vom April 2014 ist aus acht Einzelteilen im A4-Format zusammengesetzt.
Grafik: Yves Sablonier

Mich interessieren einfache, direkte Druckverfahren für künstlerische Kleinauflagen. Und an alten Kopierverfahren interessiert mich vor allem die Schnelllebigkeit, die (damals wohl oft ungewollten) Farb- und Formveränderungen von Kopien. Für mich wird jede Kopie zu einem neuen Original. Durch Zufall bin ich dann auch auf Material für eine alte Speckwalze gestossen. Das Verfahren kannte ich noch aus meiner Schulzeit, es war das Kopierverfahren der Schulen bevor die *Xerox*-Maschinen erschwinglich wurden. Mit dem Farbmaterial, das ich noch gefunden hatte, konnte ich in einem Druckdurchgang auch mehrfarbige Sujets kopieren. Die Matrizen Druckfarben sind unverkennbar. Es gibt keine satten, dichten Farben; für eine Kopie reichte es, wenn man sie noch lesen konnte. Ich begann weiter alte Matrizen zu sammeln und wir starteten mit *Malheft* 2006 ein Fanzine für Hektografie. Heute habe ich das Verfahren verfeinert. Mittlerweile kann ich Rasterdrucke transferieren und damit auch komplexere Sujets übertragen. Soeben habe ich ein Plakat für das Theater Schiffbruch gedruckt, dies aber noch mit Umlegen und Falten des Papiers. Ein A2-Format muss mit meiner kleinformatigen Maschine achtmal bedruckt werden, um ein Sujet zusammenzusetzen. Vor einigen Jahren habe ich auch damit begonnen, alte Faxgeräte für diese Art Originalkopien zu benutzen. Das Ausgilben der Farben und das Überfaxen von bereits befaxtem Papier habe ich mit Laura Jurt zusammen gezielt als Gestaltungselement eingesetzt. Wir haben damit in einer Kleinauflage eine Dokumentation von einer Zeichenarbeit in Portugal gemacht. Die Geräte und das Material dazu waren auch in der Schweiz überall zu haben, niemand brauchte mehr diese Geräte."[20]

20 Yves Sablonier in einer E-Mail an den Verfasser (26. Februar 2014).

Abbildung 6b:
Detail des Plakats für eine
Aufführung des Theaters
Schiffbruch im April 2014.
Grafik: Yves Sablonier

7. Enteignung durch Fotokopieren?

Wo kopiert wird, da will in der Regel auch der Gesetzgeber genauer hinschauen. Nicht ohne Schmunzeln liest man heute den Titel einer Kampfschrift aus dem Jahr 1984 mit der Überschrift *Enteignung durch Fotokopieren* (vgl. Abb. 7). Der Autor vergleicht die damalige Situation mit der Not der Verlagsbuchhändler, die im 18. Jahrhundert durch Raubdrucke um ihre Einnahmen gebracht wurden. Ähnliche Bedrohungen sah man auch im Zeitalter der Fotokopie entstehen:

> Besorgt muss man auf den auf dem Umschlag wiedergegebenen Kupferstich von Daniel Chodowiecki, *Wercke der Finsternis*, blicken; wenn man sich bewusst geworden ist, dass weitgehend Ahnungslosigkeit und Geringschätzung geistigen Eigentums und verlegerischer Leistung bei der Novellierung des Urheberrechtsgesetzes als der Basis der Welt des gedruckten Wortes und damit unseres geistigen Lebens regieren. Die Darstellung symbolisiert die Not, in die die Verlagsbuchhändler im 18. Jahrhundert durch die durch den technischen Fortschritt begünstigten Raubdrucker mangels rechtlichen Schutzes geraten waren. Man sieht einen durch seinen Schleichhandel wohlgemästeten Nachdrucker, der einen rechtmäßigen Verleger bereits bis aufs Hemde ausgezogen hat, und eben im Begriffe ist, ihm auch dieses von der Schulter abzustreifen. Hinter diesem Räuber stehen im Eingange einer Höhle zwei seiner Helfershelfer, welche die eben geraubte Kleidungsstücke zerschneiden, um sich darin zu teilen. Auf der anderen Seite entfliehen drei ausgeplünderte Buchhändler; das Gesicht des einen verkündigt tiefe Verzweiflung. Links unten liegt die Gerechtigkeit im tiefem Schlafe, auf welche der geplünderte Verleger zeigt.[21]

---

21 Dietrich Herbst: Enteignung durch Fotokopieren. Falsche Perspektiven bei der Novellierung des Urheberrechtsgesetzes. Frankfurt/M.: Börsenverein des Deutschen Buchhandels 1984.

Abbildung 7:
Umschlag der Kampfschrift des *Börsenvereins des Deutschen Buchhandels* zur Kontroverse um die Fotokopie von 1984.
Bild: *Börsenverein des Deutschen Buchhhandels*

Im Licht der Digitalisierung erscheinen die Probleme der 1980er Jahre klein. Aber die Gesetzeshüter sahen auch in der Schweiz Handlungsbedarf und schufen die Kopierabgabe. So verteilte die *Schweizerische Urheberrechtsgesellschaft für Literatur und bildende Kunst Pro Litteris* im Jahr 1996 erstmals 2,5 Millionen Schweizer Franken; 2010 waren es mit 11,3 Millionen Franken bereits fünfmal mehr. Der Vizedirektor von *Pro Litteris*, Werner Stauffacher, berichtet von einem steten Wachstum, das sich erst in neuester Zeit abgeschwächt hat.[22] Wie viele Kopien in der Schweiz aber jedes Jahr gedruckt werden, weiß man auch bei *Pro Litteris* nicht, denn die Abgaben werden pro Gerät erhoben.

8. Verdächtige Praxis im Kalten Krieg

So erfolgreich die Fotokopie in der zweiten Hälfte des 20. Jahrhunderts im Westen war, so gefürchtet war sie im Osten: Zwar wurden auch in der DDR Fotokopierer gefertigt, die nach dem xerografischen Verfahren arbeiteten. Ihre Verbreitung wurde aber genauestens überwacht und über jede einzelne Kopie musste Buch geführt werden. Deutlich mehr verbreitet waren Hektografiegeräte von *Ormig*, die zum Beispiel von Kirchen benutzt werden durften und die auch Eingang in Widerstandskreise fanden. Kampfschriften wurden aber in vielen Fällen

---

22 Werner Stauffacher in einem telefonischen Gespräch mit dem Verfasser (12. August 2012).

auch einfach mit der Schreibmaschine und Kohlepapier vervielfältigt. Der Schweizer Slawist und Schriftsteller Felix Philipp Ingold hat in den 1970er Jahren diese Einschränkungen des Kopierverfahrens bei seinen Recherchen in Russland am eigenen Leib erfahren:

> In der Leninbibliothek, der sowjetischen Nationalbibliothek, gab es damals nur einen einzigen Kopierer, der für Akademie-Mitglieder reserviert war, die aber auch nicht eigenhändig kopieren durften. Ich selbst musste Hunderte von Seiten aus Büchern abschreiben und danach auf einem Formular angeben und bestätigen, welche Stellen ich exzerpiert hatte.[23]

9. Fotokopie heute: Ein gesättigter Markt

Im Feld der Kopierindustrie geben heute eine Handvoll großer Namen den Ton an; eine Analyse der Marktforschungsfirma *Gartner* spricht von einem reifen und weitgehend gesättigten Markt. Heute geht es in vielen Großunternehmen vor allem darum, die riesige Flotte von Druckern zu konsolidieren und Kosten zu sparen.[24] Die leistungsfähigsten Geräte unterscheiden sich kaum mehr voneinander. Angesichts der Unmengen von Kopien ist heute zunehmend etwas anderes gefragt, nämlich die Fähigkeit, große Mengen von Dokumenten in Organisationen zu verwalten und in einen Workflow zu integrieren. Dazu ist Papier denkbar schlecht geeignet. »We are not headed towards offices that use less paper but rather towards offices that keep less paper«[25], hieß es bereits vor zehn Jahren in einer einschlägigen Publikation. Sind Dokumente nicht von Anfang an digital vorhanden, so werden sie eingescannt, um danach im Workflow weiter verarbeitet zu werden. Die Forschung sucht auch nach Wegen, den ausufernden Papierkonsum einzudämmen. Eine vielversprechende Idee ist etwa das wiederbeschreibare Papier, *Erasable Paper*. Das ist eine Art von elektronischem Papier, das nach bestimmter Zeit wieder weiß wird. Ein Albtraum für jeden Bibliophilen oder Archivar!

Der Erfolg der Fotokopie hält bis heute an. Daran scheinen vorderhand weder Computer und Digitalisierung, weder E-Book noch elektronische Lesegeräte oder Tablets etwas zu ändern. Visionen wie das Mitte der 1970er Jahre erstmals propagierte papierlose Büro halten sich zwar hartnäckig in den Köpfen und in der Umgangssprache, der Begriff taugt aber mehr als Steilvorlage für Bürowitze oder als Topos für Stadtethnologen auf der Suche nach urbanen Mythen

---

23 Felix Philipp Ingold in einer E-Mail an den Verfasser (12. August 2012).
24 Vgl. hierzu den 2012 veröffentlichten Report Gartner Research: Magic Quadrant for MFPs and Printers, Worldwide. Online zugänglich unter: https://www.gartner.com/doc/2211315/magic-quadrant-mfps-printers-worldwide (1. März 2014).
25 Abigail J. Sellen/Richard H.R. Harper: The Myth of the Paperless Office. Cambridge (Mass.): MIT Press 2002, S. 209. Vgl. hierzu auch Francois Ragnet/Sophie Vanderbroek: Beyond Document 2.0. The Future of Documents. Norwalk (Conn.): Xerox 2009. Online zugänglich unter: http://www.xerox.com/downloads/usa/en/t/TL_Document_management_innovations_Ragnet_Vandebroek2 (1. März 2014).

und Legenden. So schnell wird uns das Papier nicht verlassen, Chester Carlson sei Dank! Zurück nun zur heutigen Debatte um Legitimität und Legalität der Kopie. So neu ist diese Diskussion nicht: Die Klage über die Raubdrucke im 18. und 19. Jahrhundert gleicht der Diskussion um die künstlerische Qualität der Fotografie. Und auch die Fotokopie wird bald ihrer Unschuld beraubt und als Schaden für Kunst und Menschheit beschworen. Die Welt der Originale war wohl immer eine bedrohte und fragile Welt. Sie droht im Zeitalter des verlustfreien Kopierens nicht nur erschüttert zu werden, sondern ganz unterzugehen.

Das Plagiat im Lichte des Urheberrechts

Konstantin Wegner

Der Begriff des ›Plagiats‹ ist vieldeutig und wird umgangssprachlich in verschiedenen Zusammenhängen verwendet. Der vorliegende Beitrag befasst sich mit der urheberrechtlichen Spielart des ›Plagiats‹. Da dieser Terminus im deutschen Urheberrechtsgesetz (UrhG) gar nicht bekannt ist, muss zunächst der Begriff des ›Plagiats‹ in diesem Sinne definiert werden. Dabei zeigt sich, dass ein ›Plagiat‹ zum einen die gesetzeswidrige Übernahme eines geschützten Werk(teil)s, zum anderen eine Namensanmaßung beinhaltet. Nicht jede Werkübernahme ist hingegen urheberrechtlich sanktioniert, was beispielhaft anhand einiger prominenter Gerichtsfälle und urheberrechtlicher Schrankenbestimmungen aufgezeigt wird. Mit den möglichen rechtlichen Folgen einer plagiatorischen Urheberrechtsverletzung schließt der Beitrag ab.

The term ›plagiarism‹ is ambiguous itself and is used in colloquial language in different contexts. This paper covers plagiarism in the field of copyright law. Since the term ›plagiarism‹ is actually not known in German copyright law, first of all a definition of ›plagiarism‹ in terms of copyright law has to be found. In doing so, it becomes obvious that ›plagiarism‹ implies on the one hand the unauthorised use of a work protected by copyright, on the other hand the appropriation of a name respectively the assumption of authorship. However, not every use of a copyrighted work leads to copyright infringement which will be illustrated by some prominent court cases and by cases of limitations on copyright law. The contribution concludes with possible sanctions of ›plagiarism‹ of copyrighted works.

1. Der Begriff des Plagiats

Das ›Plagiat‹ ist kein fest definierter Begriff, kein Gesetzestext verwendet diesen Terminus. Er wurde geprägt von dem römischen Dichter Martial, der im 1. Jahrhundert n. Chr. lebte und als Meister der Epigrammdichtung galt. Er beschuldigte den Dichter Fidentinus, die Gedichte von Martial als eigene auszugeben. In einem seiner Epigramme verglich Martial seine Werke mit freigelassenen Sklaven, die zwar weiterhin in einem gewissen Abhängigkeitsverhältnis zu ihrem Herren standen, aber ansonsten über ihr Leben frei bestimmen konnten. Fidentinus wurde in diesem Epigramm als ›plagiarius‹ bezeichnet, als ›Menschenräuber‹, der die ›liberti‹, die ›Freigelassenen‹, erneut versklavt. Martial hat damit die nach römischem Rechtsverständnis widerrechtliche Aneignung auf das geistige Eigentum übertragen; bis heute hat der Begriff ›Plagiat‹ seine Bedeutung dieser Prägung behalten.[1]

Im heutigen Sprachgebrauch wird das ›Plagiat‹ gleichwohl in verschiedenen Kontexten und Zusammenhängen verwendet. Vor allem die aufgrund ihrer Zitierweise den wissenschaftlichen Standards nicht genügenden Doktorarbeiten einiger Politiker, aber etwa auch

---

[1] Zu dieser Begründungsszene des Plagiats vgl. Philipp Theisohn: Plagiat. Eine unoriginelle Literaturgeschichte. Stuttgart: Kröner 2009 (= Kröners Taschenausgabe 351), insbesondere S. 19–21.

gefälschte Markenwaren werden undifferenziert den ›Plagiaten‹ zugerechnet. Ebenso wird auch das moralisch verwerfliche, nicht aber unbedingt rechtlich sanktionierte Kopieren fremder Leistungen als ›Plagiat‹ bezeichnet.

Im vorliegenden Beitrag wird es nur um das urheberrechtliche Plagiat gehen, dies auf Grundlage des Gesetzes über Urheberrecht und verwandte Schutzrechte, kurz: Urheberrechtsgesetz (UrhG). Beginnend mit dem Versuch einer Definition müssen folgende Voraussetzungen vorliegen, damit von einem Plagiat im urheberrechtlichen Sinne gesprochen werden kann[2]:

- Es handelt sich um ein urheberrechtlich geschütztes Werk oder Werkteil eines anderen,
- aus dem der Plagiator geschützte Werkteile ohne Rechtfertigung übernimmt,
- und sich dabei die eigene Urheberschaft anmaßt,
- wobei er dies bewusst (vorsätzlich) tut.

2. Urheberrechtlich geschütztes Werk oder Werkteile

Es stellt sich zunächst die Frage der urheberrechtlichen Schutzwürdigkeit des übernommenen Werkes. Ausgeklammert von dieser kurzen Untersuchung sind daher nicht oder nicht mehr durch das Urheberrecht geschützte Werke, also auch solche, deren Schutzfrist von 70 Jahren ab dem Tod des Urhebers abgelaufen ist. Selbstredend wird man auch die Übernahme solcher gemeinfreien Werke (also etwa eines Gedichts von Goethe) als Plagiat bezeichnen können, jedoch spielen sie urheberrechtlich keine Rolle und werden daher hier nicht näher untersucht.

Das deutsche Urheberrecht schützt Werke, die eine »persönliche geistige Schöpfung« (§ 2 UrhG) darstellen – das Gesetz begnügt sich mit dieser kurzen Aussage und zählt beispielhaft, aber nicht abschließend, einige Werkgattungen wie etwa Sprachwerke, Werke der bildenden Künste und Musik auf. Grundsätzlich kann jedes dieser Werke urheberrechtlich schutzfähig sein, gleichwohl soll aber nicht jeder Allerweltstext, jede hingekritzelte Zeichnung den Schutz per se beanspruchen können. Es soll vielmehr eine Trennlinie zwischen schutzwürdigen und nicht schutzwürdigen Werken geben – diese Trennlinie ist im Urheberrecht die sogenannte »Schöpfungshöhe«.[3] Darunter ist der kreative Gestaltungsrang des Werkes zu verstehen, der es von rein alltäglichem, handwerklichem Schaffen heraushebt. Ob dies bei einem konkreten Werk gegeben ist oder nicht, kann nur im Einzelfall beurteilt werden und ist auch abhängig von der Werkgattung sowie dem Werkgenre. Ein Gebrauchstext, der im Wesentlichen urheberrechtlich nicht schützbare Fakten aneinanderreiht (wie etwa eine Bedienungsanleitung oder ein Kochrezept) erfordert ein höheres Maß an kreativer Darstellung als ein Gedicht, bei dem

---

2 Vgl. dazu BGH, Urteil vom 12. Januar 1960, Az. I ZR 30/58. In: *GRUR* 1960, S. 500, 503 – *Plagiatsvorwurf La chatte*.
3 Vgl. Thomas Dreier/Gernot Schulze: Urheberrechtsgesetz (UrhG). Urheberrechtswahrnehmungsgesetz, Kunsturhebergesetz, Kommentar. 4. Aufl. München: C.H. Beck 2013, § 2 Rn. 16ff.

schon wenige Worte genügen können, um die Schutzfähigkeit zu erreichen.[4] Entscheidend ist insoweit, dass in dem Werk die Persönlichkeit des Schöpfers zum Ausdruck kommt. Dabei können sogar Werkteile urheberrechtlich geschützt sein – schon einige Sätze eines Romans oder gar einer Rezension mögen ausreichen[5], um die Persönlichkeit des Schöpfers zum Ausdruck zu bringen und damit die Schöpfungshöhe zu erreichen. Klar ist jedoch, dass einzelne Töne oder Wörter in aller Regel keinen Urheberrechtsschutz genießen.[6]

Hat ein Werk den erforderlichen Gestaltungsrang und ist es damit urheberrechtlich geschützt, bedarf es keiner weiteren formalen Akte (wie etwa einer Registrierung oder gar Veröffentlichung); allein der Schaffensakt lässt ein Werk und mit ihm den Urheberrechtsschutz entstehen.

Das Urheberrechtsgesetz (UrhG) schützt aber nicht nur Werke im Sinne von Kreationen, die die Schöpfungshöhe erreichen, sondern auch andere Leistungen, bei denen nicht das Ergebnis einer kreativen, sondern einer interpretatorischen, organisatorischen oder wirtschaftlichen Leistung im Vordergrund steht. Das vom UrhG für diesen Schutzgegenstand vorgesehene Instrument nennt sich ›Leistungsschutzrecht‹. Mittels eines solchen Leistungsschutzrechts werden beispielsweise die Leistungen von Schauspielern, Sprechern, Filmproduzenten, Datenbankherstellern, Presseverlegern oder Fotografen geschützt.[7] Ist etwa ein Foto nicht schon als schöpferisches Werk anzusehen, an dem ein Urheberrecht entsteht, dann ist es, auch ohne die Schöpfungshöhe zu erreichen, mittels eines Leistungsschutzrechts geschützt. Ein solches Leistungsschutzrecht gibt dem Inhaber eine dem Urheberrecht vergleichbare Rechtsposition – einer der wichtigen Unterschiede ist aber, dass das Urheberrecht eine Schutzfrist bis 70 Jahre nach Tod des Urhebers hat, während Leistungsschutzrechte für eine deutlich kürzere Dauer existent sind.[8]

Das Urheberrecht entsteht in der natürlichen Person des Urhebers und umfasst zwei eng miteinander verflochtene Kernbereiche: die Verwertungs- und die Urheberpersönlichkeitsrechte. Während die Verwertungsrechte, wie etwa das Vervielfältigungs-, Verbreitungs- oder Senderecht, überwiegend die ökonomischen Interessen des Urhebers im Blick haben, schützt das Persönlichkeitsrecht den Urheber vor allem in seiner ›persönlichen‹ Beziehung zum Werk. Beide Bereiche und Interessen überschneiden sich jedoch. Anders als etwa im anglo-amerikanischen Rechtssystem geht das deutsche Urheberrechtsregime (wie viele weitere

---

4   Vgl. ebd., § 2 Rn. 24f. Vgl. auch Friedrich Fromm/Wilhelm Nordemann: Urheberrecht. Kommentar zum Urheberrechtsgesetz, Urheberrechtswahrnehmungsgesetz, Verlagsgesetz. 10., vollst. überarbeitete und ergänzte Aufl. Stuttgart: Kohlhammer 2008, § 2 Rn. 13.
5   Friedrich Fromm/Wilhelm Nordemann: Urheberrecht (Anm. 4), § 2 Rn. 26; zu den Rezensionsauszügen vgl. LG München, Urteil vom 12. Februar 2014, Az. 21 O 7543/12.
6   Thomas Dreier/Gernot Schulze: Urheberrechtsgesetz (Anm. 3), § 2 Rn. 76.
7   Vgl. vertiefend zu den Leistungsschutzrechten Friedrich Fromm/Wilhelm Nordemann: Urheberrecht (Anm. 4), Vor § 70 Rn. 1ff.
8   25 Jahre (für Herausgeber von wissenschaftlichen oder nachgelassenen Werken), 15 Jahre (für Datenbankhersteller) und im Übrigen 50 Jahre, jedoch bereits beginnend mit ihrem Erscheinen beziehungsweise ab der Veröffentlichung.

kontinental-europäische Rechtssysteme) von einer engen ideellen Verbindung zwischen Schöpfer und Werk aus.[9] Teil der Urheberpersönlichkeitsrechte ist auch das Recht des Urhebers auf Nennung – er hat das Recht, im Zusammenhang mit seinem Werk als dessen Schöpfer genannt zu werden (§ 13 UrhG). Wir werden auf diesen Aspekt später noch zurückkommen.

Das Urheberrecht ist nicht übertragbar; es bleibt zeitlebens an seinen Schöpfer gebunden. Lediglich im Erbfall kann das Urheberrecht als solches auf den oder die Erben übertragen werden (§§ 28ff. UrhG). Sie können das Urheberrecht ihrerseits (in der Regel) nicht übertragen, aber weitervererben. Hier nicht weiter vertieft werden soll das Verhältnis zwischen dem Urheber und den Verwertern (wie etwa Verlagen), denen der Urheber im Rahmen eines Verlags-, Drehbuch- oder sonstigen Vertrags Nutzungsrechte an seinem Werk, die sich aus den urheberrechtlichen Verwertungsrechten ableiten, einräumt.

Gegenstand des Urheberrechts ist das Werk in seiner konkreten Form, in seinem konkreten Ausdruck, den es durch seinen Schöpfer gefunden hat. Grundsätzlich nicht geschützt sind die dem Werk zugrundeliegenden und durch es transportierten Ideen, Fakten, Lehren, Theorien und Erkenntnisse.[10] Vereinfacht gesprochen vermittelt das Urheberrecht also einen Schutz der Form und des Ausdrucks, nicht hingegen des Inhalts[11] (zu den Ausnahmen kommen wir gleich). Auch die Rechercheleistung an sich ist kein Gut, die über das Urheberrecht geschützt würde. Eine einmal ans Tageslicht gebrachte Tatsache darf – zumindest aus urheberrechtlicher Sicht – von jedermann in eigenen Werken verarbeitet werden. Jeder kann daher, ungehindert vom Urheberrecht, eine Biografie über Bismarck, einen Ratgeber mit den besten Fitnessübungen oder einen Kriminalroman mit einem schrulligen Kommissar schreiben – er muss es eben nur in seinen eigenen Worten tun.

Jedoch gibt es Ausnahmen, bei denen sich der urheberrechtliche Schutz auch auf den Inhalt des Werkes erstrecken kann: Die Gerichte haben immer wieder anerkannt, dass der Schutz des Urheberrechts über die rein äußere Form hinausreichen und auch den ihr zugrundeliegenden Stoff erfassen kann. Einer dieser Fälle betrifft die ›Fabel‹ eines fiktionalen Werkes, also etwa eines Romans – hier werden auch die Figuren, ihr Beziehungsgeflecht, die Handlungsstränge und -orte vom Urheberrechtsschutz umfasst, vorausgesetzt natürlich, auch diese Elemente erreichen ihrerseits die notwendige Schöpfungshöhe.[12] Ein berühmter Gerichtsfall drehte sich um die Fabel des Romans *Dr. Schiwago*, auf den wir sogleich näher eingehen werden.[13]

---

9   Vgl. Thomas Dreier/Gernot Schulze: Urheberrechtsgesetz (Anm. 3), § 11 Rn. 1ff.; Friedrich Fromm/Wilhelm Nordemann: Urheberrecht (Anm. 4), § 11 Rn. 2f.
10 Gerhard Schricker/Ulrich Loewenheim: Urheberrecht. Kommentar. 4., neu bearbeitete Aufl. München: C.H. Beck 2010, § 2 Rn. 48ff.; Friedrich Fromm/Wilhelm Nordemann: Urheberrecht (Anm. 4), § 2 Rn. 22
11 Zu dem Meinungsstreit darüber, ob sich der Schutz auf die rein äußere Form beschränkt, vgl. Gerhard Schricker/Ulrich Loewenheim: Urheberrecht (Anm. 10), § 2 Rn. 53f.
12 Ebd., § 2 Rn. 57.
13 Zu dem Fall ›Dr. Schiwago‹ beziehungsweise ›Laras Tochter‹ vgl. auch den Beitrag von Philipp Theisohn in diesem Band.

3. Übernahme geschützter Werkteile ohne Rechtfertigung

Weitere Voraussetzung eines (urheberrechtlichen) Plagiats ist nach der oben entwickelten Definition die ungerechtfertigte Übernahme des geschützten Werkes oder geschützter Werkteile. Nicht jede Übernahme ist urheberrechtlich unzulässig und so sind verschiedene Fälle zu differenzieren.

3.1. Ungeschützte Werkteile

Eine Übernahme kann deshalb urheberrechtlich irrelevant sein, weil der übernommene Teil nicht oder nicht mehr urheberrechtlich geschützt ist. Kleine Werkschnipsel, die ihrerseits die Schöpfungshöhe nicht erreichen, können aus einem geschützten Werk übernommen werden, ohne dass darin eine Urheberrechtsverletzung zu sehen wäre. Es gibt hier keine fixe Untergrenze, ab wann ein Werkteil nicht mehr geschützt ist – entscheidend ist vielmehr, ob der übernommene Werkteil seinerseits die Schöpfungshöhe erreicht und damit urheberrechtlich schutzwürdig ist.[14] In diesem Zusammenhang ist zu berücksichtigen, dass auch die sogenannte ›kleine Münze‹ urheberrechtlichen Schutz beanspruchen kann, womit der unterste Bereich des gerade noch urheberrechtlich schutzwürdigen Werkschaffens bezeichnet wird.[15] Die Schutzgrenze ist zumindest im Bereich der Sprachwerke eher niedrig anzusetzen. In mehreren Gerichtsurteilen, etwa vom Europäischen Gerichtshof (EuGH) oder vom Landesgericht München (LG), sind bereits kurze Textauszüge von 10 bis 15 Wörtern als schutzfähig angesehen worden, jedenfalls dann, wenn es sich nicht um reine Sach- beziehungsweise Gebrauchstexte, sondern um solche mit subjektivem Einschlag des Autors handelt.[16]

Ebenfalls urheberrechtlich ungeschützt sind Werke, deren Schutz bereits abgelaufen ist. Die Schutzfrist beträgt 70 Jahre ab dem Tod des Urhebers (§ 64 UrhG). Anschließend sind die Werke dieses Autors ›gemeinfrei‹, dürfen also von jedermann genutzt und verwertet werden (§ 64 UrhG).[17] Dies gilt allerdings uneingeschränkt nur für solche Werke, die bereits erschienen sind – bei späteren erstmaligen Veröffentlichungen (nach Ablauf der Schutzfrist) kann zugunsten des Herausgebers dieser Werke ein Leistungsschutzrecht bestehen, das zu beachten sein kann (§ 71 UrhG).

3.2. Bearbeitung und freie Benutzung

Eine im Urheberrecht sehr wesentliche und für die Praxis relevante Unterscheidung wird zwischen der Bearbeitung (§ 23 UrhG) und der freien Benutzung (§ 24 UrhG) getroffen. Die Bearbeitung bedarf der Zustimmung des Urhebers, während die freie Benutzung ohne

---

14 Gerhard Schricker/Ulrich Loewenheim: Urheberrecht (Anm. 10), § 2 Rn. 66f.
15 Thomas Dreier/Gernot Schulze: Urheberrechtsgesetz (Anm. 3), UrhG, § 2 Rn. 4.
16 Vgl. EuGH, Urteil vom 16. Juli 2009, Az. C 5/08 – *Infopaq*; LG München, Urteil vom 12. Februar 2014, Az. 21 O 7543/12.
17 Bei mehreren Miturhebern beginnt die Frist mit dem Tod des längstlebenden Miturhebers; vgl. hierzu im Einzelnen Thomas Dreier/Gernot Schulze: Urheberrechtsgesetz (Anm. 3), Vor §§ 64ff. Rn. 1ff.

Zustimmung zulässig ist. Es wird hier also zwischen Bearbeitung und freier Benutzung die Grenze des Urheberrechtsschutzes gezogen. Die freie Benutzung beinhaltet die Schaffung eines selbstständigen Werkes, dem gegenüber das entlehnte Werk vollständig in den Hintergrund tritt und ›verblasst‹, sodass es nur noch als Anregung für ein eigenständiges Werk dient. Die Bearbeitung ist dagegen die Wiedergabe des erkennbaren Originalwerkes in veränderter Form, beispielsweise in Form einer Übersetzung, Kürzung, Dramatisierung oder Adaption.[18]

Ein bekannter Gerichtsfall, der schlussendlich vom höchsten deutschen Zivilgericht, dem Bundesgerichtshof (BGH) entschieden wurde, behandelte einen Fortsetzungsroman von Boris Pasternaks *Dr. Schiwago* mit dem Titel *Laras Tochter*. Veröffentlicht wurde die 1994 publizierte Fortsetzung unter dem Pseudonym Alexander Mollin [= Jim Williams] sowohl im englischen Original (*Lara's Child*) als auch in deutscher Übersetzung; der Autor hat darin die Geschichte der großen Liebe zwischen Jurij Schiwago und Lara Antipowa ohne Zustimmung des Rechteinhabers, des italienischen Verlags *Feltrinelli*, fortgeschrieben. Dabei griff er insbesondere das Schicksal der Hauptpersonen auf (es treten Schiwagos Geliebte Lara, seine Ehefrau Tonja Gromeko, Katja, die Tochter von Lara aus deren Ehe mit Pawel, sowie der Rechtsanwalt Viktor Komarowskij auf) und spann deren Lebenswege fort. Alles in allem – so stellte der vom Gericht bestellte Literaturwissenschaftler in seinem Gutachten fest – handele es sich um eine »lineare Fortschreibung« des Romans *Dr. Schiwago*.

Auch wenn es keine wortwörtliche Übernahme aus Pasternaks *Dr. Schiwago* gab, so wurden demnach doch die wesentlichen Charaktere, Handlungsstränge und die Szenerie des Romans übernommen und zum Ausgangspunkt von *Laras Tochter* gemacht. Der Bundesgerichtshof (BGH) hat in seiner grundlegenden Entscheidung die Trennlinie zwischen schutzwürdigem Werkbestandteil und frei benutzbaren Elementen bei fiktionalen Werken gezogen. Die Richter haben dabei anerkannt, dass in urheberrechtlicher Hinsicht ein Roman seine eigenschöpferischen und damit urheberrechtlich schutzwürdigen Elemente nicht nur aus der äußeren Form an sich bezieht, sondern auch der ihm zugrundeliegenden und vom Autor erdachten ›Fabel‹. So heißt es in dem BGH-Urteil wörtlich:

> […], auch wenn an keiner Stelle aus dem älteren Werk Teile in das jüngere einfach übertragen worden sind. Das jüngere Werk übernimmt als erzählerische Ausgangslage wesentliche Züge der in ›Dr. Schiwago‹ geschaffenen Romanwelt mit ihren handelnden Personen, dem Geflecht ihrer Beziehungen untereinander, ihrem Schicksal und ihrer gesamten sonstigen Lebenssituation bis hin zu Schauplätzen, an denen sich in ›Dr. Schiwago‹ entscheidendes Geschehen abspielt. […] Bei einem Roman als Werk der Literatur iSd § 2 Abs. 1 Nr. 1 UrhG ist nicht nur die konkrete Textfassung […] schutzfähig. Auch eigenpersönlich geprägte Bestandteile und formbildende Elemente des Werkes, die im Gang der Handlung, in der Charakteristik und Rollenverteilung der handelnden Personen, der Ausgestaltung von Szenen und in der ‚Szenerie' des Romans liegen, genießen Urheberrechtsschutz […].[19]

---

18 Vgl. ebd., § 23 Rn. 3f.; Friedrich Fromm/Wilhelm Nordemann: Urheberrecht (Anm. 4), § 23 Rn. 2
19 BGH, Urteil vom 29. April 1999, Az. I ZR 65/96. In: *GRUR* 1999, S. 984f. – *Laras Tochter*.

Im Ausgangspunkt beantwortet daher der BGH die vor dem Urteil strittige und hier entscheidungserhebliche Frage, welche Elemente eines fiktionalen Werkes vom Urheberrecht geschützt werden. Nur wenn die Fabel eines Romans über den äußeren Ausdruck hinaus vom Schutz erfasst wird, kann in einem Fortsetzungsroman, der genretypisch die Originalgeschichte nicht unverändert übernimmt, sondern eben die Charaktere und Handlungsstränge weiterentwickelt und so die Geschichte fortschreibt, überhaupt eine Urheberrechtsverletzung liegen. Nachdem das Gericht diese Frage bejaht hat, wendet es sich dem nächsten entscheidungsrelevanten Aspekt zu, nämlich der Grenzziehung zwischen Bearbeitung und freier Benutzung. Der BGH hält zu diesem Aspekt fest[20]:

> […] Bei der Frage, ob in freier Benutzung eines geschützten älteren Werkes ein selbständiges neues Werk geschaffen worden ist, kommt es entscheidend auf den Abstand an, den das neue Werk zu den entlehnten eigenpersönlichen Zügen des benutzten Werkes hält. Dabei ist kein zu milder Maßstab anzulegen. Eine freie Benutzung setzt daher voraus, dass angesichts der Eigenart des neuen Werkes die entlehnten eigenpersönlichen Züge des geschützten älteren Werkes verblassen […]. In der Regel geschieht dies dadurch, dass die dem geschützten älteren Werk entlehnten eigenpersönlichen Züge in dem neuen Werk in der Weise zurücktreten, dass das neue Werk nicht mehr in relevantem Umfang das ältere benutzt, sodass dieses nur noch als Anregung zu neuem, selbständigem Werkschaffen erscheint.

Mit dieser sogenannten ›Verblassenstheorie‹ hat der BGH einen bis heute unverändert gültigen, wenn auch stark wertungsabhängigen Maßstab geschaffen, um die Bearbeitung von der freien Benutzung im Einzelfall abzugrenzen. Entscheidend ist demnach, ob das entlehnte Erstwerk hinter dem neu geschaffenen Werk vollständig ›verblasst‹ und nur noch als Inspirationsquelle für das eigene Werkschaffen erscheint.[21] Dies war nach Ansicht der Richter bei *Laras Tochter* eben nicht der Fall, sodass sich der Fortsetzungsroman als unzulässige Bearbeitung darstellte. Dieser Grundsatz kann übertragen werden auf alle Prequel- oder Sequel-Geschichten, durch die Originalstoffe aufgegriffen werden.[22]

Ein gutes Gegenbeispiel aus jüngerer Zeit bildet der ebenfalls in einem Gerichtsprozess behandelte Fall um den sehr erfolgreichen, 2006 bei der *Edition Nautilus* erschienenen Kriminalroman *Tannöd* von Andrea Maria Schenkel. Es ging um die Frage, ob die Autorin sich unzulässig aus dem Werk eines Sachbuchautors bedient hatte. Sie sah sich daher dem Vorwurf des Plagiats ausgesetzt. Der Kläger, ein Journalist, hatte zwei Bücher zu einem Mordfall geschrieben, der sich 1922 in einem bayerischen Dorf zugetragen hatte. Dieser Kriminalfall wiederum hatte die Autorin Schenkel zu ihrem Roman *Tannöd* inspiriert. Der Kläger warf der Autorin vor, sie habe nicht nur die tatsächlichen, von ihm recherchierten

---

20 Ebd.
21 Vgl. hierzu auch Thomas Dreier/Gernot Schulze: Urheberrechtsgesetz (Anm. 3), § 24 Rn. 5ff.
22 Ebenso als unzulässig wurde etwa eine Adaption des Stoffes des Kinderbuches *Das doppelte Lottchen* von Erich Kästner angesehen. Vgl. OLG München, Urteil vom 17. Dezember 1998, Az. 29 U 3350/98. In: *ZUM* 1999, S. 149, 151 – *Das doppelte Lottchen*. Auch als unzulässig wurde die Übernahme von im Detail ausgearbeiteten Figuren, Szenen und Handlungsabläufen bewertet. Vgl. LG Hamburg, Urteil vom 31. Januar 2003, Az. 308 O 324/01. In: *ZUM* 2003, S. 403, 406f. – *Die Päpstin*.

Gegebenheiten aus seinen Büchern übernommen, sondern auch die Charaktereigenschaften einiger Protagonisten. Das Landgericht (LG) und das Oberlandesgericht (OLG) München erklärten unter Berufung auf das Urteil des Bundesgerichtshofs (BGH) zu *Laras Tochter*, dass es entscheidend darauf ankomme, ob die Autorin Schenkel gerade die Elemente übernommen habe, die der Kläger im urheberrechtlichen Sinne frei geschaffen habe.[23] Die dem Kriminalfall zugrundeliegenden Fakten mochten von dem Kläger recherchiert und aufbereitet worden sein, jedoch erstreckte sich der urheberrechtliche Schutz auf diese Elemente nicht. Unbestritten sei, so das Gericht, dass *Tannöd* zwar teilweise ähnliche Formulierungen wie das Buch *Hinterkaifeck* enthalte, ein identischer Satzbau liege jedoch ebenso unstreitig nicht vor – auf den Vergleich der äußeren Form komme es jedoch angesichts der nicht schutzfähigen Tatsachengrundlage an, zumal die literarische Verarbeitung und Darstellung bei Andrea Maria Schenkel sich grundlegend von der chronologischen Darstellung des Klägers unterscheide.[24] Urheberrechtlich irrelevant war nach Ansicht des Gerichts auch, dass beide Bücher sich bei ihrer Darstellung auf eine ähnliche Auswahl historischer Dokumente stützten. Zu Recht weist das OLG München darauf hin, dass die Auswahl von Quellen für sich genommen urheberrechtlich nicht schutzwürdig sei. Insofern seien auch die inhaltlichen Übereinstimmungen (von denen der Kläger 18 Stellen aufgelistet hatte) nicht für eine Urheberrechtsverletzung ausreichend, zumal sich die Übereinstimmungen auch zwangsläufig aus der – urheberrechtlich ungeschützten – Thematik ergäben.[25]

Ebenso wenig wie der Tatsachenstoff selbst durch das Urheberrecht monopolisiert werden kann, führt auch die bloße Übernahme des Namens einer Figur oder gängiger Motive nicht zu einer unzulässigen Bearbeitung.[26]

3.3. Zitate

Eine Übernahme kann ebenfalls dann zulässig sein, wenn sie durch das urheberrechtliche Zitatrecht gedeckt ist. Dafür müssen (nach § 51 UrhG) folgende Voraussetzungen erfüllt sein:
- Das zitierende Werk muss eine persönliche geistige Schöpfung sein (also ein selbstständiges und urheberrechtlich geschütztes Werk).
- Das Zitat muss einem bestimmten Zitatzweck dienen (z. B. Belegfunktion).
- Der Zitatumfang muss sich in einem dem Zitatzweck gebotenen Rahmen bewegen
- Das zitierende Werk muss erschienen (§ 51 Nr. 1 UrhG) beziehungsweise veröffentlicht (§ 51 Nr. 2 UrhG) sein.
- Die Quelle des Zitats muss angegeben werden (§ 63 UrhG).

---

23 Vgl. OLG München, Urteil vom 12. November 2009, Az. 6 U 3595/08 – *Tannöd*.
24 Vgl. ebd.
25 Vgl. ebd.
26 Vgl. BG, Urteil vom 15. November 1957, Az. I ZR 83/56. In: *BGHZ* 26, S. 52 – *Sherlock Holmes*; es kommen aber titel- und wettbewerbsrechtliche Ansprüche in Betracht. Als zulässig wurde auch die bloße Übernahme einzelner Motive und gängiger dramaturgischer Konstellationen angesehen. Vgl. hierzu OLG Hamburg, Urteil vom 9. November 1995, Az. 3U 163/94. In: *ZUM* 1996, S. 318f. – *Reigen*.

Weitere nicht im Gesetz ausdrücklich erwähnte Voraussetzung für die Zulässigkeit des Zitats ist, dass es als solches kenntlich gemacht wird, was bei Sprachwerken in der Regel durch Anführungszeichen geschieht.

Erfüllt ein Zitat alle diese Voraussetzungen, dann darf ohne Einwilligung und Vergütung des betroffenen Urhebers beziehungsweise Rechteinhabers aus dessen Werk zitiert werden. Im Hinblick auf den zitierfähigen Umfang unterscheidet das Urheberrechtsgesetz zwischen dem sogenannten ›wissenschaftlichen Großzitat‹ und dem (sonstigen) Kleinzitat. Das Großzitat erlaubt das Zitieren »einzelner Werke« im Rahmen von wissenschaftlichen Werken; es darf also ein ganzes Werk zitiert werden, solange die oben genannten Voraussetzungen erfüllt sind und das Zitat der »Erläuterung des Inhalts« dient. Dies kann dadurch geschehen, dass das Zitat etwa als Beleg, Erörterungsgrundlage oder Ausgangspunkt eigener Kritik herangezogen wird. Keinen hinreichenden Zitatzweck stellt es jedoch dar, wenn das Zitat nur zur Ausschmückung aufgenommen wird oder sich der Autor durch das Zitat eigene Ausführungen erspart.[27]

Der Zitatzweck bestimmt den zulässigen Umfang des wissenschaftlichen Zitats (§ 51 Nr. 1 UrhG). Ungeachtet des Umstands, dass bei einem wissenschaftlichen Werk das Zitat eines ganzen Werkes zulässig sein kann, muss das Zitat in seinem Umfang gleichwohl durch den jeweiligen Zitatzweck gerechtfertigt sein. Dient also ein Teil des Zitats nicht mehr der Erläuterung des Inhalts, dann wird das gesamte Zitat unzulässig, nicht nur der überschießende Teil.[28] Als unzulässig erachtet wurden beispielsweise die Hälfte von etwa 80 teils längeren Zitaten eines Künstlers in einer Biografie über ihn, die Wiedergabe von 19 Fotos im Rahmen eines Berichts über einen Fotografen[29] oder auch von 69 ausgewählten Kunstwerken aus dem Gesamtwerk eines Malers, das insgesamt mehr als 1.000 Kunstwerke zählte.[30]

Schließlich verlangt das Gesetz als weitere Zulässigkeitsvoraussetzung, dass das zitierte Werk bereits ›erschienen‹ ist. Als ›erschienen‹ ist ein Werk anzusehen, wenn Vervielfältigungsstücke des Werkes mit Zustimmung des Berechtigten in genügender Anzahl (bei Büchern wird im Allgemeinen von einer Zahl von etwa 50 Exemplaren ausgegangen) der Öffentlichkeit angeboten oder in Verkehr gebracht worden sind (§ 6 Abs. 1 Satz 1 UrhG).

In nicht-wissenschaftlichen Sprachwerken dürfen hingegen grundsätzlich nicht ganze Werke, sondern nur »Stellen eines Werkes« (§ 51 Nr. 2 UrhG) im Rahmen des sogenannten Kleinzitats zitiert werden. Damit sind die Grenzen für nicht-wissenschaftliche Werke deutlich enger gesteckt, da hier nur Werkstellen zitiert werden dürfen. Eine solche Stelle besteht in der Regel aus einigen Sätzen oder Passagen eines Werkes, die einen abgeschlossenen Gedanken des Urhebers wiedergeben.[31] Es gibt keine Faustregel, in welchem Umfang zitiert werden darf

---

27 Vgl. hierzu OLG München, Urteil vom 26. März 1998, Az. 29 U 5758/97. In: *ZUM* 1998, S. 417 – *Stimme Brecht*; Thomas Dreier/Gernot Schulze: Urheberrechtsgesetz (Anm. 3), § 51 Rn. 3.
28 Vgl. Thomas Dreier/Gernot Schulze: Urheberrechtsgesetz (Anm. 3), UrhG, § 51 Rn. 27.
29 Vgl. LG München, Urteil vom 27. Juli 1994, Az. O22343/93. In: *AfP* 1994, S. 326, 328 – *EMMA*.
30 Vgl. BGH, Urteil vom 3. April 1968, Az. I ZR 83/66. In: *BGHZ* 50, S. 147, 158f. – *Kandinsky I*.
31 Gerhard Schricker/Ulrich Loewenheim: Urheberrecht (Anm. 10), § 51 Rn. 43; Thomas Dreier/Gernot Schulze: Urheberrechtsgesetz (Anm. 3), § 51 Rn. 14.

– die mitunter in der Buchbranche kolportierte Regel, dass etwa 10 Prozent eines Werkes zitiert werden dürften, stimmt jedenfalls nicht. Es kommt vielmehr immer auf die Relation von Zitatumfang zu Zitatzweck an.

Da das Zitatrecht das zentrale Schutzgut des Urheberrechtsgesetzes, nämlich das Urheberrecht des Schöpfers selbst, beschränkt, ist der Anwendungsraum des Zitatrechts eng begrenzt – es darf nicht uferlos unter Berufung auf das Zitatrecht aus fremden Werken zitiert werden, da dadurch der Schutz des Urheberrechts ausgehöhlt würde.[32] Ausnahmsweise kann allerdings laut Bundesverfassungsgericht (BVerfG) auch ein Zitat, das seinem Umfang nach nicht durch einen Zitatzweck gedeckt ist, im Rahmen der verfassungsrechtlich geschützten Kunstfreiheit zulässig sein (Art. 5 Abs. 3 GG).[33] Ausgangspunkt für diese Entscheidung war ein Fall, in dem das Oberlandesgericht (OLG) München die weitere Publikation des Buches *Germania 3 Gespenster am toten Mann* von Heiner Müller untersagt hatte. In seinem Werk hatte Heiner Müller in erheblichem Umfang Passagen aus Werken von Bertolt Brecht übernommen, diese im Rahmen einer Art Collage zusammengestellt und mit eigenen Texten verknüpft. Nach Auffassung des OLG München bestand jedoch keine »innere Verbindung« zwischen den Zitaten und den eigenen Gedanken Müllers. Das BVerfG hob das Urteil des OLG München auf. Es begründete dies damit, dass das Buch von Heiner Müller ein Kunstwerk im Sinne des Art. 5 Abs. 3 GG sei, sodass die Anforderung der »inneren Verbindung« im Lichte der Kunstfreiheit ausgelegt werden müsse. Maßgeblich ist demnach nicht, ob sich der Künstler mit dem Zitat auseinandersetzt, sondern allein, ob sich das Zitat funktional in die künstlerische Gestaltung und Intention seines Werkes einfügt und damit als integraler Bestandteil einer eigenständigen künstlerischen Aussage erscheint.[34] Damit hat das BVerfG den Anwendungsbereich des Zitatrechts jedenfalls bei künstlerischen Sprachwerken stark erweitert.

Anders als bei wissenschaftlichen Zitaten, wo es darauf ankommt, dass ein Werk ›erschienen‹ ist, setzt das nicht wissenschaftliche Zitat (das eben auch nur das Zitat von Werkstellen erlaubt) nur voraus, dass das zitierte Werk bereits ›veröffentlicht‹ ist. Dies ist dann der Fall, wenn das Werk mit Zustimmung des Berechtigten der Öffentlichkeit zugänglich gemacht worden ist (§ 6 Abs. 1 UrhG); es ist also nicht erforderlich, dass bereits Exemplare des Werkes verbreitet wurden. Jedoch genügt dafür nicht bereits die ›Zugänglichkeit‹ eines Werkes – so konnte sich anlässlich der Enthüllung, dass Günter Grass Mitglied der Waffen-SS war, eine große Tageszeitung nicht auf das Zitatrecht bei der Veröffentlichung eines Briefes von Grass an den ehemaligen Wirtschaftsminister Karl Schiller berufen, in dem der Autor seinen Freund Schiller aufforderte, er solle sich zu seiner SS-Vergangenheit bekennen. Der Brief fand sich in

---

32 Zur Auslegung der Schrankenbestimmungen vgl. Thomas Dreier/Gernot Schulze: Urheberrechtsgesetz (Anm. 3), Vor §§ 44a ff. Rn. 7.
33 Vgl. ebd., § 51 Rn. 1.
34 Vgl. BVerfG, Urteil vom 29. Juni 2000, Az. 1 BvR 825/98. In: *GRUR* 2001, S. 149 – *Germania 3*.

einem Archiv, war aber dadurch nach Ansicht des Gerichts, das sich mit diesem Fall befasste, noch nicht »veröffentlicht«.[35]

Ein unzulässiges Zitat ist eine Urheberrechtsverletzung, zum Plagiat wird es erst durch die fehlende Quellenangabe und Kenntlichmachung als Zitat, sodass das Zitat als eigene Leistung erscheint. Die Quelle ist nach der gesetzlichen Regelung ›deutlich‹ anzugeben. Hierfür haben sich in den Branchen verschiedene Usancen herausgebildet; jedenfalls muss die Nennung des Urhebers und der Titel des zitierten Werktitels angegeben werden. Beim Zitat ganzer Werke muss auch der Verlag beziehungsweise das Publikationsorgan genannt werden. Ausnahmsweise entfällt bei unbekannten Quellen die Pflicht zur Quellenangabe; das Gesetz möchte auch bei derart ›verwaisten Werken‹ ein Zitat ermöglichen.

Unzulässig sind schließlich inhaltliche Änderungen an dem Zitat (§ 62 UrhG). Auf das Zitatrecht kann sich etwa nicht stützen, wer eine Fotografie durch die Einbindung in eine Collage verändert und die neue Umgebung der Fotografie für sich genommen kein selbstständiges, zitierendes Werk, sondern zusammen mit der veränderten Fotografie eine unfreie Bearbeitung der ursprünglichen Fotografie ist.[36] Erlaubt sind jedoch Übersetzungen wie auch geringfügige Änderungen (etwa auch das Kürzen) des Zitats, sofern diese Änderungen deutlich gemacht werden, nicht sinnentstellend wirken und berechtigte Interessen des Urhebers nicht verletzt werden.

Demgegenüber sind die Zitierregeln im wissenschaftlich-akademischen Bereich sehr viel strenger. Während das urheberechtliche Zitatrecht als Schutzgut das urheberrechtliche Werk und den Ausgleich die Interessen des Urhebers sowie der Allgemeinheit im Blick hat, sind die wissenschaftlichen Zitierregeln auf eine wissenschaftlich einwandfreie Darstellungsmethodik ausgerichtet. Dementsprechend ist etwa nach den Zitierregeln der *American Psychological Association* (APA)[37], die inzwischen unter dem Namen APA-Style einen weltweit anerkannten Standard darstellen, jede fremde Ansicht und jede Ansicht des Verfassers (die als Idee, These, Theorie etc. nach dem Urheberrecht gar nicht schutzwürdig ist), die in einer anderen als der vorliegenden Arbeit schon einmal geäußert worden ist, unter genauer Quellenangabe zitiert werden. Die Herkunft aller Gedanken, Ergebnisse und Zitate, die aus anderen Werken übernommen wurden, muss eindeutig belegt und im Text kenntlich gemacht werden. Die Belege oder Nachweise können sich auf ein Wort, einen Satz, einen Absatz oder einen ganzen Abschnitt beziehen.

Aber auch wenn ein Autor nicht wörtlich, sondern nur sinngemäß zitiert, muss dies nach den APA-Zitierregeln kenntlich gemacht werden. In diesem Fall steht das indirekte Zitat zwar

---

35 Vgl. KG Berlin, Urteil vom 27. November 2007, Az. 5 U 63/07 – *Grass-Briefe*. Ein weiterer Streitpunkt drehte sich um die Frage, ob die Briefe überhaupt Urheberrechtsschutz genössen, also die Schöpfungshöhe erreichten; dies wurde vom Gericht bejaht.
36 Vgl. OLG München, Urteil vom 30. Januar 2003. In: *ZUM* 2003, S. 571 – *Scharping/Pilati Foto*.
37 Zu den APA-Zitierregeln vgl. das regelmäßig aktualisierte, mittlerweile in 6. Auflage verfügbare Handbuch *Publication Manual of the American Psychological Association*. Vgl. auch die APA-Style-Webseite unter: http://www.apastyle.org (31. Juli 2014).

nicht in Anführungszeichen, hat aber, wie beim wörtlichen Zitat, mit einem Nachweis über die Quelle zu erfolgen. Wörtliche Zitate hingegen sind in Anführungszeichen zu setzen. Die Fundstelle des Zitats muss so exakt angegeben werden, dass sie ohne Weiteres nachprüfbar ist. Sekundärzitate (also die Bezugnahme auf Zitate Dritter, die selbst nicht nachgeprüft wurden), sind zu vermeiden und müssen jedenfalls als solche kenntlich gemacht werden.

Vor diesem Hintergrund wird deutlich, dass ein urheberrechtlich zulässiges Zitat gleichwohl wissenschaftliche Zitierregeln verletzen kann und ein urheberrechtlich unzulässiges Zitat stets auch die wissenschaftlichen Zitierregeln verletzt. So stellte etwa die nicht offenbare Übernahme eines gemeinfreien, also durch Zeitablauf nicht mehr urheberrechtlich geschützten Werkes in das eigene keine Urheberrechtsverletzung dar, wäre aber eine Verletzung der akademischen Zitierstandards. Auch sind – wie bereits erwähnt – urheberrechtlich Ideen, Tatsachen, Lehren und Theorien nicht geschützt, sondern nur die äußere Form, in der sie präsentiert werden.[38] Jeder darf also – zumindest aus urheberrechtlicher Sicht – eine Idee oder Theorie beschreiben (und so als seine ›eigene‹ ausgeben). Nach wissenschaftlichen Standards ist dies nicht zulässig, da eben auch »die Herkunft aller Gedanken, Ergebnisse und Zitate, die aus anderen Werken übernommen wurden«[39], stets belegt und kenntlich gemacht werden muss. Die Dissertation von Karl-Theodor zu Guttenberg stellte mit etlichen, teilweise seitenfüllenden und nicht kenntlich gemachten Übernahmen sicherlich sowohl eine Verletzung der Urheberrechte der Autoren dieser übernommenen Werke dar als auch eine Verletzung der wissenschaftlichen Zitierstandards.

4. Anmaßung der Urheberschaft

Allein die Verletzung urheberrechtlicher Bestimmungen macht aus einer Urheberrechtsverletzung aber noch der oben gefundenen Definition kein Plagiat – entscheidend ist, dass sich Plagiator die fremde schutzwürdige Leistung bewusst als eigene anmaßt und damit die Anerkennung der wahren Urheberschaft verweigert. Jeder Urheber hat nach dem deutschen Urheberrecht ein im Kern unverzichtbares Urheberpersönlichkeitsrecht, das in verschiedenen Ausprägungen durch das Urheberrechtsgesetz (UrhG) geschützt wird. So kann der Urheber entscheiden, ob und wie sein Werk erstmals veröffentlicht wird (§ 12 UrhG), kann gegen Entstellungen seines Werkes vorgehen (§ 14 UrhG) und hat – in diesem Zusammenhang besonders relevant – einen sogenannten Nennungsanspruch, also das Recht von jedermann, der sein Werk nutzt, zu verlangen, dass er als Schöpfer des Werkes genannt wird und welche Bezeichnung hierfür zu verwenden ist (auch das Pseudonym oder der Künstlername ist daher von diesem Recht umfasst). Wie bereits ausgeführt wurde, erkennen auch die urheberrechtlichen

---

38 Vgl. Teil 2: *Urheberrechtlich geschütztes Werk oder Werkteile.*
39 Diese Formulierung findet sich im Wortlaut vieler Leitfäden zum wissenschaftlichen Arbeiten an deutschen Universitäten.

Schranken, wie etwa das Zitatrecht[40], diesen Nennungsanspruch grundsätzlich an, indem sie vom Zitierenden die Quellenangabe fordern, die in der Regel auch eine Nennung des Schöpfers beinhaltet.

Dieses Kernrecht des Urhebers verletzt der Plagiator, indem er sich fälschlich selber als Schöpfer ausgibt und die Urheberschaft des Plagiierten negiert. Er hat damit die genau entgegengesetzte Interessenszielrichtung als der Fälscher, der zwar in der Regel ebenfalls eine Urheberrechtsverletzung begeht (zumindest solange das von ihm für seine Fälschung verwendete Originalwerk noch urheberrechtlich geschützt ist), aber der sich nicht die eigene Urheberschaft anmaßt, sondern gerade eine fremde. Beide versuchen, vom Originalurheber ungerechtfertigt zu profitieren: der Fälscher vom (guten) Namen des Originalurhebers, der Plagiator gerade nicht vom Namen (den er gerade verheimlicht), sondern nur vom Werk des Originalurhebers.[41]

Der Ghostwriter ist ebenfalls kein Plagiator – er schreibt im Namen eines anderen und verzichtet vertraglich gegenüber seinem Auftraggeber (dem Namensgeber oder dem beauftragenden Verlag) auf sein urheberrechtlich verbürgtes Nennungsrecht. Es wurde bereits erwähnt, dass das Urheberpersönlichkeitsrecht im Kern unverzichtbar ist – daher geht die herrschende Meinung auch davon aus, dass der vertragliche Verzicht des Ghostwriters für maximal fünf Jahre wirksam ist.[42] Anschließend soll der Ghostwriter die Möglichkeit haben, diese Bestimmung über den Nennungsverzicht zu kündigen (bei Erhalt des Vertrags im Übrigen), sodass er also im Anschluss an eine solche Kündigung die Namensnennung verlangen könnte. In der Praxis sind diese Fälle freilich sehr selten, meist wohl deshalb, weil sich der Ghostwriter an seine Zusage gebunden fühlt und seine Geschäftsbeziehung zum Verlag nicht gefährden möchte.

5. Subjektive Haltung des Plagiators

Ein wichtiger Bestandteil des Plagiats ist schließlich die ›bewusste‹, also vorsätzliche Handlung des Plagiators.

5.1. Unbewusste Doppelschöpfung

Ein ungewöhnlicher Fall, der schon keine ›Übernahme‹ darstellt, ist die sogenannte ›unbewusste Doppelschöpfung‹. Hier kommt zufällig und ohne Kenntnis des jeweils anderen Werkes zur Schöpfung eines identischen oder weitgehend identischen Werkes. Dies klingt auf den ersten Blick unwahrscheinlich, kommt aber, wenn auch sehr selten, vor; am ehesten im Bereich der Musikkomposition und der sogenannten ›kleine Münze‹ (womit Werke an

---

40 Vgl. Teil 3.3: *Zitate*.
41 Zur (literarischen) Fälschung vgl. auch den Beitrag von David Oels in diesem Band.
42 Vgl. Thomas Dreier/Gernot Schulze: Urheberrechtsgesetz (Anm. 3), § 13 Rn. 31.

der untersten Grenze der Schutzfähigkeit bezeichnet werden). Eine solche unbewusste Doppelschöpfung stellt keine Rechtsverletzung des jeweils anderen Werkes dar; im Urheberrecht gilt nicht – anders als etwa im Markenrecht – der Prioritätsgrundsatz, wonach das früher entstandene Recht Vorrang genießt. Jedoch sind an den Schöpfer des späteren Werkes strenge Anforderungen zu stellen, um zu beweisen, dass er das frühere Werk bei Schaffung seines Werkes tatsächlich nicht kannte.[43]

5.2. Unbewusste Übernahme

Demgegenüber stellt die ›unbewusste Übernahme‹ eines Werkes eine Rechtsverletzung dar, die von dem in seinen Rechten verletzten Urheber (oder Rechteinhaber) geahndet werden kann. Eine solche unbewusste Übernahme unterscheidet sich von der unbewussten Doppelschöpfung dadurch, dass der spätere Urheber das übernommene Erstwerk bei irgendeiner Gelegenheit unbewusst wahrgenommen und bei seinem späteren Schaffensprozess verarbeitet hat. Dies ist ein ebenfalls in der Musik vorkommendes Phänomen, etwa wenn Komponisten eine Hintergrundmusik wahrnehmen und deren Melodie anschließend in eigenen Kompositionen unbewusst verarbeiten.

6. Ansprüche gegen den Plagiator

Der Plagiator verletzt die Rechte des Urhebers beziehungsweise des Rechteinhabers. Dieser kann daher Ansprüche gegen den Plagiator geltend machen, deren prominenteste und praxisrelevanteste Vertreter der Unterlassungs-, Auskunfts- und Schadensersatzanspruch sind.

Der Unterlassungsanspruch erlaubt es dem Rechteinhaber, eine zukünftige Verletzung seiner Rechte zu unterbinden.[44] Er kann von jedem, der seine Rechte verletzt und vor allem von dem Plagiator selbst, verlangen, dass eine weitere Nutzung seines Werkes (die ja durch die ungekennzeichnete Übernahme erfolgt ist) unterbleibt. Dabei kommt es nicht darauf an, ob der Plagiator absichtlich (vorsätzlich) oder versehentlich (fahrlässig) die Rechte des Urhebers verletzt hat – der Unterlassungsanspruch kann verschuldensunabhängig geltend gemacht werden. Erklärt der Plagiator nicht freiwillig durch Abgabe einer vertragsstrafebewehrten Unterlassungserklärung, die Rechtsverletzung künftig zu unterlassen, kann der Urheber seine Rechte gerichtlich durchsetzen. Ein beliebter, effektiver und vor allem schneller Weg besteht hierbei darin, einen Antrag auf Erlass einer einstweiligen Verfügung zu stellen, mit der dem Plagiator gerichtlich untersagt wird, das Werk des Rechteinhabers weiter zu nutzen. Verstößt er gegen dieses gerichtliche Verbot, muss er mit empfindlichen Ordnungsgeldern oder sogar einer Ordnungshaft rechnen. Da hierbei recht kurze Fristen zu beachten sind, bleibt dem Rechteinhaber auch die Möglichkeit, die Unterlassung durch eine Hauptsacheklage zu erzwingen.

---

43 Vgl. BGH, Urteil vom 3. Februar 1988, Az. I ZR 142/86. In: *GRUR* 1988, S. 812, 814 – *Ein bisschen Frieden*.
44 Vgl. hierzu näher Thomas Dreier/Gernot Schulze: Urheberrechtsgesetz (Anm. 3), § 97 Rn. 39.

Der Auskunftsanspruch soll dem Urheber den Zugang zu Informationen über den Umfang der Rechtsverletzung ermöglichen.[45] Wie hoch war die Auflage? In welchen Vertriebswegen wurden die rechtsverletzenden Werke in welchen Stückzahlen verbreitet? Wer waren die Abnehmer? Zu diesen Fragen kann der Urheber Antworten vom Plagiator verlangen. Diese Informationen ermöglichen es ihm, sowohl gegen weitere Verbreiter des Plagiats vorzugehen (und Unterlassungsansprüche gegen diese geltend zu machen) als auch die Höhe des ihm unter Umständen zustehenden Schadensersatzes besser bemessen zu können.

Der Schadensersatzanspruch schließlich erlaubt es dem Urheber, dem ihm durch die Auswertung des Plagiats entstehenden Schaden vom Plagiator ersetzt zu verlangen.[46] Anders als beim Unterlassungsanspruch ist hier das Verschulden des Plagiators Anspruchsvoraussetzung – er muss also vorsätzlich oder fahrlässig die Rechte des Urhebers verletzt haben. Oft lässt sich der tatsächliche und konkrete Schaden jedoch kaum verlässlich feststellen, wenn der Urheber beweisen müsste, welche wirtschaftlichen Nachteile er durch das Plagiat erlitten hat. Da dies sich aber überwiegend nur auf Basis hypothetischer Verläufe ermitteln lässt (z. B. wie viele Exemplare seines Buches hätte der Urheber mehr verkauft, wenn es das Plagiat seines Werkes nicht gegeben hätte), erlaubt die Rechtsprechung es dem Rechteinhaber, die Schadenshöhe auch durch zwei weitere Berechnungsmethoden zu ermitteln. Die eine besteht in der sogenannten ›Gewinnabschöpfung‹ – der Plagiator hat den auf der konkreten Rechtsverletzung beruhenden Gewinn herauszugeben.[47] Auch hier gibt es jedoch mitunter Berechnungsschwierigkeiten, vor allem, wenn das Plagiat nur einen Teil des verkauften Gesamtwerkes ausmacht und der Gewinn insofern anteilig ermittelt werden muss.[48] Die häufigste Berechnungsmethode besteht daher in der sogenannten ›Lizenzanalogie‹. Hierbei wird ein Lizenzvertrag zwischen dem Rechteinhaber und dem Plagiator fingiert; hierbei ist die Frage relevant, was diese Parteien vereinbart hätten, wenn sie sich zuvor über die Nutzung des Werkes geeinigt hätten. Welche Lizenzgebühr hätte beispielsweise der Plagiator für die Nutzung des Werkes zahlen müssen? Dabei kommen durchaus Zuschläge in Betracht, da der Plagiator als Rechtsverletzer nicht besser gestellt sein soll als ein ordentlicher Lizenznehmer.

Der Urheber kann darüber hinaus unter bestimmten Umständen auch noch den Rückruf, die Vernichtung beziehungsweise Überlassung des rechtsverletzenden Materials verlangen, wobei diese Ansprüche in der Praxis eine untergeordnete Rolle spielen. Schließlich ist die vorsätzliche Urheberrechtsverletzung sogar strafbar und kann mit Freiheitsstrafe bis zu drei Jahren oder Geldstrafe bestraft werden. Und so ist der Plagiator vielleicht in unserem heutigen Rechtssystem kein ›Menschenräuber‹, muss aber doch damit rechnen, empfindlichen Sanktionen ausgesetzt zu sein.

---

45 Vgl. ebd., § 97 Rn. 39.
46 Vgl. ebd., § 97 Rn. 54.
47 Vgl. BGH, Urteil vom 2. Februar 1995, Az. I ZR 16/93. In: *GRUR* 1995, S. 349, 351f. – *Objektive Schadensberechnung*; BGH, Urteil vom 22. März 1990, Az. I ZR 59/88. In: *GRUR* 1990, S. 1009 – *Lizenzanalogie*.
48 Vgl. BGH, Urteil vom 31. Januar 1959, Az. I ZR 82/57. In: *GRUR* 1959, S. 379, 382 – *Gaspatrone*.

Das Plagiat –
Usurpation fremder Urheberschaft oder freie Benutzung?

Werner Stauffacher

Obwohl das Plagiat zurzeit in aller Munde ist – der Begriff existiert als solcher gar nicht im Schweizerischen Urheberrechtsgesetz (URG). Unter Plagiat versteht man gemeinhin die Anmaßung fremder geistiger Leistung jeder Art, in der diese unter falscher Namensnennung weiterverwendet wird (Aneignung fremder Urheberschaft). Plagiate können Artikel 9 (das Recht auf Anerkennung der Urheberschaft sowie auf Namensnennung), Artikel 10 (das Recht des Urhebers auf Werkverwendung) und Artikel 11 (das Recht des Urhebers auf Werkintegrität) des URG verletzten. Zulässig sind die Parodie als humoristische Auseinandersetzung mit bestehenden Werken (Artikel 11 Absatz 3 URG) oder Zitate gemäß Artikel 25 URG. Ebenfalls unbedenklich ist die Verwendung einer Idee anderer oder wenn man sich von schon bestehenden Werken inspirieren lässt.

Although everybody is talking about plagiarism nowadays, the term as such does not exist in Swiss Copyright Law (URG). Plagiarism means appropriating another person's intellectual creation and passing it off under one's own or a false name (appropriation of another author's work). Plagiarism can constitute infringement of Article 9 (recognition of authorship and naming right), Article 10 (the author's right to decide on the use of his work), and Article 11 (the author's right to ensure integrity of his work) of the URG. Parodies in the sense of humorous mimicking of an existing work (Article 11(3) URG) and quotations (Article 25 URG) are permitted. It is also allowed to use someone else's idea or to seek inspiration in an already existing work.

1. Vorbemerkungen

Das Plagiat ist zurzeit in aller Munde – am auffälligsten in den Medien. In Deutschland hat sich in letzter Zeit ein regelrechter Hype um das korrekte Arbeiten in wissenschaftlichen Texten und Dissertationen ausgebreitet. Es sei an dieser Stelle allein auf die prominenten Fälle von Karl-Theodor zu Guttenberg und Annette Schavan hingewiesen. Vor allem promovierte Politiker, so scheint es, müssen auf der Hut sein. Um den Verdächtigen auf die Spur zu kommen, sind derzeit im Handel eigens entwickelte Plagiatssuchprogramme und spezielle Softwares erhältlich, die auch im Schulbereich bei Abschlussarbeiten vermehrt eingesetzt werden. Aber auch in der Belletristik (der 2010 bei *Ullstein* erschienene Roman *Axolotl Roadkill* von Helene Hegemann sei als Beispiel genannt) ist die Frage der individuellen, originellen Werkschöpfung vermehrt aufgetaucht – und öffentlich abgehandelt worden. Zwischenzeitlich – und dies nach der *Jahrestagung der Internationalen Buchwissenschaftlichen Gesellschaft* (IBG) im November 2013 in St. Gallen, an welcher der diesem Beitrag zugrundeliegende Vortrag gehalten wurde – hat sich die Aufregung doch etwas gelegt. Dies nicht zuletzt aufgrund der im Vergleich zu den früheren Fällen milden und wohl die jeweiligen konkreten Umstände umfassender berücksichtigenden Argumentationen, worunter immer auch die Einbettung in eine zur ›Tatzeit‹ bestehenden Praxis zu verstehen ist.

Aber es versteht sich fast von selbst, dass Plagiate natürlich nicht auf den Textbereich beschränkt sind. Vielmehr kommen solche in allen Sparten und in allen Repertoires des künstlerischen Schaffens vor, in der Musik, bei der bildenden Kunst, aber auch bei Werken der angewandten Kunst, beispielsweise bei Möbeln oder Schmuck.

2. Was ist ein Plagiat?

Obwohl in der letzten Zeit das Plagiat Furore gemacht hat, sucht man den Begriff im Schweizerischen Bundesgesetz über das Urheberrecht und verwandte Schutzrechte, kurz: Urheberrechtsgesetz (URG) vergeblich.[1] Daher ist eine Umschreibung im Sinne eines Grundsatzes notwendig. Der Begriff ›Plagiat‹ kommt ursprünglich aus dem Lateinischen; ›plagiarius‹ bedeutet ›Seelenverkäufer‹, ›Menschenräuber‹ oder auch ›Sklavenhändler‹. In der damaligen Zeit wurden die von einem Erstautoren vorgetragenen eigenen Verse im übertragenen Sinn mit freigelassenen Sklaven verglichen. Wenn in der Folge diese Verse von einem anderen Autoren unter seinem Namen vorgetragen wurden, musste er sich den Vorwurf gefallen lassen, er würde diese entlassenen Sklaven rauben.[2] Im Französischen existiert der Begriff ›le plagiaire‹, was nichts anderes heißt als ›Dieb des geistigen Eigentums‹. Und um dazu noch etwas Hiesiges zu ergänzen: In der Schweizer Mundart gibt es ja immer noch den Ausdruck ›Plagöri‹. Wird jemandem vorgeworfen, er sein ein Plagöri, dann versteht man darunter einen Bluffer; einen, der angeberisch auftritt, einen, dem man nicht alles glauben kann, was er sagt beziehungsweise bei dem man zweifelt, ob auch alles, was er erzählt, wirklich von ihm selber stammt.

Ein Plagiat lässt sich demnach wie folgt umschreiben: Man darf sich generell nicht fremde Ergebnisse irgendwelcher Art aneignen und unter eigenem Namen verwenden, um damit einen Vorteil zu erlangen. Beim Plagiat handelt es sich um eine Aneignung fremder geistiger Leistungen jeder Art, indem der Plagiator sich anmaßt, diese in der Folge unter falscher Namensnennung zu verwenden.[3] Oder anders ausgedrückt: Ein Plagiat liegt vor, wenn ein so beschriebenes Vorgehen (bewusst) verschleiert wird, indem beispielsweise fremde Textstellen, vollständig oder leicht abgeändert, mit eigenen vermengt und in dieser Form veröffentlicht werden.

---

1 Vgl. die Ausführungen im Teil 3: *Das Plagiat im Urheberrechtsgesetz (URG)*.
2 Vgl. hierzu den Beitrag von Konstantin Wegner in diesem Band sowie Philipp Theisohn: Plagiat. Eine unoriginelle Literaturgeschichte. Stuttgart: Kröner 2009 (= Kröners Taschenausgabe 351), insbesondere S. 19–21.
3 Man spricht in diesem Zusammenhang von einer ›Urheberschaftsanmaßun‹. Vgl. Alois Troller: Immaterialgüterrecht. Patentrecht, Markenrecht, Muster- und Modellrecht, Urheberrecht, Wettbewerbsrecht. Bd. 2. 3. Aufl. Basel/Frankfurt/M.: o.V. 1985, insbesondere S. 690.

3. Das Plagiat im Schweizerischen Urheberrechtsgesetz (URG)

Allgemein lässt sich sagen, dass es sich bei einem Plagiat um die Usurpation oder Aneignung fremder Urheberschaft handelt. Da es keinen eigentlichen Gesetzesartikel zum Thema Plagiat gibt, ist zu prüfen, welche Bestimmungen des Urheberrechtsgesetzes (URG) zur Anwendung gelangen.

Damit überhaupt urheberrechtliche Folgen zu befürchten sind, muss es sich um geschützte Werke im Sinne von Artikel 2 URG handeln, die plagiiert werden. Mit anderen Worten: Nur an Werken, die »unabhängig von ihrem Wert oder Zweck als geistige Schöpfungen der Literatur und Kunst mit individuellem Charakter«[4] geschaffen werden, können die Urheberrechte verletzt werden. Des Weiteren ist nach Artikel 29 URG maßgebend, ob bei diesen Werken die Schutzfrist von 70 Jahren nach dem Tod des Urhebers oder der Urheberin noch nicht abgelaufen ist, sie also noch nicht der Gemeinfreiheit unterliegen (Art. 29 Abs. 2 lit. b URG).[5] Wenn das zutrifft, findet das URG keine Anwendung. Nicht jedes Plagiat verstößt also notwendigerweise gegen das Urheberrecht. Doch welche Artikel des URG können überhaupt Anwendung finden?

Einmal ist es der Artikel 9 URG. Darin sind die Regeln über die Anerkennung der Urheberschaft festgelegt: Der Urheberin oder dem Urheber werden hier das ausschließliche Recht am eigenen Werk und das Recht auf Anerkennung der Urheberschaft zugesprochen (Art. 9 Abs. 1 URG). Unter Anerkennung der Urheberschaft versteht man das Recht auf Namensnennung bei jeder Werkverwendung, sei es bei der Reproduktion eines Werkes der bildenden Kunst oder bei der Aufführung eines Musikstückes. Daraus lässt sich das Recht ableiten, dass Urheberinnen und Urheber sich dagegen wehren können, »dass eine andere Person sich ihre Stellung anmaßt oder dass die Urheberschaft dieser Person zugeschrieben wird«; sie können sich folglich »gegen die Usurpation der Urheberschaft zu Wehr setzen.«[6] Ebenfalls zur Anwendung kann Artikel 10 URG kommen. Diese Gesetzesbestimmung enthält eine der Kernaussagen des Urheberrechts, indem darin den Urheberinnen und Urhebern das ausschließliche Recht zugesprochen wird, zu bestimmen, ob, wann und wie ihre Werke verwendet werden (Art. 10 Abs. 1 URG). Das bedeutet, dass ohne Einwilligung der Urheberinnen und Urheber dieses Recht von niemandem beansprucht werden darf, denn nur sie entscheiden über die Verwendung des Werkes.[7] Und weil damit grundsätzliche alle möglichen Nutzungsformen der geschützten Werke gemeint sind[8], ergibt sich, dass die Verwendung des

---

4 Diese Formulierung entspricht der Legaldefinition des geschützten Werkes in Art. 2 Abs. 1 URG.
5 Diese Schutzfrist gilt für alle Arten von Werken.
6 Dennis Barrelet/Willi Egloff: Das neue Urheberrecht. 3. Aufl. Bern: Stämpfli 2008, N. 14 zu Art. 9.
7 Ebd., N. 6 zu Art. 10.
8 Barbara K. Müller/Reinhard Oertli: Urheberrechtsgesetz (URG). 2. Aufl. Bern: Stämpfli 2012, N. 2 zu Art. 10.

Werkes, das eine andere Person geschaffen hat, ohne deren Einwilligung gegen Art. 10 Abs. 1 URG verstößt, was für das Plagiat zutrifft.[9]

Schließlich können durch ein Plagiat auch die Regeln über die Werkintegrität verletzt werden: Artikel 11 URG gesteht den Urheberinnen und Urhebern das ausschließliche Recht zu, dass sie bestimmen können, ob, wann und wie ihre Werke geändert werden dürfen. Auch Artikel 11 ist ein Element des Urheberpersönlichkeitsrechts. Die unzulässige Verwendung geschützter Werke in Form eines Plagiats, die notwendigerweise eine Veränderung eines bestehenden Werkes darstellt, verstößt gegen diese Bestimmung: »Plagiat ist auch die Urheberschaftsanmaßung in Bezug auf Werkteile, die als solche urheberrechtlich geschützt sind.«[10]

Daher ist schon mal vorab festzuhalten: Ein zulässiges Plagiat gibt es nicht. Denn wenn es sich um eine (urheberrechtlich) zulässige Nutzung handelt, ist es kein Plagiat mehr. Im Folgenden ist es daher zur juristischen Abgrenzung zum Plagiat unerlässlich, auf die im Gesetz erlaubten beziehungsweise unerlaubten Verwendungen von geschützten Werken näher einzugehen.[11] Der Vollständigkeit halber sei angefügt, dass bei Plagiaten nicht nur Bestimmungen des Urheberrechts tangiert sind. So können auch Teile des Schweizerischen Bundesgesetzes über den unlauteren Wettbewerb (UWG), der die unrichtigen oder irreführenden Angaben über Werke oder Leistungen regelt, verletzt sein (insbesondere Art. 3 lit. b UWG). Das ist vor allem dann wichtig, wenn die Schutzfrist von 70 Jahren abgelaufen ist und die Bestimmungen des URG keine Anwendung mehr finden. Zudem können auch die Bestimmungen über das allgemeine Persönlichkeitsrecht, wie sie in Artikeln 27 und 28 des Schweizerischen Zivilgesetzbuches (ZGB) festgelegt sind, betroffen sein.

4. Was erlaubt das Schweizerische Urheberrechtsgesetz (URG)?

Nun ist es bei Weitem nicht so, dass – entgegen einer weit verbreiteten Meinung – das Urheberrechtsgesetz (URG) jedwelchen künstlerischen Tätigkeiten abgeneigt gegenüber steht, indem die gesetzlichen Regeln schlichtweg einfach alle Verwendungen, die sich an bestehenden Werken orientieren, verbieten. Vielmehr sieht das geltende URG ganz bestimmte Fälle von zulässigen Verwendungen vor. Wie sehen diese aus?

4.1. Die Idee/Die Inspiration durch andere Werke
Vorerst ist es grundsätzlich gestattet, sich beim Schaffen eines Werkes von einer Idee (eines anderen) inspirieren zu lassen. Denn eine Idee ist urheberrechtlich nicht geschützt. Geschützt ist das aus der Idee entstandene Werk, also die Umsetzung der Idee beispielsweise in eine

---

9 Zur Abgrenzung gegenüber der gesetzlich zulässigen Parodie vgl. Teil 4.4: *Die Parodie*.
10 Alois Troller: Immaterialgüterrecht (Anm. 3), S. 690.
11 Vgl. Teil 4: *Was erlaubt das Schweizerische Urheberrechtsgesetz (URG)?*

konkrete Geschichte. Denn erst die Mitteilbarkeit einer Idee[12], die als solche gar nicht sinnlich wahrnehmbar ist, führt zur Werkschöpfung: »Sobald die Idee erdacht und in Worten, Tönen, Gesten oder einem dauerhaften Material, beispielsweise Stein, konkretisiert wurde, ist das Werk entstanden und kann wahrgenommen werden.«[13] Allerdings kann bereits die erste Stufe bei der Umsetzung einer Idee in ein Werk, die in der Strukturierung und der Erarbeitung des Konzepts, der Handlung oder der Komposition besteht, urheberrechtlich geschützt sein.[14] Das trifft beispielsweise bei einem aufgeschriebenen Storyboard für einen Film zu, welches dann zu einem Drehbuch ausgeführt werden kann. Im literarischen Schaffen spielt die Inspiration durch andere Werke in Form des literarischen Dialogs mit einem bereits bestehenden Text eine große Rolle. Solche intertextuelle Bezüge sind urheberrechtlich unbedenklich, solange keine vorbestehenden Sätze oder gar Abschnitte übernommen werden. Dann aber, wenn eine Idee zu einem Werk ›materialisiert‹ (egal ob analog oder digital) worden ist, darf das so Entstandene nicht übernommen beziehungsweise kopiert und verwendet werden – und zwar weder als Ganzes noch in Teilen. Im Bereich der bildenden Kunst spricht man in diesem Zusammenhang auch von ›Malen im Stil von XY‹, was urheberrechtlich insoweit erlaubt ist, als dadurch keine eigentliche Kopie eines Teiles oder gar eines ganzen, vorbestehenden geschützten Werkes hergestellt würde. Zudem ist der Stil (eines Werkes) als solcher urheberrechtlich ebenfalls nicht geschützt. Allerdings ist – zugegebenermaßen – die Abgrenzung nicht immer einfach zu ziehen. Wenn aber ein vorbestehendes Werk als Ganzes oder in Teilen im neuen Werk erkennbar ist und einer solchen Übernahme von den Berechtigten nie zugestimmt worden ist, dann werden die Rechte der Ersturheberin oder des Ersturhebers verletzt.[15]

4.2. Die Werke zweiter Hand

Unter Werken zweiter Hand versteht man »geistige Schöpfungen mit individuellem Charakter, die unter Verwendung bestehender Werke so geschaffen werden, dass die verwendeten Werke in ihrem individuellen Charakter erkennbar bleiben.« (Art. 3 Abs. 1 URG). Bei solchen Werken handelt es sich beispielsweise um literarische Übersetzungen oder Verfilmungen literarischer Vorlagen (Art. 3 Abs. 2 URG). Werke zweiter Hand sind grundsätzlich nur mit Zustimmung der Erstberechtigten gestattet (Art. 3 in Verbindung mit Art. 11 Abs. 1 lit. b URG). Hingegen erkennt die Rechtslehre Fälle an, in denen das neue Werk zweiter Hand so geschaffen

---

12 Zum Begriff der ›Mitteilbarkeit‹ vgl. ausführlich Max Kummer: Das urheberrechtlich schützbare Werk. Bern: Stämpfli 1968 (= Abhandlungen zum schweizerischen Recht. Neue Folge 384), insbesondere S. 7.
13 Karmen Troller: Grundzüge des schweizerischen Immaterialgüterrechts. 2. Aufl. Basel: Helbing Lichtenhahn Verlag 2005, S. 130.
14 Vgl. ebd.
15 Vgl. Art. 10 Abs. 1 URG: »Der Urheber oder die Urheberin hat das ausschließliche Recht zu bestimmen, ob, wann und wie das Werk verwendet wird.« Außerdem vgl. auch Art. 11 Abs. 1 lit. a URG: »Der Urheber oder die Urheberin hat das ausschließliche Recht zu bestimmen, ob wann und wie das Werk geändert werden darf.«

wird, dass das darin vorbestehende Werk erster Hand in seiner Individualität angesichts des neuen Werkes verblasst und gewissermaßen zurücktritt. Eine solche Verwendung braucht keine Autorisation, vielmehr liegt eine sogenannte ›freie Benutzung‹ vor.[16] Ein Beispiel aus der bildenden Kunst mag dies verdeutlichen: In einer Riesenplastik des in Paris lebenden Schweizer Installationskünstlers Thomas Hirschhorn werden ein halbes Dutzend kleinerer Reproduktionen von Zeichnungen einer bekannten Kunstmalerin so eingebaut, dass sie vor dem Gesamtbild der von Hirschhorn geschaffenen Plastik in den Hintergrund treten.

4.3. Das Zitatrecht

Selbstverständlich darf aus bestehenden Werken zitiert werden. Doch sind dabei gewisse Voraussetzungen zu berücksichtigen. Im Gegenteil zu einer offenbar weit verbreiteten Ansicht steht im Gesetz aber nichts darüber, wie lang ein Zitat ausfallen darf (so z. B. wie viele Worte aus einem Text, wie viele Takte aus einem Musikstück oder wie viele Minuten aus einem Film). Das URG hält dazu fest: »Veröffentlichte Werke dürfen zitiert werden, wenn das Zitat zur Erläuterung, als Hinweis oder zur Veranschaulichung dient und der Umfang des Zitats durch diesen Zweck gerechtfertigt ist.« (Art. 25 URG). Oder anders formuliert: Der Sinn und Zweck des Zitats rechtfertigt das Zitat. Das heißt: »Zwischen dem Zitat und dem zitierenden Werk muss ein inneres Band bestehen. Ein losgelöstes Zitat, das in keinem Bezug zum zitierenden Werk steht, ist durch Art. 25 nicht gedeckt.«[17] Ein Zitat ist daher nur erlaubt, wenn:
- es aus einem veröffentlichten Werk stammt;
- es zur Erläuterung, als Hinweis oder zur Veranschaulichung dient;
- es unverändert übernommen wird;
- der Umfang des Zitats durch diesen Zweck gerechtfertigt ist (lediglich kurze Ausschnitte);
- und die Quellenangabe und die Urheberschaft angegeben sind.

Grundsätzlich sind Zitate aus allen Repertoires des künstlerischen Schaffens denkbar. Ausnahmen bilden die Werke der bildenden Kunst und der Fotografie, zumal diese zufolge notwendigerweise ausschnittweiser Wiedergabe nicht unter gleichzeitiger Verletzung des den Urhebern zustehenden Anspruchs auf Werkintegrität vorgenommen werden könnten.[18] Diese Ansicht allerdings ist umstritten.[19]

Zu den in letzter Zeit aufgetauchten Plagiatsfällen im wissenschaftlichen Bereich kann daher – gemäß Schweizerischem Urheberrecht – gesagt werden: Wenn bei den verfolgten und aufgedeckten Fällen von Plagiaten beziehungsweise Plagiatsvorwürfen korrekt und unter Einhaltung der Voraussetzungen des Art. 25 URG zitiert worden wäre,

---

16 Vgl. dazu Dennis Barrelet/Willi Egloff: Das neue Urheberrecht (Anm. 6), N. 12 zu Art. 11.
17 Ebd., N. 3 zu Art. 25.
18 Ebd., N. 2 und N. 8 zu Art. 25.
19 Vgl. dazu die abweichende Ansicht bei Barbara K. Müller/Reinhard Oertli: Urheberrechtsgesetz (Anm. 8), N. 5ff. zu Art. 25 und dort zitierte Stellen.

würde es sich gar nicht um Plagiate handeln. Und die sich den Plagiatsvorwürfen ausgesetzten Autoren und Autorinnen hätten sich ruhigen Gewissens ›verteidigen‹ können. Zusammenfassend kann festgehalten werden: Eine Verletzung des Zitatrechts bedeutet eine über Gebühr vorgenommene Übernahme eines bereits bestehenden, geschützten Werkes unter gleichzeitiger Unterlassung einer korrekten Quellenangabe. Ein Plagiat demgegenüber bedeutet die Verletzung der Urheberrechte (einschließlich der Urheberpersönlichkeitsrechte) durch unzulässige Verwendung eines bestehenden, geschützten Werkes unter gleichzeitiger falscher Namensnennung.

4.4. Die Parodie

Gemäß dem Urheberrechtsgesetz (URG) ist die Verwendung bestehender Werke »zur Schaffung von Parodien oder mit ihnen vergleichbaren Abwandlungen des Werkes« (Art. 11 Abs. 3 URG) gestattet. Was bedeutet dies?

Vorab ist zu betonen, dass die Parodie in erster Linie auf den Bereich der Literatur gemünzt ist. Andere Werkkategorien fallen demnach eher unter die »vergleichbaren Abwandlungen«. Immer aber muss die Parodie auf eine humoristische Wirkung – sei es bezüglich des verwendeten und parodierten Werkes oder sei es bezüglich deren Autorin oder dessen Autors – zielen.[20] Es muss sich, anders formuliert, um eine komische Darstellung eines bereits bestehenden Werkes zum Zweck der Kritik handeln. Was aber eine Parodie nicht darf, ist:

- den Urheberinnen oder den Urhebern des vorbestehenden Werkes Schaden zufügen, und zwar weder aus Bösartigkeit, Eifersucht oder Gewinnstreben;
- zur Verwechslung mit dem Original Anlass geben;
- grundsätzlich in geldmäßiger Hinsicht keine negativen Auswirkungen auf die Urheberinnen oder auf die Urheber des parodierten Werkes haben.[21]

4.5. Das Selbstplagiat

Ein Selbstplagiat liegt schließlich vor, wenn eine Autorin oder ein Autor aus ihren oder seinen eigenen Texten kopiert, ohne darauf hinzuweisen. Solche Selbstplagiate sind urheberechtlich (bis auf die nicht korrekte Zitierweise infolge fehlender Quellenangabe) unbedenklich, weil der Täter zugleich auch Opfer ist. Aus der Perspektive der Wissenschaft hingegen ist dies unter Umständen anders zu bewerten, denn solches Vorgehen kann dem nicht korrekt Zitierenden durchaus zum Vorwurf gereichen, was ihn als Wissenschaftler diskreditieren könnte.

---

20 Vgl. Ernst Hefti: Die Parodie im Urheberrecht. Diss. Zürich 1977, insbesondere S. 120.
21 Dennis Barrelet/Willi Egloff: Das neue Urheberrecht (Anm. 6), N. 17 zu Art. 11 und dort zitierte Stellen.

5. Was erlaubt das Schweizerische Urheberrechtsgesetz (URG) nicht?

5.1. Das Verwendungsrecht und das Vervielfältigungsrecht

Wie bereits erwähnt, haben die Urheberin und der Urheber generell das ausschließliche Recht zu bestimmen, ob, wann und wie ihre Werke verwendet werden (Art. 10 Abs. 1 URG). Darunter fallen alle technisch möglichen Herstellungs- und Verbreitungsrechte, und zwar sowohl in analoger wie auch in digitaler Form.[22] Insbesondere steht den Urheberinnen und Urhebern auch das ausschließliche Recht zu, ihre Werke im Internet zu Verfügung zu stellen.[23] Daraus folgt: Wenn im Gesetz nicht ausdrücklich eine bestimmte Verwendungsart erlaubt ist (beispielsweise, wie oben erwähnt, das Recht auf das Zitat, die Parodie oder eine gesetzliche Schrankenausnahme verbunden mit einer Vergütungspflicht[24]), dann sind Verwendungen von geschützten Werken ohne Autorisation der Berechtigten rechtswidrig. Diese können sich dagegen wehren, den Rechtsweg beschreiten und ihre Forderungen geltend machen.[25]

5.2. Das Namensnennungsrecht

Zudem hat die Urheberin oder der Urheber das Recht auf Anerkennung der Urheberschaft (Art. 9 Abs. 1 URG). Darunter fällt u.a. das Recht auf Namensnennung bei jeder Werkwiedergabe.[26] Das Namensnennungsrecht ist ein Ausfluss des Urheberpersönlichkeitsrechts.[27] Daher gilt bei Plagiaten: Die Urheberinnen und Urheber können sich dagegen wehren, dass eine andere Person beispielsweise vorgibt, Verfasserin oder Verfasser ihres Textes zu sein und dass so die Urheberschaft fälschlicherweise der plagiierenden Person zugeschrieben wird.

---

22 Vgl. dazu die – nicht vollständige – Aufzählung der verschiedenen Verwendungsarten in Art. 10 Abs. 2 URG.

23 On Demand-Recht gemäß Art. 10 Abs. 2 lit. c URG: »Der Urheber oder die Urheberin hat das ausschließliche Recht, […] das Werk so zugänglich zu machen, dass Personen von Orten und zu Zeiten ihrer Wahl dazu Zugang haben.« Diese Formulierung wurde anlässlich der Teilrevision von 2007 ins URG eingefügt und basiert auf den beiden Verträgen der *World Intellectual Property Organization* (WIPO), die im Rahmen des WIPO Copyright Treaty (WTC) und WIPO Performances and Phonograms Treaty (WPPT) im Dezember 1996 in Genf verabschiedet wurden.

24 So etwa die Vergütungen für das Fotokopieren zum Eigengebrauch innerhalb von Betrieben und Unternehmen, in der Verwaltung und in Schulen gemäß Art. 19 Abs. 1 lit. b und c in Verbindung mit Art. 20 Abs. 2 URG.

25 Vgl. Teil 6: *Die rechtlichen Folgen*.

26 Dieses Recht ist in der Revidierten Berner Übereinkunft zum Schutz von Werken der Literatur und Kunst (RBÜ) in der Fassung von 1971, welche von der Schweiz unterzeichnet und ratifiziert worden ist, in Art. 6bis aufgeführt.

27 Vgl. Teil 5.4: *Die Urheberpersönlichkeitsrechte*.

5.3. Das Bearbeitungsrecht und die Frage der Sammelwerke

Das Prinzip der Werkintegrität ist in Artikel 11 URG geregelt. Zum einen haben die Urheberinnen und Urheber das ausschließliche Recht zu bestimmen, ob, wann und wie ihre Werke geändert werden dürfen. Ebenso steht ihnen zu, sich gegen eigentliche Entstellungen der Werke zu wehren. Von Entstellungen spricht man, wenn Eingriffe in bestehende Werke das berufliche Ansehen oder die Ehre der Urheberinnen und Urheber beeinträchtigen. Es muss sich also um eine erhebliche Veränderung des von ihnen geschaffenen Werkes mit negativen Auswirkungen handeln.[28]

Zum anderen haben die Urheberinnen und Urheber das Recht zu entscheiden, ob, wann und wie das Werk zur Schaffung eines Werkes zweiter Hand verwendet oder in ein Sammelwerk aufgenommen werden darf. Das heißt nichts anderes als dass es nicht zulässig ist, Teile aus einem bestehenden Werk ohne ausdrückliche Autorisation der erstberechtigten Urheberin oder des erstberechtigten Urhebers zu übernehmen und in ein anderes Werk einzufügen. So wäre es zum Beispiel nicht zulässig, Liebesgedichte in eine pornografischen Textsammlung aufzunehmen oder ein bestimmtes Werk der bildenden Kunst in einer der Urheberin oder dem Urheber nicht zusagenden politischen Ausstellung zu zeigen.

5.4. Die Urheberpersönlichkeitsrechte

Mit Urheberpersönlichkeitsrechten sind die Persönlichkeitsrechte der Urheberin und des Urhebers als Individuum gemeint, die ihnen im Zusammenhang mit der Verwendung ihrer Werke zustehen. Diese Rechte sind als solche nicht explizit im Urheberrechtsgesetz (URG) aufgeführt, sie leiten sich aber aus den allgemeinen Persönlichkeitsrechten aus dem Schweizerischen Zivilgesetzbuch (Art. 27 und Art. 28 ZGB) ab. Im URG fallen insbesondere das Namensnennungsrecht und das Recht auf Werkintegrität darunter.[29]

Der sogenannt harte Kern des Urheberpersönlichkeitsrechts, der durch Werkverwendungen verletzt werden kann, die einer Entstellung des Werkes gleichkommen und die Urheberinnen oder Urheber in ihrem beruflichen beziehungsweise persönlichen Ansehen beeinträchtigen oder in ihrer Ehre verletzen, bleibt in jedem Fall bestehen. Dies selbst dann, wenn die Berechtigten einer Bearbeitung ihres Werkes in einem bestimmten Umfang zugestimmt haben.[30]

---

28 Dennis Barrelet/Willi Egloff: Das neue Urheberrecht (Anm. 6), N. 13 zu Art. 11 und dort zitierte Stellen.
29 Vgl. hierzu Teile 5.2: *Das Namensnennungsrecht* sowie 5.3: *Das Bearbeitungsrecht und die Frage der Sammelwerke.*
30 Dennis Barrelet/Willi Egloff: Das neue Urheberrecht (Anm. 6), N. 13 zu Art. 11; Barbara K. Müller/Reinhard Oertli: Urheberrechtsgesetz (Anm. 8), N. 8 zu Art. 11.

6. Die rechtlichen Folgen

6.1. Allgemein

Abschließend werden die rechtlichen Folgen einer Verletzung von Urheberrechten im Zusammenhang mit Plagiaten aufgelistet und die Möglichkeiten aufgezeigt, die den in ihren Rechten verletzten Urheberinnen und Urhebern zur Verfügung stehen, um sich gegen Plagiate zu wehren.

Es sei an dieser Stelle nochmals zusammenfassend erwähnt, welche Urheberrechte bei Plagiaten verletzt sein können: das Namensnennungsrecht (Art. 9 URG), die Verwendungsrechte allgemein sowie insbesondere das Vervielfältigungs- und Verbreitungsrecht (Art. 10 URG), das Recht auf Werkintegrität (Art. 11 URG) sowie die Urheberpersönlichkeitsrechte generell (Art. 27 und Art. 28 ZGB). Ebenso ist festzuhalten, dass nur die in ihren Rechten verletzten Urheberinnen und Urheber wegen Verletzung ihrer Urheberrechte und/oder Urheberpersönlichkeitsrechte rechtlich vorgehen können. Alle anderen Personen, die sich durch Plagiate irgendwelcher Art verletzt oder betroffen fühlen, müssen sich, um überhaupt rechtlich dagegen vorgehen zu können, auf andere Gesetze berufen. Denkbar ist beispielsweise ein festgeschriebener Kodex einer Hochschule oder Universität, der sich auf das Verfassen und Einreichen von schriftlichen Abschlussarbeiten bezieht. Allerdings kann – wie die in den letzten Jahren vermehrt aufgekommene Praxis zeigt – vielfach allein schon die öffentliche politische Empörung ausreichen, um ein ›Vorgehen‹ gegen Plagiate zu ›legitimieren‹. Solche Vorgehensweisen basieren nicht zuletzt auf einer allgemein gültigen moralischen Auffassung in einer Gesellschaft beispielsweise über das Verfassen von wissenschaftlichen oder sonstigen Texten. Den in ihren Rechten verletzten Urheberinnen und Urhebern stehen grundsätzlich zwei Möglichkeiten zu Verfügung: Zum einen können sie vor ein Zivilgericht gehen und die Verletzung ihrer Rechte einklagen; zum andern gibt es die Möglichkeit, strafrechtlich vorzugehen.

6.2. Zivilrechtlicher Schutz gemäß Art. 61ff. URG

Das Gesetz sieht folgende Möglichkeiten vor:
- Feststellungsklage: Wer ein rechtliches Interesse nachweist, kann gerichtlich feststellen lassen, ob ein Recht oder Rechtsverhältnis nach dem URG vorhanden ist oder fehlt.
- Leistungsklage: Wer in seinen Urheberrechten verletzt oder gefährdet ist, kann vom Gericht verlangen:
  – eine drohende Verletzung zu verbieten;
  – eine bestehende Verletzung zu beseitigen.
- Schadensersatz und Genugtuung gemäß den Bestimmungen des Schweizerischen Obligationenrechts (Art. 41ff. OR) sowie Klage auf Herausgabe des Gewinns, der mit den widerrechtlich verwendeten Plagiaten erzielt wurde.
- Einziehung oder Vernichtung von widerrechtlich hergestellten Gegenständen, also von Plagiaten.

- Anordnen von vorsorglichen Maßnahmen.
- Schließlich ist es auch möglich, ein ergangenes Gerichtsurteil zu veröffentlichen.

6.3. Strafrechtlicher Schutz gemäß Art. 67 URG

Im Strafrecht sind zwei Arten von Vorgehen zu unterscheiden: Zum einen gibt es die Antragsdelikte, bei denen die Strafverfolgungsbehörden erst tätig werden, wenn ein ausdrücklicher Antrag der Verletzten vorliegt. Für solche Delikte sieht das Gesetz Freiheitsstrafen bis zu einem Jahr oder Geldstrafe vor. Diese Strafen können für das Verwenden eines Werkes unter falschem Namen ausgesprochen werden. Das gleiche Strafmaß ist beispielsweise für das Abändern eines Werkes oder für das Verwenden eines Werkes zur Schaffung eines Werkes zweiter Hand vorgesehen (Art. 67 Abs. 1 lit. a, c und d URG). Zum anderen werden gewerbsmäßige Tatbegehungen von Amtes wegen verfolgt. Das heißt, die Strafverfolgungsbehörden müssen bei Kenntnis von Rechtsverletzungen auch ohne ausdrücklichen Strafantrag vorgehen und ein Verfahren eröffnen. In solchen Fällen droht bei einer rechtskräftigen Verurteilung den Fehlbaren eine Freiheitsstrafe von bis zu fünf Jahren sowie ebenfalls eine Geldstrafe (Art. 67 Abs. 2 URG). Als mildeste Strafe sieht das Gesetz lediglich eine Buße vor, wenn jemand es vorsätzlich unterlässt, bei Zitaten die erforderliche Quellenangabe anzubringen (Art. 68 in Verbindung mit Art. 25 URG).

6.4. Weitere Rechtsbehelfe

Nicht nur die in ihren Rechten verletzten Urheberinnen und Urheber, sondern alle anderen Interessierten können sich – je nach Fall und Umständen – auf Verletzung des Bundesgesetzes gegen den unlauteren Wettbewerb (UWG) berufen.

Eventuell ist in schwerwiegenden Fällen von Plagiaten auch der Straftatbestand des Betrugs nach dem Strafgesetzbuch (Art. 148 StGB) zu prüfen, was in der Praxis allerdings nicht ganz einfach ist. Zudem können auch hier generell die Bestimmungen über die unerlaubten Handlungen Anwendung finden und zu privatrechtlichen Schadensersatzklagen gemäß dem Obligationenrecht (Art. 41ff. OR) führen.

Schließlich ist bei wissenschaftlichen Arbeiten (Dissertationen, Habilitationsschriften) auch abzuklären, ob die Verletzung von verwaltungsrechtlichen und internen Hochschulregeln vorliegt. Darin sind oft entsprechende Sanktionen wie beispielsweise die Aberkennung eines Doktortitels oder der Ausschluss aus dem Hochschulwesen vorgesehen. Was in vielen Fällen hinzukommt, ist generell eine gewisse gesellschaftliche Ächtung der Person – insbesondere als Wissenschaftler.

Abbildungsverzeichnis

Beitrag David Oels
Abb. 1: kaleidogramm Berlin: Umschlag.
 Aus: Martin Doll: *Fälschung und Fake.*
 Zur diskurskritischen Dimension des Täuschens. Berlin: Kadmos 2012.
Abb. 2: Peter Rozycki (with Apologies to Sir Allen Lane): Cover.
 Aus: Melissa Katsoulis: *Telling Tales. A History of Literary Hoaxes*.
 London: Constable 2009.

Beitrag Vincent Kaufmann
Abb. 1: Situationistische Entwendung von Comics als ›Werbung‹
 für *Die Gesellschaft des Spektakels* (1967).
 Aus: Guy Debord: *Œuvres*. Paris: Gallimard 2006, S. 860–861.
Abb. 2: Guy Debord: *Plan psychogéographique de Paris* (1957).
 Aus: Guy Debord: *Œuvres*. Paris: Gallimard 2006, S. 292.

Beitrag Dominik Landwehr
Abb. 1: Hektografiertes Programm für eine Klassenfahrt
 der Stiftsschule des Klosters Einsiedeln im Jahr 1972.
 Privatarchiv des Autors.
 © Stiftsschule des Klosters Einsiedeln.
Abb. 2: Chester F. Carlson (1906–1968), der Erfinder des *Xerox*-Verfahrens.
 © *Xerox*-Corporation.
Abb. 3: Die erste Fotokopie von Chester F. Carlson.
 © *Xerox*-Corporation.
Abb. 4: Copy Shop in Indien.
 © Bruno Jehle.
Abb. 5: Fanzine zum Thema *Rap History* von Ivan Sterzinger,
 ausgezeichnet mit dem *Schweizer Designpreis* 2008.
 © Ivan Sterzinger.
Abb. 6a: Das Umdruckverfahren kommt in der Gegenwart in der Grafik zu neuen Ehren.
 6b: Das Plakat für eine Aufführung des Theaters Schriffbruch im April 2014 ist aus
 acht Einzelteilen im A4-Format zusammengesetzt.
 © Grafik: Yves Sablonier.
Abb. 7: Enteignung durch Fotokopie. Kampfschrift des Börsenvereins des Deutschen
 Buchhandels zur Kontroverse um die Fotokopie von 1984.
 © Börsenverein des Deutschen Buchhandels.

Autorenverzeichnis

Prof. Dr. Christine Haug ist seit 2006 Leiterin der Studiengänge Buchwissenschaft an der *Ludwig-Maximilians-Universität* (LMU) in München. Gemeinsam mit Prof. Dr. Vincent Kaufmann gibt sie seit 2011 *Kodex. Jahrbuch der Internationalen Buchwissenschaftlichen Gesellschaft* (IBG) heraus. Zu ihren Forschungsschwerpunkten gehören die Buch- und Verlagsgeschichte des 18. bis 20. Jahrhunderts, insbesondere Distributionsgeschichte, buchhändlerische Nebenmärkte sowie populäre Lesestoffe, außerdem die Zensurgeschichte und Geheimliteratur im 18. und 19. Jahrhundert. Gemeinsam mit Rolf Thiele gab sie zuletzt den Band *Buch–Bibliothek–Region. Wolfgang Schmitz zum 65. Geburtstag* heraus (Wiesbaden: Harrassowitz 2014). Derzeit bereitet sie Publikationen zum Schulbuchmarkt der Aufklärung sowie zum erotisch-pornografischem Buchmarkt seit dem 18. Jahrhundert bis zur Gegenwart vor.
E-Mail: christine.haug@germanistik.uni-muenchen.de

Prof. Dr. Vincent Kaufmann ist Professor für Französische Literatur sowie für Medien und Kultur am Institut für Medien- und Kommunikationsmanagement (MCM) und Leiter des Kompetenzbereichs Buchwissenschaften an der *Universität St. Gallen*. Gemeinsam mit Prof. Dr. Christine Haug gibt er *Kodex. Jahrbuch der Internationalen Buchwissenschaftlichen Gesellschaft* (IBG) heraus. Seine Forschungsinteressen gelten der Geschichte der Avantgarden sowie den gegenwärtigen, durch Medienwandel bestimmten Entwicklungen von Autorität und Autorschaft. Im Sommer 2014 erschien der von ihm, Ulrich Schmid und Dieter Thomä herausgegebene Band *Das öffentliche Ich. Selbstdarstellungen im literarischen und medialen Kontext* (Bielefeld: transcript 2014). Zuletzt veröffentlicht: *La Faute à Mallarmé. L'aventure de la théorie littéraire* (Paris: Seuil 2011).
E-Mail: vincent.kaufmann@unisg.ch

Dominik Landwehr studierte in Zürich und Basel Germanistik, Volkskunde und Medienwissenschaft. Heute leitet er den Bereich Pop und Neue Medien in der Direktion Kultur & Soziales beim *Migros-Genossenschafts-Bund* in Zürich. Seine Forschungsschwerpunkte sind: Populäre Literatur der frühen Neuzeit, Medien- und Apparategeschichte, Kryptografie, Medienkunst und digitale Kultur. Zuletzt herausgegeben: *Political Interventions* (Basel: Christoph Merian Verlag 2014).
E-Mail: dlandwehr@bluewinn.ch, Web: www.peshawar.ch sowie www.sternenjaeger.ch

Dr. Stefanie Leuenberger ist derzeit Oberassistentin an der Professur für Literatur- und Kulturwissenschaft der *Eidgenössischen Technischen Hochschule* (ETH) *Zürich*. Zu ihren Forschungsschwerpunkten zählen die Literatur der Avantgarden, literarische Alphabetspiele, deutsch-jüdische Literatur sowie deutschsprachige Schweizer Literatur. Bisher erschienen:

Schrift-Raum Jerusalem. Identitätsdiskurse im Werk deutsch-jüdischer Autoren (Köln: Böhlau 2007); *Die Buchstaben des 20. Jahrhunderts. Annäherungen an »Alphabetical Africa«*, in: Robert Leucht (Hg.): *99 Arten, das Ich und die Welt zu erfinden. Walter Abish: Materialien und Analysen* (Bonn: Weidle Verlag 2008, S. 88–110). Gemeinsam mit Caspar Battegay und Simon Aeberhard gab sie den Band *dialÄktik. Deutschschweizer Literatur zwischen Mundart und Hochsprache* (Zürich: Chronos 2014) heraus.
E-Mail: stefanie.leuenberger@gess.ethz.ch

Prof. Dr. David Oels ist Juniorprofessor für Buchwissenschaft an der Johannes Gutenberg-Universität Mainz. Seine Forschungsinteressen gelten dem Sachbuch und dem Wissenstransfer in der Moderne, der Verlags- und Buchhandelsgeschichte sowie der Literatur- und Kulturgeschichte des 19. bis 21. Jahrhunderts. Er ist Herausgeber der Zeitschrift *Non Fiktion. Arsenal der anderen Gattungen* und betreibt das Portal www.sachbuchforschung.de. Zuletzt erschienen: *Rowohlts Rotationsroutine. Markterfolg und Modernisierung eines Buchverlags vom Ende der Weimarer Republik bis in die fünfziger Jahre* (Essen: Klartext 2013).
E-Mail: oels@uni-mainz.de, Web: www.sachbuchforschung.de

Prof. Dr. Philipp Theisohn ist seit 2013 Professor für Neuere deutsche Literatur am Deutschen Seminar der *Universität Zürich* und Leiter des Forschungsprojekts *Conditio extraterrestris. Das bewohnte Weltall als literarischer Imaginations- und Kommunikationsraum zwischen 1600 und 2000*. Zu seinen Forschungsschwerpunkten zählen u.a. Plagiat und literarisches Eigentum als kulturhistorische Phänomene, futurologisches Schreiben, der Poetische Realismus und die Literatur der Schweiz. Zuletzt erschienen: *Literarisches Eigentum. Zur Ethik geistiger Arbeit im digitalen Zeitalter. Essay* (Stuttgart: Kröner 2012); *Plagiat. Eine unoriginelle Literaturgeschichte* (Stuttgart: Kröner 2009).
E-Mail: philipp.theisohn@ds.uzh.ch

Dr. iur. Werner Stauffacher studierte Rechtswissenschaft in Zürich und Bordeaux. Nach seinem Lizenziat-Abschluss in 1976 war er als Assistent am Rechtswissenschaftlichen Institut der *Universität Zürich* tätig, wo er 1980 mit der Dissertation *Die Teilnahme am fahrlässigen Delikt* promoviert wurde. Anschließend arbeitete er als Gerichtssekretär am Bezirksgericht Zürich, als Journalist und als juristischer Mitarbeiter in einer Anwaltskanzlei in Zürich. 1992 trat er in den Rechtsdienst der *Schweizerischen Urheberrechtsgesellschaft für Literatur und bildende Kunst ProLitteris* ein, seit 1994 ist er hier Vizedirektor und Leiter der Rechtsabteilung. Werner Stauffacher publizierte zahlreiche Beiträge zu Fragen des Urheber- und Verwertungsrechts in den Fachzeitschriften *sic! Zeitschrift für Immaterialgüter-, Informations- und Wettbewerbsrecht* (Zürich: Schulthess) und *medialex. Zeitschrift für Kommunikationsrecht* (Bern: Stämpfli). Er arbeitete an dem von Andrea F.G. Raschèr und Mischa Senn herausgegebenen Lehrbuch *Kulturrecht – Kulturmarkt* mit (Zürich/St. Gallen: Dike Verlag 2012).
E-Mail: Werner.Stauffacher@prolitteris.ch

Prof. Dr. Wolfgang Ullrich ist seit 2006 Professor für Kunstwissenschaft und Medientheorie an der *Staatlichen Hochschule für Gestaltung Karlsruhe*. In seiner Forschung widmet er sich der Geschichte und Kritik des Kunstbegriffs, bildsoziologischen Fragen sowie der Konsumtheorie. Bisher erschienen: *Uta von Naumburg. Eine deutsche Ikone* (Berlin: Verlag Klaus Wagenbach 1998); *Mit dem Rücken zur Kunst. Die neuen Statussymbole der Macht* (Berlin: Verlag Klaus Wagenbach 2005[5]); *Die Geschichte der Unschärfe* (Berlin: Verlag Klaus Wagenbach 2003[2]); *Tiefer hängen. Über den Umgang mit der Kunst* (Berlin: Verlag Klaus Wagenbach 2004[3]); *Was war Kunst? Biographien eines Begriffs* (Frankfurt/M.: S. Fischer 2006[2]); *Bilder auf Weltreise. Eine Globalisierungskritik* (Berlin: Verlag Klaus Wagenbach 2006); *Habenwollen. Wie funktioniert die Konsumkultur?* (Frankfurt/M.: S. Fischer 2006); *Gesucht: Kunst! Phantombild eines Jokers* (Berlin: Verlag Klaus Wagenbach 2007); *Raffinierte Kunst. Übung vor Reproduktionen* (Berlin: Verlag Klaus Wagenbach 2009); *Wohlstandsphänomene. Eine Beispielsammlung* (Hamburg: Philo Fine Arts 2010); *An die Kunst glauben* (Berlin: Verlag Klaus Wagenbach 2011); *Alles nur Konsum. Kritik der warenästhetischen Erziehung* (Berlin: Verlag Klaus Wagenbach 2013); *Des Geistes Gegenwart. Eine Wissenschaftspoetik* (Berlin: Verlag Klaus Wagenbach 2014).
E-Mail: ullrich@ideenfreiheit.de, Web: www.ideenfreiheit.de

Dr. Konstantin Wegner, LL.M., ist Partner der Anwaltskanzlei *SKW Schwarz* in München. Nach dem 2. Staatsexamen im Jahr 1998 war er zunächst fünf Jahre Justiziar der Verlagsgruppe *Ullstein Heyne List*, davon ein Jahr in London. Er ist spezialisiert auf das Urheber-, Medien- und Entertainmentrecht und berät insbesondere Verlags- und Medienunternehmen. Einen weiteren Schwerpunkt seiner Tätigkeit bildet das Sportrecht, vor allem im Vermarktungs- und Lizenzbereich. Seit 2009 ist Konstantin Wegner auch Justiziar des *Börsenvereins des Deutschen Buchhandels/Landesverband Bayern* und Lehrbeauftragter der Studiengänge Buchwissenschaft an der *Ludwig Maximilians-Universität* (LMU) in München. Er gab – zusammen mit Dieter Wallenfells und Daniel Kaboth – die Publikation *Recht im Verlag* heraus (München: C.H. Beck, 2011[2]).
E-Mail: k.wegner@skw.schwarz.de